D1936126

Der Autor ist Spezialist für Rechtsextremismus und hat als zuständiger Referent im Bundesamt für Verfassungsschutz in Köln und im Hessischen Innenministerium gearbeitet. Dieses Buch enthält die Summe seiner jahrzehntelangen Erfahrungen auf diesem Gebiet.
Propaganda und Ideologie gehen beim Rechtsextremismus eine enge, wechselseitige Verbindung ein. Dem Autor gelang es, inhaltliche und methodische »Regeln« festzustellen, die in einem rassenbiologischen Menschenbild, verbunden mit einer autoritären Staatsauffassung, begründet sind. Diesen Zusammenhang stellt der Autor systematisch dar. Sein höchst ergiebiger, dabei ungewöhnlicher Erklärungsansatz zur Beantwortung der konkreten Frage, was eigentlich »rechtsextrem« ist, verzichtet bewußt auf die herkömmliche soziologische Deutung von Organisationsstrukturen.
Wer die rechtsextremen Schlüsselbegriffe, die der Autor in großer Zahl präsentiert, zu deuten versteht, ist fähig, die vielfachen Tarnungen zu durchschauen und das rechtsextreme politische Potential besser als bisher zu erkennen.
Ein Buch, das in die Hände von Lehrern, Erziehern, Sozialarbeitern und all denen gehört, die es mit der politischen Bildung in Deutschland ernst meinen.

H. Joachim Schwagerl, geboren 1926, studierte Rechts- und Staatswissenschaften in Göttingen und Bonn, Dr. jur.; Ministerialrat a. D. Der Autor hat sich beruflich mehr als 30 Jahre mit der Auswertung rechtsradikaler und rechtsextremer Propaganda befaßt. Er ist Mitinitiator der Bund-Länder-Konzeption »Verfassungsschutz durch Aufklärung« und war Lehrbeauftragter an der Universität Gießen und an der TH Darmstadt.
Dr. Schwagerl hat mehr als 60 verfassungs- und staatsrechtliche sowie kriminologische und politologische Veröffentlichungen vorgelegt, darunter die erste systematische Darstellung »Verfassungsschutz in der Bundesrepublik Deutschland« (1985).

H. Joachim Schwagerl

Rechtsextremes Denken

Merkmale und Methoden

Fischer
Taschenbuch
Verlag

Lektorat: Walter H. Pehle

16.–17. Tausend: April 1995

Originalausgabe
Veröffentlicht im Fischer Taschenbuch Verlag GmbH,
Frankfurt am Main, Februar 1993

© Fischer Taschenbuch Verlag GmbH, Frankfurt am Main 1993
Alle Rechte vorbehalten
Umschlagentwurf: Buchholz/Hinsch/Hensinger
Foto: Rainer Fromm, Wiesbaden
Gesamtherstellung: Clausen & Bosse, Leck
Printed in Germany
ISBN 3-596-11465-9

Gedruckt auf chlor- und säurefreiem Papier

Inhalt

Zweiter Teil:
Das Merkmalsbündel der Volksgemeinschaftsideologie

Anhang

Zur Notwendigkeit der Auseinandersetzung mit dem Rechtsextremismus

Hakenkreuze an Häuserwänden, umgestürzte und beschmierte Grabsteine auf jüdischen Friedhöfen, Brandanschläge auf Unterkünfte von Asylsuchenden, ausländerfeindliche Parolen in Wort und Schrift scheinen zum Alltag in der Bundesrepublik Deutschland zu gehören.
Findet inzwischen ein Gewöhnungsprozeß statt, der durch eine bewußte Verharmlosung dieser Vorfälle unter Hinweis auf verschwindend kleine Minderheiten unterstützt wird? Gewalttaten von jungen Neonazis werden gern als Exzesse von Spinnern, Verrückten, Psychopathen, Einzelgängern und Sonderlingen abgetan. »Die hat es schon immer zu allen Zeiten gegeben«, lautet ein Kommentar. Eine Diskussion darüber kann sich in einem solchen Meinungsklima gar nicht erst entwickeln.
Die in Intervallen auftretenden Erscheinungen der nazistischen, faschistischen oder rechtsextremen Bestrebungen und Tendenzen in der Bundesrepublik – auch in den angrenzenden westlichen Staaten und in der früheren DDR –[1] wecken jedoch Ängste und werfen weitere Fragen auf. Sind es nur bedeutungslose Randgruppen, oder ist es der Anfang einer langsamen, allmählichen Renaissance des Rechtsextremismus?[2] Gehört es zur politischen Normalität? Kann oder darf es eine solche »Normalität« in Deutschland überhaupt noch bzw. wieder geben?
Haben die Bürger angesichts der inzwischen weitgehend aufgedeckten und geklärten Gewaltverbrechen in der nationalsozialistischen Zeit nichts gelernt? Ist die politische Bildungsarbeit in schulischen und außerschulischen Bereichen total überschätzt worden? Wo sind ihre positiven Auswirkungen für unsere freiheitlich angelegte Demokratie? Konnten die Verfassungsschutzbehörden mit ihren Lageanalysen und Jahresberichten nur vordergründig beruhigen, indem sie jedes Jahr auf die relativ geringe Zahl der erfaßten Anhänger des Rechtsextremismus, die regelmäßig schlechten Wahlergebnisse in der Zeit von 1970 bis 1987 für die rechtsextremen Parteien (weit unter 5 %) verwiesen, und darauf, daß die zahlenmäßige Stärke und die Aktivitäten auf dem linksextremen Sektor viel größer seien?
Fest steht, daß sich die ehemaligen Anhänger des Nationalsozialismus zu einer Art von Entrechteten-Dasein unmittelbar nach 1945 zusammengeschlossen hatten. In der 1952 durch das Bundesverfassungsgericht verbotenen »Sozialistischen Reichspartei« (SRP) fanden sich die Unbelehrbaren oder Ewiggestrigen ein. Namen wie Remer, Dorls und Rößler/ Richter prägten damals die Entwicklung des Rechtsextremismus in der

Bundesrepublik. Bei der Landtagswahl 1951 in Niedersachsen erhielt die SRP einen Stimmenanteil von 11 %.
Nach einer längeren Zeit der Stagnation sammelten sich erneut Kräfte, die offenbar die sogenannten »positiven« Seiten des Nationalsozialismus (NS) nicht vergessen wollten und die angetreten waren, dieses »Unrecht« (Kriegsschuld) zu beseitigen, eine »neue Geschichte« für die Zeit von 1933 bis 1945 zu schreiben. Sie führten auch die Teilung Deutschlands nicht auf Hitler zurück. Die gesellschaftliche und politische Gegenwart wurde als »entartet« und gefährlich für das Volk angesehen. Unter der »Fahne der nationalen Opposition« bemühte sich die 1964 gegründete »Nationaldemokratische Partei Deutschlands« (NPD), das Pendel weiter nach rechts ausschlagen zu lassen und alte Werte – wie Volk, Nation und Vaterland – neu zu beleben.
Nach dem spektakulären Einzug der NPD in sieben Landtage bis 1968 (z. B. Hessen: 7,9 %; Baden-Württemberg: 9,8 %; Bremen: 8,8 %) unternahmen die Rechtsradikalen, wie sie damals noch offiziell bezeichnet wurden, die Anstrengung, 1969 in den Bundestag gewählt zu werden. Das Wahlergebnis bescherte ihnen freilich eine Niederlage. Doch sollte die Zahl von 4,3 % Zweitstimmen mit etwa 1,4 Millionen Wählern eine nachdrückliche Warnung sein.
Nach kurzem Aufflackern der radikalen Tätigkeiten in der in Würzburg 1970 gegründeten Sammlungsbewegung »Aktion Widerstand« (AW), die vorübergehend nur die Polizei irritierte und einige Massenmedien verunsicherte, trat eine rückläufige Entwicklung ein.
Seit der Einsetzung eines Untersuchungsausschusses des Hessischen Landtages über den »NPD-Ordnungsdienst« (OD) wegen zahlreicher Schlägereien mit politischen Gegnern und der Zwischenfälle am 16. September 1969 in Kassel (Schüsse des »Ordnungsdienst-Beauftragten« Kolley auf Demonstranten) verlor die NPD völlig an Zugkraft. Der damalige Parteivorsitzende von Thadden legte sein Amt nieder. Die Wiederholung der Wahlerfolge blieb bei den nächsten Landtagswahlen aus. Mitte 1971 hatte die NPD alle ihre Mandate wieder verloren.
In diese Lücke der politischen Agitation schob sich langsam aber stetig die Produktion von einschlägigen Büchern, Schriften, Broschüren und sonstigen Veröffentlichungen aus über 40 Verlagen und Buchdiensten,[3] in denen mehr oder minder offen für die Parolen und Zielsetzungen der rechtsextremen Gruppen eingetreten wird. Einen wesentlichen Anteil haben die Publikationen, die sich rechtfertigend mit der NS-Zeit und dem letzten Krieg befassen. Dazu kommen noch in einer fast ungewöhnlichen hohen Auflagenzahl die Biographien ehemaliger Spitzenfunktionäre oder sonstiger Repräsentanten des NS-Regimes wie z. B. Albert Speer, Fritz Todt, Leni Riefenstahl.[4] In solch einer Mischung von Nostalgie,

Neugier und Suche nach Bestätigung der Rechtfertigung für das eigene Fehlverhalten konnten die vom damaligen *stern*-Reporter Heidemann angenommenen »Hitler-Tagebücher« zunächst unkritisch als Weltsensation angekündigt und verkauft werden, in der überheblichen Erwartung, daß die Geschichte neu geschrieben werden müsse.

Der Vorsitzende der 1983 gegründeten Partei »Die Republikaner« (REP), Franz Schönhuber, bekennt sich in seinem Buch »Ich war dabei« uneingeschränkt zur damaligen Waffen-SS im »Dritten Reich«. Das in hoher Auflagenzahl vertriebene Buch[5] entspricht offenbar der Stimmungslage eines Teils der Bevölkerung. Das auffällige Interesse für Rudolf Heß[6] und seinen Tod in Spandau sowie das Erscheinen der wahrscheinlich echten Tagebücher von Goebbels auf merkwürdig verschlungenen Wegen hinterlassen einen unangenehmen Beigeschmack, weil sich durch solche Dokumente der Zeitgeschichte an den Fakten der ungeheuren Verbrechen der Nazis überhaupt nichts ändert oder ändern kann, gleichgültig, was diese Personen von sich gegeben haben. Außer der Klärung von bestimmten einzelnen Fragen und konkreten Sachverhalten für Historiker und sonstige »Spezialisten« können solche Publikationen doch nur dazu dienen, die eigene Schuld oder Verstrickung (Leser wie Autor) zu verdrängen und das Gewissen zu beruhigen, sofern überhaupt eine derartige moralische Instanz subjektiv existiert.

Eine besondere Stellung nimmt in diesem Zusammenhang die rechtsextreme »Deutsche National-Zeitung« (DNZ) in München ein. Sie hat seit vielen Jahren eine Gesamtauflage einschließlich ihrer Nebenausgaben von wöchentlich über 60000 Exemplaren. Der Antrag auf Verbot nach Art. 18 GG, den die Bundesregierung durch den damaligen Innenminister Benda (CDU) am 20. März 1969 gestellt hatte, wies das Bundesverfassungsgericht 1974 zurück, da jedenfalls nach der damaligen Beweislage von diesem Organ keine Gefahr für die freiheitliche demokratische Grundordnung ausgehe.

Diese Tatsachen lassen die Vermutung zu, daß sich seit 1945 in unserer Gesellschaft, teilweise auch in staatlichen Bereichen, ein festes rechtsextremes Potential erhalten und vielleicht inzwischen wieder verstärkt hat, das unter bestimmten Umständen zu politischer Aktivität über das Wahlverhalten hinaus mobilisiert werden kann. Der Rechtsextremismus ist demnach nicht nur ein Problem gesellschaftlicher Randgruppen.

Wie ist diese plausible Vermutung zu erklären, nachdem staatlich organisierte Verbrechen wie Auschwitz und die anderen verwaltungsmäßig betriebenen Vernichtungsstätten von Menschen bekanntgeworden sind? Warum hat sich im Bewußtsein vieler kaum etwas geändert? Obwohl u. a. zahlreiche umfangreiche Strafverfahren objektiv diese furchtbare Wahrheit festgestellt haben?

Im Jahr 1941 beschäftigte sich Thomas Mann (Deutsche Hörer! Europäische Hörer! Radiosendungen nach Deutschland 1940–1945, Darmstadt 1986, S. 39f.) mit der Frage, ob Deutschland nach dem Kriegsende – er war zutiefst von der Niederlage des NS-Regimes überzeugt – fähig sei, sich der neuen, auf »Frieden und Gerechtigkeit gegründeten Völkerordnung einzugliedern«. Was man Nationalsozialismus nenne, habe lange Wurzeln im deutschen Leben. Es sei die »virulente Entartungsform von Ideen, die den Keim mörderischer Verderbnis immer in sich trugen... Die Geschichte des deutschen Nationalsozialismus und Rassismus, die in den Nationalsozialismus ausging«, sei eine lange, schlimme Geschichte, sie reiche weit zurück.

Nach dem Untergang des »Dritten Reiches« sind aus den Millionen Anhängern Hitlers nicht plötzlich lauter Demokraten geworden. Die schwer faßbaren, sich immer wieder als nationalistisch tarnenden Denkweisen und Überzeugungen haben offenbar den Generationenwechsel überlebt, unabhängig von den neuen gesellschaftlichen und wirtschaftlichen Verhältnissen.

In den fünfziger und sechziger Jahren blieb es anfangs nur bei einzelnen Gewalttaten durch Anhänger des Rechtsextremismus. Seit Ende der siebziger Jahre machten jugendliche Neonazis von sich reden: Stör- und Schmieraktionen durch Sprühen von Hakenkreuzen, SS-Runen und Judensternen im Stadtbild an öffentlichen Gebäuden und Schulen. Juden und Ausländer, insbesondere Türken und Asylbewerber, sind Ziel dieser Angriffe. Die verdrängte Vergangenheit hat uns wieder eingeholt.

Die Zahl der beim BfV registrierten Gesetzesverstöße mit rechtsextremem Hintergrund erreichte 1993 einen vorläufigen Höchststand von 10561 (1973: 218) Die Mitgliedschaften (auch Doppel-) in neonazistischen Gruppen erhöhten sich im Jahr 1993 auf 1500 und 5600 Militante.[7] Das wirkliche Potential dürfte größer sein.

Erst in den letzten Jahren finden rechtsextreme Parteien wieder ein stärkeres Interesse. In der Europawahl am 17. Juni 1984 erhielt die NPD 0,8% = 198633 Stimmen. Ein deutlicher Zuwachs ist bei der Bundestagswahl am 25. Januar 1987 zu erkennen: Auf die NPD entfielen bundesweit 0,6% = 227054 Zweitstimmen gegenüber 1983 mit 0,2% = 91095 Stimmen. Bei den Kommunalwahlen am 12. März 1989 in Hessen trat die NPD u. a. in Frankfurt am Main an. Sie erhielt 6,6% und konnte mit sieben Mandaten in den Römer einziehen. Die »Republikaner« kandidierten nur im Wetteraukreis (7%) und im Rheingau-Taunus-Kreis (10,5%). – Zuvor gelang es den »Republikanern«, in das West-Berliner Abgeordnetenhaus am 29. Januar 1989 – für viele überraschend – einzuziehen: 7,5% = 90140 Stimmen mit 11 Sitzen.[8]

Gerhard Frey, der Vorsitzende der »Deutschen Volksunion« (DVU),

einer rechtsextremen Sammelvereinigung, erkannte die günstige Situation und gründete eine politische Partei mit der Bezeichnung »DVU-Liste D« und konnte mit Unterstützung der NPD-Anhänger als erster wieder am 13. September 1987 in Bremen die Hürde der 5%-Klausel überwinden: 5,1% (= ein Mandat).
Über zwei Millionen wählten bei der Europawahl im Juni 1989 Schönhuber und seine sich populistisch gebärdenden Funktionäre (durchschnittlich bundesweit 7,1%, in Bayern 14,6%; sechs Sitze im Europa-Parlament; 1994 noch 3,9% = 1389000 Wähler).
Wenn auch in den folgenden Kommunal- und Landtagswahlen 1989/90 die rechtsextremen Parteien im Landesdurchschnitt keine nennenswerten Erfolge erzielen konnten,[9] stimmten in der Bundestagswahl am 2. Dezember 1990 für REP 2,1% (987269) und NPD 0,3% (145776), also insgesamt 1133045 Zweitstimmen.[10] Die keineswegs von der Bildfläche verschwundene rechtsextreme Substanz in der Wahlbevölkerung zeigte sich deutlich wieder bei der Bürgerschaftswahl am 30. September 1991 in Bremen (DVU konnte sich verbessern: 6,18% = sechs Sitze) und in den Landtagswahlen am 5. April 1992 in Schleswig-Holstein (DVU: 6,3% = sechs Sitze) und in Baden-Württemberg (REP: 10,9% = 15 Sitze. Damit haben die REP das bisher beste Wahlergebnis einer rechtsextremen Partei seit Verbot der SRP 1952 und der NPD 1968, nämlich 9,8% in Baden-Württemberg, übertroffen. Hess. Kommunalwahlen 1993: 8,3%). Auch fällt auf, daß fast überall dort, wo seinerzeit die NPD relativ hohe Stimmengewinne erzielen konnte, die REP am stärksten sind.[11]
Diese Erscheinung mit dem nebulosen Begriff des »Protestwählers« zu erklären, erscheint naiv und oberflächlich, es sei denn, der Protest richtet sich gegen unsere freiheitliche, rechtsstaatliche Demokratie! Immerhin haben nach den Berichten der Forschungsgruppe Wahlen und Infas wesentlich mehr[12] frühere CDU-Wähler als SPD-Wähler für die rechtsextremen Gruppierungen gestimmt, so daß insoweit zutreffend von einem »Rechtsruck« gesprochen werden kann.
Es kann hier nicht der Platz sein, über die einzelnen Ursachen zu reflektieren. Sie lassen sich aus den Zielen, Parolen, Programmen und Forderungen ableiten. Krisenängste, Asyl und Ausländer, Existenzsorgen, Angst vor Arbeitslosigkeit, Gefühle der Ohnmacht in einer total verwalteten Welt, die Unüberschaubarkeit gesellschaftlicher Großorganisationen, die Flucht vor Konflikten und die Sehnsucht nach einer heilen Welt, nach Heimat und Zuhause als einem Stück Geborgenheit, die Spannung zwischen Freiheit und Technik, die keineswegs Verbündete sein müssen,[13] spielen sicherlich eine Rolle.
Wenn heute Vertreter des Rechtsextremismus den Nationalsozialismus u. a. als »Suche nach neuen Bindungen, mit deren Hilfe der einzelne sich

in einem Ganzen aufgehoben wissen wollte«,[14] definieren, so wird der psychologische Bereich angesprochen, dessen Merkmale oder Kennzeichen im Irrationalen wurzeln. Daher findet auch eine grundlegende Kritik an der kapitalistischen Wirtschaft nicht statt. Die Antworten werden von den Lehren der Ethik und Moral erwartet.

Der erste Teil dieser Darstellung beschäftigt sich mit Sachverhalten und sonstigen Fakten, u.a. als »Kommentar« bezeichnet, die auf Grund jahrelanger Beobachtung und Auswertung auf eine rechtsextreme Grundposition deuten. Im Zuge dieser Auswertung von Originalmaterial (Parolen, Flugschriften, Flugblättern, Programmen, Einzelerklärungen von Funktionären) haben sich durch Wiederholungen und inhaltliche Variationen eine Art von Gesetzmäßigkeit und innere Zusammenhänge ergeben. Diese Ergebnisse führten zu einer Gliederung bzw. Systematik, die hier erstmalig vorgestellt wird.
Ferner lassen sich Begriffe oder Wörter herausschälen, die durch bestimmte Methoden der Propaganda als typisch angesehen werden können. Sie sind Schlüsselbegriffe für das Verständnis und das Erkennen rechtsextremer Ideologie.
Grundsätzlich dürfen einzelne bestimmte Verhaltensweisen und inhaltliche Zielrichtungen nicht isoliert betrachtet werden, sie stehen mit anderen ähnlichen Verhaltensweisen in Verbindung, sind jeweils Voraussetzungen oder Folge von weiteren Merkmalen und Begriffen, die den Schlüssel für die Enttarnung und Erkenntnis der wirklichen politischen Position bilden.
So ist z.B. die ständige Diffamierung der demokratischen Politiker eine Möglichkeit, den totalen Angriff gegen Staat und Gesellschaft zu führen, und das ist notwendig, um die dringend benötigte Krisenstimmung anzuheizen. Dieses ist wiederum eine Bedingung, um die Demokratie herabzusetzen und eine andere Gesellschaftsform vorzubereiten. Die Rechtsextremen sind daher nicht darauf aus, durch Reformen die parlamentarische Demokratie zu verbessern, sondern sie zu beseitigen. Die Begriffe und Methoden der Vermittlung stehen in einem engen Zusammenhang mit der Basis, der Ideologie.
Während im ersten Teil dieser Arbeit typische Parolen und Agitationsweisen in einer gegliederten Darstellung im Vordergrund stehen, soll der zweite Teil Aufschluß geben über die einzelnen typischen Merkmale der »Sehnsuchtsideologie«, dem Streben nach einer heilen Welt und nach einem starken Staat, der diesen Zustand gewährleisten soll, und der zunehmenden Sehnsucht nach Geborgenheit. Bei den Behörden für die innere Sicherheit wie auch bei Vertretern der politischen Bildung bis in die wissenschaftlichen Bereiche herrscht nicht selten Unsicherheit bei der

Frage, ob im konkreten Fall rechtsextreme Tendenzen oder Bestrebungen vorliegen.
Die Tarnung der wahren politischen Zielsetzungen nach Verkündung des Urteils des Bundesverfassungsgerichts über die »Sozialistische Reichspartei« (SRP) 1952 und die ständigen Bemühungen, in konservativen Kreisen Anhänger zu gewinnen, insbesondere das Wählerpotential der bürgerlichen Parteien wie CDU und CSU aufzuschließen, erschwert es, die tatsächlichen Verhältnisse zutreffend einzuschätzen.
Die Schwierigkeit des Erkennens der Gefahren wird durch Verwendung unterschiedlicher Begriffe noch verstärkt, wie z. B.: Neonazismus, Neofaschismus, Nationalismus, Rechtsnationale, Rechtsextreme, Rechtsradikale, Nationaldemokraten, Nazis, Neonationalisten, Alte Rechte und Neue Rechte.
Der Gebrauch der beiden letzten Begriffe ist besonders fragwürdig, da der Eindruck erweckt wird, es handele sich um etwas Neues. Bartsch[15] hält mit Recht schon deshalb diesen Begriff für bedenklich, weil die Vertreter des Rechtsextremismus diesen Ausdruck selbst gewählt haben, um aus taktischen Gründen etwas Neues vorzutäuschen. »Neu« weist regelmäßig auf jung und progressiv, auf Veränderung im Sinne der Verbesserung. Die Addition von Merkmalen oder veränderte Schwerpunkte erzeugen nicht gerade neue Ideen.
Auch hilft der Vorschlag von Heitmeyer[16] wenig, nur noch von einem »soziologischen« Rechtsextremismus zu sprechen, da die besonderen Merkmale über die Staatsauffassung nicht berücksichtigt erscheinen wie z. B. der Staat als organische Handlungsform der Nation und das Streben nach absoluter Staatsautorität.
Bei den »rechtsextremistischen Orientierungen« handele es sich um die »Ideologie der Ungleichheit« und die »Gewaltakzeptanz zur Regelung sozialer Vorgänge«. Zum ersten Bereich zählt Heitmeyer »rassistische Sichtweisen, Abgrenzung zu anderen, Recht des Stärkeren«, und zu dem zweiten Bereich »Gültigkeit von Feindbildern, Kampf als Konfliktlösung und Einsatz persönlicher Gewalt«. Das sind einige Merkmale, aber keinesfalls alle wesentlichen, die zum rassenbiologischen, völkischen Menschenbild des Rechtsextremismus gehören.
Ein weiteres Definitionsproblem: Die Begriffe »radikal« und »extrem« sind nach offizieller Lesart nicht deckungsgleich. Bis etwa 1975 wurde von den Sicherheitsbehörden, insbesondere dem BMI, der Begriff »radikal« für politische Randgruppen verwendet, bei denen der Verdacht bestand, sich gegen die freiheitliche demokratische Grundordnung zu richten. Da aber auch demokratische Spitzenpolitiker sich zunehmend als radikal in dem Sinne bezeichneten, daß sie der Sache auf den Grund oder an die Wurzel gehen wollten, wichen die offiziellen Stellen des Verfassungs-

schutzes in ihren Berichten auf den Begriff »extrem« aus.[17] Es waren hier aber ursprünglich reine Arbeitsbegriffe des nachrichtendienstlichen Verfassungsschutzes zur Abgrenzung und Einordnung. Da sie inzwischen recht abweichend voneinander in der politischen Publizistik gebraucht werden, ist eine Unsicherheit in der inhaltlichen Abgrenzung entstanden. Die Republikaner haben 1989 davon profitiert. Sie sind ja »nur« radikal! Damit entfiel eine nähere Definition oder Analyse, ob verfassungsfeindliche Tendenzen gegeben sind.
Zur Beantwortung der wichtigen Frage nach dem Umfang des rechtsextremen Bedrohungspotentials müssen die Erkenntnisse über Mitgliederstrukturen und Wählerverhalten durch sorgfältig vorbereitete Meinungsumfragen ergänzt werden. Auch hier ist die genaue Kenntnis der Propaganda und Ideologie bei der Vorbereitung von erheblicher Bedeutung.
Die von konservativen Kreisen heftig befehdete Sinus-Studie, vom Bundeskanzleramt in Auftrag gegeben, kam zu dem Ergebnis, daß 13 % der wahlberechtigten Bevölkerung ein rechtsextremes Weltbild haben.[18] Nach Untersuchungen von Alfons Silbermann[19] sind bei 20 % der Deutschen ausgeprägte antisemitische Vorurteile festzustellen.
Dieses Potential wird durch eine »Spiegel«-Umfrage des Emnid-Instituts für die Zeit vom 1.–18. März 1989 bestätigt: 14 % = 6,4 Millionen erwachsene Bundesbürger haben eine gute Meinung über Hitler.[20]
Forschungen der Technischen Universität Berlin im Jahr 1987 haben eine Zahl von 15 % judenfeindlich eingestellter Deutscher ermittelt, davon überdurchschnittlich bei Männern über 60 Jahren, den unteren Bildungsschichten und Berufen aus der Landwirtschaft.[21]
Die Frage, ob jemand Antisemit sein kann, ohne daß er rechtsextreme Einstellungen vertritt, muß grundsätzlich verneint werden. Die Berliner Studie ermittelte weiter, daß das Weltbild dieser Personen durch einen Mangel an Toleranz und durch ein tiefsitzendes Mißtrauen gegenüber ethnischen Gruppen und Nationen gekennzeichnet ist. Eine isolierte Betrachtung, ohne Zusammenhänge oder Querfragen, führt zu falschen Einschätzungen.
Neuere Umfragen von Infra-Text und Sinus-Heidelberg haben 1989 eine feste Meinungssubstanz rechtsextremer Anschauungen von etwa 12 bis 13 % der Wahlbevölkerung ergeben. Möglicherweise ist dieses Potential noch größer oder im Anwachsen begriffen.
Nach einer Umfrage des Ipos-Instituts sind über 70 % der Befragten allgemein »stolz, ein Deutscher zu sein«,[22] ein Slogan, der seit Jahren von den Aktivisten der rechtsextremen Bestrebungen gezielt verwendet wird. Die Meinung des Präsidenten des Bundesamtes für Verfassungsschutz, Gerhard Boeden, der Rechtsextremismus werde eine vorübergehende Er-

scheinung bleiben,[23] dürfte daher unrealistisch sein, es sei denn, die Einschätzung »rechtsextrem« würde auf die Merkmale des Nationalsozialismus und der neonazistischen Bestrebungen verengt, eine ständige Versuchung staatlicher Sicherheitsstellen!
Typisch für die Unsicherheit der zuständigen Behörden in der Beurteilung, ob ein Sachverhalt einen rechtsextremen Hintergrund hat oder nicht, sind die Übergänge. Dazu zählt der »Bundesverband der Soldaten der ehemaligen Waffen-SS e. V. Hilfsgemeinschaft auf Gegenseitigkeit (HIAG)«. Dieser Verein war bis 1971 Beobachtungsobjekt des nachrichtendienstlichen Verfassungsschutzes (NDV), dann erschien 1979 nur noch die Kreisgruppe »Ostalb« der HIAG erwähnenswert.[24] Als der Bundesvorstand der HIAG 1984 in dem Verfassungsschutzbericht für 1983 (Bundesinnenminister Zimmermann – CSU) nicht mehr wie 1981/82 genannt wurde, kam es zu einer Fülle von Parlamentarischen Anfragen in Bund und Ländern. Entgegen der Auffassung der überwiegenden Mehrheit der zuständigen Stellen offenbaren die eigenen Stellungnahmen der HIAG-Funktionäre eindeutig rechtsextreme Positionen.[25]
Immer wieder wird beklagt, daß es nicht gelänge, den Rechtsextremismus exakt zu definieren und rechtzeitig zu erkennen. Es sei nur eine annähernde Bestimmung der Erscheinungsformen möglich, da keine systematisch faßbare Ideologie zugrunde liege.[26]
Jahrzehntelange zusammenhängende Beobachtungen der rechtsextremen Bestrebungen und ihrer Übergänge haben dagegen ergeben, daß eine systematische Erfassung und Durchdringung der immer wiederkehrenden Parolen, Zielsetzungen und Agitationsmethoden möglich erscheint. Es läßt sich zwar nicht wie etwa beim Kommunismus eine politische Theorie rational begründen, doch kommt es hier weniger auf die einzelnen Erscheinungsformen als auf die konkreten Inhalte an. Aus den ständig wiederkehrenden Aussagen lassen sich Merkmale herausfiltern, die inhaltlich eng miteinander verbunden sind. Sie stehen also in einer Kette, deren Glieder verknüpft sind und erst aus dieser Sicht eine abschließende und zutreffende Bewertung zulassen.
Seit Jahren findet man oft in der Fachliteratur einen Katalog von sicherlich einschlägigen Aussagen, Erscheinungsformen und Verhaltensweisen, die aber meistens in einer willkürlichen Reihenfolge aufgezählt werden und oft zusammenhanglos nebeneinanderstehen. Gerade weil es stets um die Frage geht, was ist nun rechtsextrem, wo beginnt diese Bestrebung, ist eine Klärung dringend erforderlich.

Die folgende Aufstellung soll helfen, die Orientierung zu erleichtern und die Fragen richtig zu beantworten. Für die Anwendung dieser systematischen Darstellung empfehlen sich folgende Faustregeln:

Bei Vorliegen eines Merkmals, einer typischen Parole, eines Schlüsselbegriffs (vgl. Sachverzeichnis) ist zu prüfen, ob nicht weitere Anzeichen in dem Umfeld des verdächtigen Sachverhalts oder Vorfalls aufgespürt werden können.
Mindestens zwei Merkmale lassen die Annahme einer rechtsextremen Grundposition begründet erscheinen. Je größer an Bedeutung das Merkmal oder die Denkweise in der Darstellung ist, desto umfassender sind Inhalt bzw. Aussage und um so wahrscheinlicher eine rechtsextreme Einstellung.
Erschwerend kommt bei der Abgrenzung oder konkreten Definierung hinzu, daß, wie im zweiten Teil dieser Darstellung ausgeführt, das Wertsystem des politischen Konservatismus von den rechtsextremen Bestrebungen in wesentlichen Teilen inhaltlich übernommen wird. Oft fällt z. B. eine oberflächliche Betrachtungsweise auf, wenn derjenige, der daran glaubte, Hitler habe die Autobahnen erfunden und auch sonst mehr Gutes als Schlechtes bewirkt, nur als ein »biederer Reaktionär«, aber nicht als ein »Rechtsextremist«[27] bezeichnet wird.
Ein weiterer Grund für die Notwendigkeit einer systematischen Darstellung der Propagandamethoden und ihrer ideologischen Merkmale ist die Tatsache, daß auf die Herausforderung des Rechtsextremismus nicht selten recht hilflos reagiert wird. Zu schnell fordern Demokraten ein Verbot.
Der Widerstand gegen diese Bestrebungen muß grundsätzlich politisch-aufklärend sein. Die Verbotsdiskussion darf nicht einen Ersatz für die fehlende geistige Auseinandersetzung bilden. Wenn die politischen Gegner der NPD dieser Partei z. B. vorwerfen, wie die Nationalsozialisten die Gefühle schändlichst für ihre politischen Ziele auszunutzen, so können sich manche Gegner selbst nicht von starken Emotionen lösen. Oft wird Gewaltanwendung im Zweifel der sachlichen Argumentation vorgezogen. Die eilfertige Ausrede, ein politisch-emotionales Konzept könne man nicht mit der Ratio bekämpfen, trifft nicht den Kern der Problematik. Vielmehr ist Voraussetzung die genaue Kenntnis der Propagandamethoden und der Inhalte der rechtsextremen »Weltanschauung« mit ihrer engen Verbindung zu den jeweiligen Parolen und Forderungen.
Die angeführten Beispiele und ihre Einordnung bzw. bewertende Kommentierung werden durch Dokumentationshinweise ergänzt. Es handelt sich um Daten und empirisch nachweisbare Sachverhalte, die argumentativ gegen die vorwiegend von der Wahrheit abweichenden Propagandathesen einzusetzen sind (Kommentare).
Zweitrangig ist hier die Frage nach der verfassungsfeindlichen Zielsetzung und Verhaltensweise gemäß Art. 21 Abs. 2 und 9 Abs. 2 GG. Auf eine entsprechende juristische Wertung wird grundsätzlich verzichtet. Sie

würde auch diesen Rahmen sprengen. Aufgabe der Darlegung von Propagandamethoden und Ideologiemerkmalen ist weniger, die Verfassungswidrigkeit zu begründen, als die rechtsextreme Substanz mit ihren oft fließenden Übergängen deutlicher als bisher freizulegen. Ob nun die folgenden Merkmale und Erscheinungsformen als rechtsextrem, rechtsradikal oder rechtsextremistisch bezeichnet werden, ist ebenfalls sekundär. Es bleibt die Erkenntnis, daß sich in dieser Propaganda ein Menschenbild und eine Staatsauffassung widerspiegeln, die nicht mehr mit den Werten und Prinzipien der freiheitlichen demokratischen Grundordnung im Sinne des Grundgesetzes vereinbar sind.

Erster Teil
Taktik und Methoden rechtsextremer Propaganda

I. Schüren einer Krisenstimmung

1. Totaler Angriff gegen Staat und Gesellschaft

a) Systematische Abwertung der parlamentarischen Demokratie

Die Begegnung mit den alltäglichen Parolen rechtsextremer Propaganda wird an den Anfang gestellt, die Beobachtungen bestimmter rechtsextremer Gruppen, Vereinigungen, Parteien und Äußerungen von Einzelpersonen haben einen engen Zusammenhang zwischen der Ideologie,[1] sofern davon gesprochen werden kann, und ihrer Propaganda ergeben.
Wer diese Ideologie erkennen und verstehen will, muß zwangsläufig die in der politischen Praxis gängigen, wiederholten Forderungen, Parolen, Symbole, Stellungnahmen, Resolutionen und Programme zur Kenntnis nehmen und sich damit auseinandersetzen. Eine kontinuierliche Beschäftigung mit dieser Materie läßt alsbald anhand der Wiederholungen und der sich abzeichnenden Schwerpunkte eine Methodik und Taktik erkennen. Sie sind ein Schlüssel zum Verständnis und erleichtern das rechtzeitige Erkennen derartiger Bestrebungen gegen die freiheitliche demokratische Grundordnung im Sinne des Grundgesetzes für die Bundesrepublik Deutschland.
Der Rechtsextremismus lebt von der behaupteten oder tatsächlichen Krise der Demokratie. Es wird daher das Bestreben sein, eine Krisenstimmung unabhängig von der jeweiligen gesellschaftlichen Lage zu erzeugen und zu schüren. Der damalige Chefideologe der »Nationaldemokratischen Partei Deutschlands« (NPD), Ernst Anrich,[2] formulierte dies so:

> »Die Krise, die uns umgibt und innerlich weitgehend besitzt, wächst zur unmittelbaren Bedrohung des äußeren und inneren Bestehens an. Nicht nur für das deutsche Volk als Volk oder ›Gesellschaft‹, sondern für jeden einzelnen.«

Die Ursachen seien in der »Aushöhlung der bisher durch Jahrhunderte des Lebens tragenden Werte« zu sehen. Anrich meinte damit u. a. die Werte wie »Ehrfurcht, Einordnung, Dienst und Pflicht, Arbeit und Leistung«. Die für die Menschen bedrohliche Situation beschränkt sich nicht auf bestimmte Bereiche, sondern soll in die Tiefe menschlicher Existenz reichen. Gegenstand und gleichzeitig Verursacher sind nicht – jedenfalls nicht prinzipiell – Gefahren, die uns seit einigen Jahren von der Umweltvergiftung, den Folgen der kapitalistischen Konkurrenzwirtschaft oder

von den Risiken der Atomindustrie oder Aufrüstung drohen, hier geht es um ethische Maßstäbe im Zusammenleben der Menschen speziell in Deutschland. Es handelt sich in dieser Propaganda um einen totalen bedingungslosen Angriff gegen Staat und Gesellschaft, der durch eine systematische Abwertung der parlamentarischen Demokratie geführt wird.
Die allgemeine Behauptung, daß wir uns in einer akuten lebensbedrohlichen Krise befinden, zielt ständig auf den Demokratiebegriff als solchen und greift das parlamentarische Prinzip an. Es soll in Wirklichkeit keine Reform befürwortet werden, sondern die Angriffe richten sich gegen die Existenz dieser Staats- und Lebensform, gegen die Art und Weise der politischen Willensbildung. Krise ist hier nur im Zusammenhang mit der Demokratie zu sehen.

> »Die Demokratie ist am Ende. Den aufgeblasenen Unrechtsstaat heißt es aufzustechen wie einen Abszeß, denn er führt zu totaler Vergiftung. Wer die Kraft dazu hat, bekämpfe ihn mit allen illegalen Mitteln... Wir müssen lernen, auf Verbote zu spucken, zu treten, sie zu hintergehen.«[3]

Oder z. B.:

> »Eine große Krankheit beherrscht unsere Zeit! Eine Krankheit, die seit mehr als zweihundert Jahren dabei ist, alles organische, natürlich Gewachsene langsam aber sicher zu untergraben und zu zerstören. Es handelt sich um die Liberaldemokratie.«[4]

Je schärfer die Agitation, desto näher rückt die Botschaft in die Nähe der Aufforderung zur sofortigen Veränderung (vgl. unten S. 44).
Es ist wiederholt vom »leeren Begriff der Demokratie« die Rede. Statt Persönlichkeit regiere der Massenmensch, statt Fähige entschieden Parteimitglieder. Indem nur auf das Prinzip der Mehrheitswahl abgestellt werde, handele es sich um einen »grausamen Schematismus der Zahl«. Eine echte Willensbildung werde unterdrückt. Die Demokratie sei ein »Mechanismus zur Ausplünderung des Volkes oder zur Fälschung seines Willens«.
In dieser »sogenannten« Demokratie werde das Volk nur als »Addition der einzelnen Individuen aufgefaßt«. Kurzbezeichnungen verunglimpfender Art sind z. B. »Ersatzdemokratie«, »Demokratur«, »Spätdemokratie«, »Demokrötie«, sie schaufele sich selbst ihr Grab, Demokratisierung sei Zersetzung des Volkes. Dabei wird immer wieder eine allgemein aus der NS-Zeit bekannte Bezeichnung benutzt, die heute auch wieder auf Seiten der Linken zu hören ist: Schuld an der Krise sei das »System«. Die Weimarer Zeit wurde als »Systemzeit« abqualifiziert. Damit ist nichts anderes als das System der parlamentarischen Demokratie gemeint. Die parlamentarische Demokratie sei eine »undeutsche Zeitkrankheit« oder ein »Instrument der Volksverdummung«. Um dem Vorwurf der Verfas-

sungsfeindlichkeit zu entgehen, wird verdeckt unter dem Mantel der demokratischen Kritik systematisch diffamiert.

Die *puristische Überforderung* dient dazu, die Demokratie als nicht realisierbar darzustellen. Die Gegenwart wird an nicht erreichbaren Idealzuständen gemessen, es zeigt sich daher leicht eine große Diskrepanz zur politischen Wirklichkeit.[5] Die Demokratie als »Staatsform in der angeblichen Volkssouveränität« habe sich zur Oligarchie gewandelt.

Die Gewaltenteilung sei eine Machtabschwächung, die schließlich in der »normativen« Demokratie zu einer anarchisierenden Gewaltauflösung führe, wie ein Staatsrechtler heute ungehindert behaupten kann.[6] Das Grundgesetz für die Bundesrepublik Deutschland ist gelegentlich offen dem Angriff ausgesetzt:

> »Das Grundgesetz hat in vielen Beziehungen Ähnlichkeiten mit der Bibel. Es ist eine Ansammlung von Unfug und leeren Phrasen.«[7]

Bei einem formalen Zugeständnis an die Demokratie oder den Parlamentarismus werden die gegenwärtigen Verhältnisse in Staat und Gesellschaft als undemokratisch dargestellt.

Besonders gern wird das Gleichheitsprinzip angegriffen. »Der Wahn der Epoche, die Sucht nach Gleichheit, hat bedeutende Rechtsanwälte.«[8] Dieses Prinzip findet eine offene und unverhohlene Ablehnung. Ihm wird das auf dem allein »richtigen« Menschenbild beruhende Prinzip der Ungleichheit aller Menschen gegenübergestellt.[9] Die biologischen Unterschiede der Menschen dienen als scheinbare Begründung für die Ungleichheit, die dem Gleichheitsprinzip entgegengestellt wird. Dieses Prinzip wird ständig diffamiert, als ob es sich um die strittige Forderung einer politischen Ideologie handelte. Durch dauernde biologische Hinweise und Vergleiche sollen das demokratische und rechtsstaatliche Prinzip der Gleichwertigkeit und gleicher Rechtsposition unterlaufen werden.[10]

Die Angriffe richten sich in diesem Zusammenhang nicht nur gegen das Gleichheitsprinzip, sondern auch gegen das Prinzip des Sozialstaats, der als »Ausgleichskasse« oder »Versorgungsapparatur« verunglimpft wird.[11] Hier können sich antiamerikanische Tendenzen zeigen, die Amerika als Symbol für die genannten Prinzipien angreifen.

> »Das sinnvollste wäre, wir würden uns vor diesem kulturzerstörenden amerikanischen Einfluß schützen, denn das Einzige, was wir von unseren ›Beschützern und Befreiern‹ gelernt bzw. bekommen haben, ist Unterdrückung, Ausbeutung und Abhängigkeit.«[12]

Weniger Großbritannien, dafür mehr die USA sind Zielscheibe gehässiger Angriffe, wenn sich die Gelegenheit dazu bietet.

> »Befreier nach Hause! Ami go home! 40 Jahre amerikanische-Besatzung-Umerziehung-Geschichtsfälschung-Schund in Bild und Ton sind genug.«[13]

»Begreifen Sie endlich, daß das deutsche Volk keine Nato-Fremden-Legion braucht.«[14]

»Wir haben es satt, von Amerika verheizt zu werden. Wir wollen nicht in der Bundeswehr die Askaris der Amis sein... Völkermörder! Frauenschänder! Yankies raus aus allen Ländern!«[15]

b) Bundesrepublik Deutschland als Diffamierungsobjekt

Um die Krisenstimmung anzuheizen, werden die Bundesrepublik, ihre Repräsentanten und Einrichtungen angegriffen. Die Bundesrepublik sei ein »Spielball fremder Mächte«. Hier taucht ein wichtiges Wort auf, *fremd*, ein wesentliches Merkmal dieser Ideologie, das noch ausführlich zu behandeln ist. Dem Staat fehle die innere Souveränität. Die BRD sei der Befehlsempfänger Washingtons. Bonn sei die »Hauptstadt einer Traumwelt«.[16]

Bezeichnungen wie *Lizenzregime* und *Bankrottgesellschaft* sollen den Eindruck erwecken, daß die Bundesrepublik absolut von der Gnade der früheren westlichen Besatzungsmächte abhängig sei.

»Zu dem wirklichen und wahren Deutschland, dem Deutschland, das eines Tages wieder erwachen und in alter Herrlichkeit bestehen wird, bekennen wir uns immer wieder aufs Neue. Das Deutschland aber, wie wir es heute vor uns sehen, lehnen wir aufs Tiefste ab und werden es weiterhin bekämpfen, wie wir es bisher taten.«[17]

Eine pauschale Abwertung ist auch in der Feststellung enthalten: Die Bundesrepublik sei ein absoluter Funktionärs- und Parteienstaat, der umgeformt werden müsse.[18]

Besonders herausgehobene Repräsentanten sind Zielscheibe der Angriffe. Spätestens seit seiner Rede am 8. Mai 1985 wurde Bundespräsident von Weizsäcker andauernd attackiert:

»Richard von Weizsäcker übertrifft an Anklagen gegen Deutschland und das deutsche Volk, den Nationalmasochismus, der seinen Vorgänger Gustav Heinemann auszeichnete (oder auch Kanzler Willy Brandt), noch bei weitem.«[19]

Die jeweilige Bundesregierung erscheint in einem wenig günstigen Licht. Besonders gehässigen Angriffen sind sozialdemokratische und FDP-Koalitionen ausgesetzt: »Bonner Narrenschiff, auf der Brücke steht Brandt und seine Mannschaft.«[20] Es ist von der »Herrschaft der Geschichtslosen und Gesichtslosen« die Rede.[21]

Einen Schwerpunkt der Agitation bildeten seinerzeit die Angriffe gegen die Bundesregierung wegen der neuen Ostpolitik, der Öffnung und Verständigung mit dem Osten: »Verratsregime, verräterisches Bonner Regime«, die Regierungsvertreter seien die »gottverlassene Brandt-Scheel-Clique«, die mit der Unterschrift Deutsche und Polen schmählich verraten hätte.[22]

Typisch ist hier die Verwendung von ethischen Begriffen oder Unwertbezeichnungen wie *Verrat*: »Scheels Verrat in Moskau – Verbrechen eines Außenministers«, lautete z. B. eine Schlagzeile in der agitationsreichen »Deutschen National-Zeitung« (DNZ).[23] Die notwendigen Konsequenzen werden dem Leser oder Zuhörer sogleich mitgeteilt: Scheel und Bahr seien die Totengräber der Nation, Scheel gehöre vor ein Gericht gestellt.[24]

Eine Folge der antiparlamentarischen Einstellung ist die unablässige Verunglimpfung der demokratischen Parteien und ihrer Repräsentanten. Immer wieder erscheinen die abwertenden Bezeichnungen wie »Lizenzparteien«, »Monopolparteien«, »staatsgetragene Parteien«, »Anerkennungsparteien« oder schlicht nur *Altparteien*. Die Bonner »Übel-Parteien« seien teils überflüssig, teils Versager ohne Rückgrat und »Verfechter eines perversen Nationalmasochismus«.[25] Das »etablierte Parteiensystem« mit seinen verkommenen Vertretern habe politisch und moralisch abgewirtschaftet und der Bundesrepublik Deutschland den »Stempel einer südamerikanischen Bananenrepublik aufgedrückt«. – Oder:

> »Nach den fortwährenden Verratsverhandlungen der Bonner Parteien an der deutschen Nation kann jetzt nur noch die Mobilisierung des Volkswillens verhindern, daß Deutschland endgültig zur Kolonie wird und die beiden deutschen Teilstaaten auf unabsehbare Zeit in den Status von fremdbeherrschten Militärprovinzen abgleiten.«[26]

Oft wird – wie oben – gleich das Rezept für die Veränderung beigegeben. Deutlicher in der Abwertung als in dem folgenden Beispiel geht es kaum mehr:

> »Sind die Bonner Parteien noch Deutsche? Oder sind sie nur noch Hilfswillige für jüdische-, Ausländer- oder Besatzerinteressen?«[27]

Oder die schlichte Aussage: »Die alten Parteien haben auf der ganzen Linie versagt«,[28] »Die Altparteien haben auf der ganzen Linie versagt«,[29] »Die alten Parteien haben versagt«[30].

Beschimpfungen und *Verleumdungen demokratischer Politiker* sind an der Tagesordnung. Die beleidigenden Angriffe zielen auf die einzelne Persönlichkeit:

> »Umerzieher, Schönredner des Bundestages, Erfüllungs- und Verzichtspolitiker, Versager von Bonn, Politiker der Demontage, Verzichtstroubadoure« oder schlicht »Gammler, die in den Kirchenportalen bar jeden Schamgefühls ihre Notdurft an den heiligen Stätten deutscher Geschichte verrichten«.[31]

An der Spitze unseres Volke stünden »Verbrecher und Landesverräter, Halunken und Ganoven, die in der schwersten Bedrängnis des eigenen Volkes Dienst für den Landesfeind geleistet« hätten. »Wie konnte es nur so weit kommen, daß eine Nation... so verlumpt ist.«[32]
Die Politiker Herbert Wehner und Willy Brandt standen jahrelang im Mittelpunkt bösartiger Angriffe von der rechtsextremen Seite, als sie eine neue Ostpolitik einleiteten, die seit spätestens 1983 inzwischen allgemein für richtig angesehen wird. Wehner als Spion gegen Deutschland[33] oder als »jahrelanger Spießgeselle sowjetischer Mordbanditen«, so lauteten wiederholt die Schlagzeilen bzw. die Äußerungen der Vertreter rechtsextremer Gruppen.[34] Dieser Mann »ist ein Renegat«, die wirklichen Gründe für seinen »Verrat« werden dem Leser offeriert.
Die Angriffe steigerten sich, als die SPD 1969/70 die Regierungsmitverantwortung übernahm. Rechtsextreme Kreise versuchten, durch die schnell gebildete »Aktion Widerstand« am 31. Oktober 1970 in Würzburg die Massen zu mobilisieren. Es folgte gegen Brandt, der seinerzeit Bundeskanzler wurde, eine beispiellose Emigrantenhetze. Auf Plakaten und Postkarten wurde Brandt in der Uniform eines norwegischen Offiziers neben Walter Ulbricht in sowjetischer Offiziersuniform gezeigt. Die Absicht war klar: Fremde Gewalt lastet auf Deutschland – und dann noch eine Kumpanei mit dem Erzfeind, dem Kommunismus! Die Parole lautete: »Willy Brandt an die Wand!« Sie läßt keine alternativen Deutungen zu.[35] In der rechtsextremen Zeitung DNZ hieß es dazu:

> »Die tausendjährige deutsche Geschichte, voller Verrat und Dolchstoß, kennt keine Untaten, die der des Willy Brandt in Warschau gleichkämen. Kommende Generationen werden diesen Namen verfluchen, und vor dem jüngsten Gericht wird er dafür zur Verantwortung gezogen, daß er wider alles Menschenrecht und jede Völkermoral, ohne Not und aus völlig freien Stücken, mitten im Frieden ein Viertel unseres heiligen Deutschlands an ein Verbrecherregime verschenkt.«[36]

An dieser Tendenz hat sich nichts geändert. Es kommt nur auf die jeweilige politische Situation bzw. Konfliktlage an. Anhänger der neonazistischen »Freiheitlichen Deutschen Arbeiterpartei« (FAP) riefen gegenüber den Teilnehmern einer Veranstaltung zum 40. Jahrestag der Nürnberger Prozesse in Nürnberg 1985 die Parolen: »Rotfront verrecke, Deutschland erwache, Kohl, Strauß, Brandt – alle an die Wand!«[37]
Bei den meisten Beschimpfungen der demokratischen Politiker geht es im Kern darum, die Prinzipien der Demokratie und des Parlamentarismus als unwert hinzustellen. Aus dem Kreis der »Politiker der Demontage«, der »Schwachköpfe in Bonn«[38], der »Verharmloser«, der »Beschwichtiger« oder »Sympathisanten zu den linken Extremisten« werden diejeni-

gen besonders beleidigt, die sich für eine Aussöhnung mit dem Osten einsetzten.[39]

Hier bot sich Willy Brandt wegen seiner Vergangenheit als Emigrant an: Die DNZ lockte mit dem Hinweis auf die angeblich »dunkle Vergangenheit«, verschollene Dokumente seien erst jetzt entdeckt worden.[40]

Hinter diesen Angriffen steht die Unterstellung, daß Brandt unfähig und eine höchst dubiose Persönlichkeit sei:

»Brandt verliert den 2. Weltkrieg zum zweiten Mal«,[41]
»Der Todesstoß des Norwegers Brandt gegen Deutschland«,[42]
»Wie Brandt alias Frahm Deutschland vernichtet«,[43]
»Deutscher Karneval 1973 – Willy Brandt als Narr unter Narren«[44].

Wegen der neuen Ostpolitik gerieten noch andere Politiker in die Schußlinie:

»Scheel gehört vor Gericht, Verbrechen am deutschen Volk«,[45]
»Kohl verbreitet Geschichtslügen«[46].

Der Vorsitzende der Republikaner, Franz Schönhuber, bezeichnete den früheren Generalsekretär der CDU, Heiner Geißler, als einen »miesen Pharisäer«, von dem er, Schönhuber, überzeugt sei, daß sein Name in die Geschichte der Union als der des Totengräbers eingehen werde.[47]

»Aus seinem Mund tropft der Geifer des Hasses. Er ist ein Meister der Verleumdung. Er hätte bei Goebbels gelernt haben können.«[48]

In Anspielung auf Brandt: »Ein großer Teil der deutschen Politiker sind Knierutscher.«[49]

Bundespräsident von Weizsäcker wurde besonders wegen seiner versöhnlichen Haltung zum Osten und der Mahnungen im Hinblick auf die NS-Verbrechen wiederholt diffamiert. Auch ist das Bemühen zu erkennen, in dem persönlichen Bereich dunkle Stellen zu entdecken:

»Was Weizsäcker verheimlicht – die wahre Vergangenheit seiner Familie.«[50]

Eine biologistische Tendenz (Sippenhaftung) zeigt sich in den Schlagzeilen:

»Wie Weizsäckers Vater Juden verfolgte«,[51]
»Warum belastet Weizsäcker das deutsche Volk?«[52]
»Weizsäcker heuchelt weiter – seine Bußübungen in Holland«[53].

Die Republikaner unterscheiden sich, wenn es um die Verunglimpfung des Staatsoberhauptes geht, kaum von den anderen rechtsextremen Gruppen. Der Bundespräsident laufe in der ganzen Welt im Büßerhemd herum und belaste die deutsche Jugend mit Verbrechen, die diese schon aus Altersgründen nicht begangen haben könne.[54]

»Tatsächlich bewegt sich Richard von Weizsäcker mit schlafwandlerischer Sicherheit als Bußprediger über das internationale Parkett. Er zelebriert den Nationalmasochismus so kunstvoll, daß es nur noch den sensiblen Geistern schmerzt... Schlimmer noch: Vor allem läßt Richard von Weizsäcker keine Gelegenheit aus, die Deutschen in Kollektivhaftung zu nehmen.«[55]

Diese ständigen Beschimpfungen und Herabsetzungen demokratischer Politiker sind auch ein Ausdruck für die Tendenzen zu einem Einparteienstaat, wobei hier das demokratische Prinzip der Chancengleichheit der um die Macht rivalisierenden Parteien angetastet werden soll.

Häufig sind die Angriffe inhaltlich *mehrfunktional* angelegt:

»Damit hat sich die SPD endgültig entlarvt: Verbrechen, die viele Jahrzehnte zurückliegen, sollen bis zum St. Nimmerleinstag verfolgt werden, die Sozialdemokraten haben sogar mehrfach deswegen die Verjährung manipuliert, kein SPD-Politiker kommt auf den Gedanken, etwa die Schließung der Ludwigsburger Zentralstelle für NS-Verbrechen zu fordern.

Untaten jedoch, die heute passieren, sollen unter den Teppich gekehrt werden. Aus dieser Haltung spricht der Geist, der Totalitarismus und Menschenverachtung gedeihen läßt.«[56]

Angriffe gegen die Demokratie, Politiker und gegen Juden können sich zu einer bösen Agitation vermischen wie z. B. in der folgenden Äußerung:

»Parteienfilz, politische Verlogenheit und Machtwillkür. Der politische Sumpf, der die Demokratie mit Füßen tritt, nimmt derzeit immer größere Ausmaße an. Bonner Politiker kriechen vor den Unverschämtheiten eines Schnapsfabrikanten Edgar Bronfman zu Kreuze.«[57]

Oder:

»Die Ursachen des Elends liegen darin, daß unser Land allmählich zu Tode liberalisiert wird. Die Rolle der Totengräber spielen dabei Baum und Hirsch, Süßmuth, Geißler, Blüm.«[58]

Der *Rechtsstaat*, durch die *Justiz* erkennbar repräsentiert, steht dem Krisendenken entgegen. Es ist daher die Rede von einer »Rache- und Gesinnungsjustiz«. Die Rechtspflege stehe unter dem Druck fremder Mächte. Ehemalige Pg's seien Menschen zweiter Klasse, sie würden niedriger als die Verbrecher eingestuft. »Fluchthilfe für Honecker – gnadenlose Rache gegen NS-Greise!«[59]

Propaganda und Justiz seien seit über zwanzig Jahren bemüht, den Deutschen klarzumachen, daß sie einem Verbrechervolk, dem Auswurf der Menschheit angehörten.[60] Es handelt sich hier um ein typisches Beispiel für die Methode der Aufstellung einer *fiktiven Behauptung*, die kein vernünftiger Mensch vertreten hat, aber von rechtsextremen Kreisen unablässig kolportiert wird, um dann mit Entrüstung gegen sie anzugehen.

Im Gefolge der Attacken auf die Justiz bleibt die *Polizei* als Strafverfolgungsorgan auch nicht frei von Vorwürfen. Verbrecher und Staatsfeinde würden nicht verfolgt, sondern verfolgten ihrerseits die Justiz.[61] Die innere Sicherheit werde fortwährend zersetzt. Der Staat danke einfach ab.

> »In der BRD gibt es eine massive politische Verfolgung. Diese wird hauptsächlich von jenen weisungsgebundenen Beamten betrieben – und bestritten –, die ihre Weisungen seitens der unser armes Volk seit fast 40 Jahren beherrschenden Kartellparteien erhalten.«[62]
>
> »Während in Zeitungen und Büchern, Funk und Fernsehen wahre Schmutzkübel über unser Volk ausgegossen werden, stehen volksbewußte und rechtschaffene Deutsche, die unter täglichem Opfer von Kraft, Zeit und Geld für die Zukunft dieses Volkes sich einsetzen, unter ständiger Strafandrohung.«[63]

Als eine der Ursachen für den Terrorismus in der Bundesrepublik wird die mangelhafte Arbeit der Polizei und Justiz angesehen:

> »Ein beachtlicher Teil des Staatsapparats ist unverändert mit der Verfolgung angeblicher oder tatsächlicher Straftaten befaßt, die der Seite der Besiegten in der Zeit des Zweiten Weltkriegs, also vor bald einem halben Jahrhundert angelastet werden. Diese Form einer in der Weltgeschichte noch nicht dagewesenen und an Einseitigkeit unüberbietbaren Vergangenheitsbewältigung soll dem deutschen Volk seine künftige Gleichberechtigung in der Völkerfamilie und der Staatenwelt verbauen.«[64]

Keine Gelegenheit bleibt ungenutzt, um auf die jüngste Vergangenheit hinzuweisen als Folge eines Chaos in unserem Staatswesen: »Spruchkammeropfer, Verfolgungen, Ungleichheit vor dem Richter« sprächen dafür, daß ein Rechtsstaat nicht existiere. Außerdem nehme der vom Osten unterwanderte *Verfassungsschutz* den kommunistischen Geheimdiensten weitgehend die Arbeit ab.[65]

> »Fieberhaft versucht Bundesjustizminister Engelhard, sein Versprechen gegenüber dem Berliner Judenchef Galinski, das er ihm im jüdischen Gemeindehaus zu Berlin gab, durchzusetzen und der Bevölkerung in der Bundesrepublik ein neues Gesinnungsstrafrecht aufzupfropfen, wonach Zweifel an Darstellungen über deutsche Schuld von der politischen Strafjustiz im sogenannten freiesten Staat der deutschen Geschichte verfolgt werden.«[66]

Alle Erscheinungen in Staat und Gesellschaft, die auf eine Demokratisierung und Liberalisierung hindeuten, werden mit Ausdrücken wie »Zersetzung« und »Überfremdung« negativ belegt.

Die *Bundeswehr* leide unter dem Mangel nationalen Denkens. Nur der Begriff der »Kameradschaft« halte die Truppe noch zusammen. Das Prin-

zip der inneren Führung wird als »inneres Gewürge« abgetan. Nur die zivile Führung sei schuld an den bekannten Mängeln. Kritiker an dem Bild des Bürgers in Uniform, wie der ehemalige Generalmajor der Bundeswehr, Grashey, werden gelobt, sie seien mutige, beherzte Soldaten, die endlich einmal die Wahrheit gesagt hätten.
Warnungen vor dem »Gewerkschaftsstaat«, der »Diktatur der Überpartei« richten sich eindeutig gegen die Existenz der freien *Gewerkschaften*. Der Mensch werde zur manipulierten Nebensache der omnipotenten Herrschaftsansprüche der DGB-Bosse degradiert, dem »roten Staat im Staate«.[67]
Aus dieser grundsätzlichen Frontstellung zu den Gewerkschaften ergibt sich eine ständige Sympathie für die Vertreter des kapitalistischen Wirtschaftssystems. Eine ernsthafte strukturelle Kritik ist hier nicht zu entdecken. Doch bietet sich ein weiteres breites Feld für die Agitation: Arbeitslosigkeit und Ausländer.

> »Es ist absoluter Unsinn, in einer Zeit der technischen Arbeitsplatzvernichtung Tausende von Ausländern im Land zu halten... Klipp und klar: Deutsche Arbeitsplätze sind vorrangig für deutsche Arbeitnehmer da!«[68]
>
> »Zum Beispiel ist die verantwortungslose massenhafte Einschleusung von Menschen fremder Kulturen und Lebensweisen in unser schon übersiedeltes Land ein maßgebender Grund für über zwei Millionen Arbeitslose und für wachsende innere Unsicherheit und Auflösung gewachsener Ordnung. Ohne radikale Abstoppung weiteren Zuzugs und energische Rückführung ist ein Weg zur Beseitigung der Arbeitslosigkeit der hier Heimatberechtigten nicht ersichtlich.«[69]

Die demokratische *Presse* ist den rechtsextremen Kreisen stets ein Dorn im Auge. Die Pressefreiheit nach Art. 5 GG gilt nur für die eigenen Organe. Hier richtet sich der Angriff gegen Organe, die den Gedanken der Demokratie und des Liberalismus vertreten (vgl. auch unten S. 150). Es ist daher vom »angemaßten pädagogischen Auftrag der Presse als ein Relikt der Besatzungszeit und ihrer *Lizenzpresse*« die Rede. Die Freiheit der Berichterstattung soll durch die Verantwortung *»zum Ganzen«* gebunden sein. Die Presse stelle die tatsächlichen, gesellschaftlichen Verhältnisse verzerrt dar. Die öffentliche Meinung würde ständig »vergewaltigt«.[70]
Gammler, Nihilisten, Staatsverneiner und Anomale erziehe das Fernsehen. Die »Fernsehdemokratie« werde von einer handvoll kommunistisch infizierter Intellektueller beeinflußt, den »Morgenthau-Boys« in den Redaktionsstuben und Fernsehstudios. Jahrelang hätten sie das längst vergangene »Dritte Reich« begeifert.[71]
Die *Massenmedien*, allen voran das *Fernsehen*, seien die Einpeitscher einer gezielten Zersetzung und des gewollten sittlichen Zerfalls. Nach der

Umerziehungsphase erlebten wir nun die totale *Charakterwäsche* am deutschen Volk.[72]

»Wir sind durch vierzig Jahre Gehirn- und Charakterwäsche ohne Erziehung, Bildung und Würde.«[73]

Die Massenmedien griffen unmittelbar die menschliche Substanz an, was auf die Dauer tödlich wirken könne. So würde das geeignete Klima einer verweichlichten, lüsternen Begehrlichkeit bis hin zur Hörigkeit gegenüber Rauschgiften geschaffen.[74] Die linken Meinungsmacher seien die Freunde der Verbrecher, wenn es um die Erforschung der Ursachen der Straftatbestände geht.[75]

In einem engen Zusammenhang mit der Pressearbeit stehen die Aufgaben der *politischen Bildung*. Daher ist es auch verständlich, wenn der nächste Schwerpunkt der Angriffe die politische Bildungsarbeit ist.

»Gefährliche Stimmungsmacher sind allerorts auch am Werk mit sog. Umkehrbegriffen. Wer feige ist, zeigt Mut zur Angst; wer stiehlt, ist ein Opfer der Konsumgesellschaft; der Weinerliche voll Selbstmitleid erscheint als Vertreter einer neuen Männlichkeit!... Der sexuell Abartige wird oft schon zum Symbol einer neuen demokratisch-liberalen Zeit hochstilisiert.«[76]

Durch jahrzehntelange Unterlassungen sei ein Bildungsnotstand entstanden. An den Schulen und Hochschulen herrsche Gesinnungsterror, die Gesamtschule sei lebensfremd und leistungsmindernd, es drohe eine Bildungskatastrophe.[77]

»Was Weizsäcker, Kohl, Jenninger, Biedenkopf, Geißler und nicht wenige ihrer Vorläufer an Umerziehungspropaganda über eine sich Generation um Generation vererbende deutsche Schuld, über Kollektivverantwortung, Kainsmal – kurz um die neue Erbsünde – von sich gaben, hat in einem Teil der jungen Generation, die nun Volk, Staat und Gesellschaft inbrünstig haßt und bitterlich bis zum Mord bekämpft, Wurzeln geschlagen.«

Der Terrorismus wird als eine Frucht der »Umerziehungspropaganda« angesehen.[78] – Die politische Bildung erscheint in jedem Falle als obskur. Die »sattsam berüchtigte Bundeszentrale für politische Halbbildung« sei ein Institut für *Umerziehung*.[79] Dieser Begriff gehört fest zum ideologischen Vokabular des Rechtsextremismus.

»Die Umerziehung hat den Zweck, das deutsche Volk auf psychologischem Wege in seiner geistig-seelischen Substanz entscheidend zu verändern. Damit schufen sich die Westmächte ein Mittel, das die Menschen in der Bundesrepublik mit Hilfe einer systematischen Massenbeeinflussung unterwarf und sie alle Schuld freiwillig auf sich nehmen ließ...

Als aussichtsreichstes Mittel für die Änderung des deutschen Charakters wurde die Erziehung angesehen, ... wurde der obligatorische Geschichtsunterricht an den westdeutschen Schulen praktisch abgeschafft und weitestgehend durch Politologie und Soziologie ersetzt. Dies bedeutete, daß man die westdeutsche Jugend zu ›geschichtslosen Barbaren‹ formte.«[80]

Politische Bildung und negativ besetzte »Umerziehung« erscheinen synonym. Die Umerziehung beschränkt sich im wesentlichen auf die Frage der Kriegsschuld. Geschichte in diesem Sinne ist nichts anderes als die Rechtfertigung des NS-Staates und des Krieges.

Die *Jugend* wird teilweise sehr negativ beschrieben. Studenten, Schüler, Lehrlinge, Jugendliche sind fast immer verdächtig, sind schmutzig, faul und frech, undankbar – kurzum verkommen, nicht nur durch den Genuß von Rauschgift und anderen Drogen, sondern auch durch die Einwirkungen der »Umerzieher«. Allgemein wird der Vorwurf des Versagens auf dem Gebiete von Erziehung und Bildung erhoben. Junge Menschen seien in einer Sinnkrise mit einem immer größer werdenden »Verlust an ethischen Werten«.[81]

»Die Saat der Umerzieher ist aufgegangen, die Dame Germania ist so oft von den Siegermächten in Ost und West vergewaltigt worden, daß sie sich mittlerweile an diese Schandtaten gewöhnt hat und ihr zeitweiliges Ausbleiben für Liebesentzug hält.«[82]

Die Parole »Gammler oder Grenadiere«[83] entsprach so recht dem Gemüt des verschreckten Kleinbürgers, als in den sechziger Jahren die jungen Menschen gegen das gesellschaftliche Establishment revoltierten. Die Vertreter des Rechtsextremismus sprangen über ihren eigenen Schatten, indem sie ausnahmsweise einmal die Verhältnisse in der DDR lobten:

»Dort treten in die Volksarmee nicht langhaarige Wehrdienstverweigerer ein, sondern Jungen, die bereits in der ›Gemeinschaft Sport und Technik‹ bis zum Spezialistentum vormilitärisch ausgebildet wurden.«[84]

Die Jugend ist und wird verdorben durch Sex und andere Einflüsse:

»Unser Staat ein ›Vernichtungsstaat‹. Er vernichtet, solange er dem durch Pille und Abtreibung eingetretenen gesellschaftlichen Wandel – der freiwilligen Bestimmung der Kinderzahl – nicht gesetzgeberisch Rechnung trägt... Er vernichtet, wenn eine riesige Propagandawelle für Unzucht und gleichgeschlechtliche Sexualität unsere Jugend verderben darf.«[85]

Junge Akademiker und die Universitäten sind beliebte Angriffsziele, die Intellektuellen ganz besonders;[86] die Schule stehe vor dem Verfall. Im Zusammenhang mit der Studentenrevolte Ende der sechziger Jahre hieß es:

»Moskaus Speerspitze an den Universitäten«,[87]

»Kaderschmieden der roten Revolution«,

»Rettet Deutschland vor den roten Studenten!«

Die Angriffe reichen auch in das Gebiet der *Kultur* und *Kunst*. Die Verfechter der »Erhaltung deutscher Kultur« wenden sich immer wieder gegen die »kulturelle und geistige Zersetzung«, gegen die »Verfälschung des Kulturlebens«, gegen die »fortschreitende Zersetzung und Auflösung aller Werte im Volk«. Im Theater wie in der Literatur werde schäbigste Pornographie als Kunst angeboten. Das Gemeine feiere Triumphe. Hingegen würden alle Werte, die erst ein Volk ausmachen, insbesondere die Familie, offen in den Dreck gezerrt.[88] Parolen wie »Kulturelle *Überfremdung* und überfremdete Theater«[89] bringen immer wieder das Schlag- oder Schlüsselwort *fremd*, das stets in einer abwehrenden und negativen Form verwendet wird.

Materialistisches Denken feiere geradezu Orgien, die BRD verludere und verschludere immer mehr.[90]

> »In der bildenden Kunst, auch in der kirchlichen herrscht abstrakter Konstruktivismus, der bis zur Anormalität und Nihilismus geht. In der Literatur herrscht ein hektisch überdrehter und ideologisch einseitiger Betrieb im Zeichen von Marxismus und Freudianismus, von Auflösung der alten, traditionsreichen Gesellschaftsordnung bis zur unmittelbaren Staatszerstörung. In der Musik gilt offiziell die Atonalität und der Konstruktivismus, in der Unterhaltungsmusik amerikanischer Import, hektisch und ohne jede stimmliche Kultur, im Stil immer eintöniger mit zunehmend afrikanischen Elementen.«[91]

Dann erscheint eine spezielle Zielgruppe der Angriffe:

> »Freie Bahn für *Asylanten*? Kohls Todsünde am deutschen Volk... Neben dieser finanziellen Belastung stellt die unkontrollierte Zunahme der Ausländerzahl vor allem anderen auch eine Gefahr für die Einheit der Deutschen dar, die wir uns als eine Nation, die um ihre Identität, um die Erhaltung ihrer historisch gewachsenen völkischen Einheit und ihren Fortbestand in der Geschichte zu fürchten und daher zu kämpfen hat, in keinem Falle leisten können.«[92]

Immer wieder findet die Behauptung, daß eine grundlegende Veränderung der allgemein gültigen Werte stattfinde, Verfechter in den rechtsextremen Organen. In der derzeitigen Gesellschaft komme es »immer mehr zur Zerstörung der Familie, ja des Volkes in seiner Gesamtheit«.[93]

Die REP setzen diese Tradition fort: In ihrem Programm von 1987 heißt es zu Beginn, in ganz Deutschland verwahrlose die geistige und politische Kultur zunehmend, die Sitten würden mißachtet und der Wille schwinde, die nationale Einheit wiederherzustellen. Durch die »gegenläufige Umerziehung« der Deutschen in den Teilstaaten wachse die Entfremdung.

> »Man kann nicht mehr von Kultur sprechen, die sog. moderne Kunst

spricht nur noch krankhaft veranlagte Gehirne an, ganz einfach gesagt, in jedem Bereich unseres Lebens nur Dekadenz und Zerstörung.«[94]

Ein düsteres Bild entsteht vor den Augen der zum Teil überraschten Bürger: Die »verheerende Enttabuisierung des gesamten Sittengefüges unseres Volkes« sei fast an der Ziellinie.

»Nichts ist mehr auf Verantwortung für Zukünftiges angelegt. Nichts zeigt mehr Beständigkeit. Die Masse frönt nur der Herrlichkeit des Augenblicks... Das letzte, wegen seiner nachhaltigen Wirkung dogmatisch unverletzbarste aller Tabus – der Schutz keimenden Lebens – siecht unaufhaltsam dahin. In seinem Verfall zeigt sich, wie an keinem anderen, der umfassende Niedergang eines Volkes, seine endgültige Zerstörung führt nicht bloß zur Zurückstufung, sondern zur Auslöschung...«

Bei so viel Skepsis und Negation muß es dennoch eine alternative Möglichkeit der Rettung geben. So heißt es weiter:

»Noch ist nicht erkennbar, wieviel in die Asche fallen muß, ehe vielleicht ein letzter glimmender Funke die verschüttete Lunte uralter Instinkte wieder anzündet.«[95]

Hier drückt sich schon vorsichtig der Wunsch nach Veränderung aus, nach der Ablösung der Demokratie (s. unten S. 44ff.).

Das von mehreren Universitätsprofessoren unterzeichnete sogenannte Heidelberger Manifest vom 17. Juni 1981 beginnt mit dem Satz: »Mit großer Sorge beobachten wir die Unterwanderung des deutschen Volkes durch Zuzug von vielen Millionen von Ausländern und ihren Familien, die Überfremdung unserer Sprache, unserer Kultur und unseres Volkstums.«[96] Damit kommen wir zur Ausländerfrage, die offenbar einen Schlüsselpunkt in mehrfacher Hinsicht darstellt.

»Der Vorgang der *Umvolkung* (Ethnomorphose) ist bei uns seit 1970 im Gange. Dabei wird die aussterbende Bevölkerung zahlenmäßig ersetzt durch Menschen aus Ländern, in denen sich die Bevölkerung stark vermehrt.«[97]

So richten sich die Angriffe gezielt gegen die Ausländer und gegen das Asylrecht, indem hier die Ursachen für fast alle bisher genannten Probleme und Zeiterscheinungen zum Nachteil Deutschlands angenommen werden.

»Asylanten – Springflut in Deutschland!«,[98]
»Bringen Ausländer Bürgerkrieg?«,[99]
»Gefahr! Ausländerflut steigt – Zustände wie in US-Amerika«.[100]

Kommentar
Die Wirklichkeit sieht anders aus. Nur 16,2% der Asylbewerber in der Bundesrepublik wurden z. B. in der Zeit von Januar bis August 1986 anerkannt; 52,7% wurden abgelehnt (bei 66840 Anträgen nach Angaben des Bundesamtes in Zirndorf). 31,3% der Anträge erledigten sich von selbst, z. B. durch Rück- oder Weiterwanderung. Das Bundesgebiet verließen 1990: 465476 und 1991: 497476 Ausländer 1992: 615000, 1993: 710000[101], was meist verschwiegen wird.
Die Anerkennungsquote ist weiter gesunken: 1989 lag sie bei 7,2%;[102] 1991 bei 5,7%, von Januar bis April 1992 betrug die Anerkennungsquote 4,7%,[103] wenngleich eine steigende Tendenz der Gesamtzahl der Asylbewerber zu beobachten war (März 1992: 35059; Juni 1994: 32111, 7,6% anerkannt).
Die gezielten Diffamierungen der Bundesrepublik Deutschland, gerichtet auf ein Deutschland im »Elend, dem ein Narrengewand angelegt worden ist und das nach der Melodie von Rubel und Dollar« tanzen müsse,[104] sollen eine Krisenstimmung in der Gesellschaft wecken oder schüren. Die Methoden reichen von der einfachen Lüge über die Verleumdung bis zu den Angriffen bei einer puristischen Überforderung der demokratischen Institutionen.
Um das Zerrbild der Bundesrepublik zu vertiefen, wird ein sogenanntes Lexikon der Skandale für denjenigen angeboten, der

> »erfahren möchte, wie Deutschland planmäßig überfremdet wird, wie Kulturzersetzer staatliche Unterstützung erhalten, wie hochdotierte Politiker, Professoren und Meinungsmacher das deutsche Volk und unsere Gefallenen beleidigen«[105].

2. Verstärkung und Ausnutzung von Angstgefühlen

a) Angst vor dem Verlust des Arbeitsplatzes

Um die gewünschte Krisenstimmung zu erreichen und ihr ständig neue Nahrung zu geben, werden latente Angstgefühle systematisch für die politischen Zielsetzungen genutzt.
Mehr oder minder verbreitete Lebensängste, insbesondere vor dem Verlust der wirtschaftlichen Existenz, der Angst vor dem Verbrecher und die Sorge vor der *»roten Gefahr«* stellen die Vertreter des Rechtsextremismus in den Dienst der Propaganda. Bei ihrer Agitation greifen sie bevorzugt auf diese drei Schwerpunkte zurück, die überhaupt mehrfache inhaltliche Verbindungen zu Grundmerkmalen dieser ideologischen Wertrichtungen aufweisen.

Die Angst um den Verlust des Arbeitsplatzes hat sicherlich in den letzten Jahrzehnten allgemein zugenommen. Das liegt auch an den eigenen Gesetzlichkeiten des kapitalistischen Wirtschaftssystems, dem Konkurrenzkampf und dem Trend zur Konzentration sowie der dauernden Rationalisierung zur Senkung der eigenen Kosten des Betriebes, an den steigenden Lebenshaltungskosten und der relativ hohen Arbeitslosigkeit.[106]
In der ersten größeren Wirtschaftskrise Mitte der sechziger Jahre konnte die rechtsextreme »Nationaldemokratische Partei Deutschlands« (NPD), die 1964 gegründet wurde, von dieser Entwicklung profitieren, wenn auch nur bis etwa 1970/71. Am 28. September 1969 errang die NPD bei der Bundestagswahl durchschnittlich 4,3%, im Saarland immerhin noch 5,7% an Zweitstimmen. Bei den 1970 folgenden Landtagswahlen erhielt die NPD im Saarland noch den relativ höchsten Anteil von 3,4%. Wie schon mehrfach zitiert, führen die Anhänger des Rechtsextremismus als Ursache der Arbeitsplatzprobleme die ausländischen Arbeiter an. Dies geschieht nicht nur, weil die Ausländer sichtbar in Erscheinung treten, sondern weil sie als »Fremde« abgestempelt werden und auf diese Weise in unterschiedlicher Sicht eine Aversion verstärkt werden kann. Jede sich bietende Gelegenheit, Schwächen in unserer Wirtschaft zu entdecken, wird politisch benutzt, um die Krisenstimmung zu vergrößern und die Existenzängste zu beleben. (Vgl. dazu ausführlich »Ausländerfeindlichkeit«, S. 126)

b) Angst vor dem Verbrecher

Die Angst, irgendwann Opfer eines Verbrechens zu werden, ist weit verbreitet. Der Wunsch nach persönlicher, physischer Integrität oder Unversehrtheit versteht sich von selbst. Die Überbetonung des Sicherheitsgefühls ist jedoch ein deutliches Merkmal der rechtsextremen Propaganda. Das Gefühl einer angeblich vorhandenen aktuellen Unsicherheit wird systematisch geweckt und verstärkt.[107] Einzelne Kriminalfälle werden meist aus Sensationslust in der Presse stark beachtet. Die darauf folgende Verallgemeinerung bewirkt weitere Unsicherheit.
Bei Hitler hätte es das nicht gegeben! Damals wären die Frauen abends auf einsamen Wegen nicht belästigt worden wie etwa heute. Die statistisch steigende Gesamtkriminalität wird fehlgedeutet. Da diese Fragen fast jeden Bürger berühren, meint er, auch sogleich mitreden zu können. So bemächtigen sich die Agitatoren gern dieses schier unerschöpflichen Themas, um ein subjektives Unsicherheitsgefühl latent wachzuhalten.
Es überrascht daher nicht, wenn die Beliebtheit der Zimmermannschen Fernsehsendung im ZDF »Aktenzeichen XY – ungelöst« nach wie vor

ungebrochen zu sein scheint. Da nützen auch kritische Stimmen, die auf die erheblichen rechtlichen und politischen Bedenken hinweisen, bisher recht wenig. Offizielle Stellen wie BMI und BKA, ganz zu schweigen von den Länderpolizeien, unterdrücken die Kritik, halten sie für unberechtigt, die Kritiker für lebensfremd oder rücken sie gar in die Nähe eines falsch verstandenen »Liberalismus« der fahrlässigen Unterstützung der Kriminellen.[108] Der Zweck heiligt hier offenbar die Mittel. Aus der Täterfahndung ist ein einträgliches Unterhaltungsgeschäft geworden. Es ist wohl im deutschsprachigen Raum eine einmalige Erscheinung, daß mit Billigung der Verantwortlichen in Polizei und Justiz wegen der steigenden Defizite in der Verbrechensbekämpfung öffentliche Fahndung als Unterhaltungssendung und Geschäft für die Veranstalter betrieben wird.
Profitgier und Ausnutzung von Angstgefühlen sind in der bundesdeutschen Gesellschaft eine gängige Verbindung eingegangen. So erklären sich auch die Film-Erfolge wie z. B. »Der Exorzist« oder »Ein Mann sieht rot«.[109]
Bevorzugt wird über strafrechtliche Sachverhalte berichtet, wenn es sich um Personen handelt, die Minderheiten angehören, die ohnehin schon als gesellschaftliche Randgruppen Ziel von Angriffen sind, wie z. B. Zigeuner, Gammler, Hippies, Türken, Juden, Farbige, Studenten oder Asylbewerber (*»Asylanten«*).
Beim Bürger soll der Eindruck entstehen, daß wir uns unmittelbar vor einem Chaos befänden, daß die Polizeibehörden nicht mehr in der Lage seien, diese Entwicklung aufzuhalten. Die Zahl der Gewaltverbrechen steige unaufhörlich an, Sittlichkeitsverbrechen seien an der Tagesordnung, größere sexuelle Freiheit verursache eine höhere Kriminalität.
»Wir befürworten eine Verschärfung von Gesetzen zur Bekämpfung schwerer Kriminalverbrechen... Wir wenden uns gegen die Auflösung von Strafrecht und Strafvollzug«, heißt es im Programm der »Deutschen Volksunion Liste-D« im Jahre 1987, einer soeben gegründeten Partei, die im ersten Anlauf in Bremen einen Abgeordnetensitz und vier Jahre später 6 Mandate erhielt. Die Schürung der Ängste kann auch durch Forderungen nach dringender Verbesserung der Verhältnisse bewirkt werden.

Kommentar

Vergleichbare Zahlen aus der vom BKA bundesweit (einschließlich Gesamt-Berlin) geführten Kriminalstatistik liegen nach der Einigung Deutschlands für 1991 nur bedingt vor. Es kann daher nur auf einige wesentliche Tendenzen verwiesen werden, mit denen sich auch die Propaganda des Rechtsextremismus beschäftigt. Diese Tendenzen haben sich nicht oder nur geringfügig geändert.
Straftaten gegen die sexuelle Selbstbestimmung (einschließlich Vergewaltigung)

haben den bisherigen Höchststand von 43000 Fällen (1980) nicht erreicht. Gleiches gilt für Straftaten gegen das Leben. Nahezu jede zweite Straftat hat unter Verwandten und Bekannten stattgefunden.
Den Hauptanteil an der Gesamtzahl der Delikte nehmen seit Jahren mit steigender Tendenz die Eigentumsdelikte, insbesondere Diebstahl in den verschiedenen Begehungsarten ein, nämlich über 60% (alte Bundesländer ohne Berlin).
Umweltdelikte und besonders die Rauschgiftkriminalität steigen weiter an, zu erkennen u. a. an den Drogentoten: Die Höchstzahl von 623 (1979) ist inzwischen 1991 auf 2125 gestiegen (alte Bundesländer mit Gesamt-Berlin), in Frankfurt a. M. von 108 (1990) auf 147 (1991; im Bundesgebiet 1993 Rückgang: 1738 Tote).
Diese Angaben müssen stets in einen polizeilichen bzw. kriminologischen sowie gesellschaftlichen Zusammenhang und Hintergrund gebracht werden. In der Bundesrepublik (einschl. neue Bundesländer) betrug für 1991 der Anteil der nichtdeutschen Täterverdächtigten 25,9% (davon Asylbewerber für alte Bundesländer einschließlich Gesamt-Berlin 26,7%). In dem von der Innenministerkonferenz (IMK) gebilligten Auswertungsbericht heißt es u. a.: »Die Kriminalitätsbelastung der Ausländer und Deutschen ist zudem auf Grund der unterschiedlichen strukturellen Zusammensetzung (Alters-, Geschlechts- und Sozialstruktur) kaum vergleichbar. Zu berücksichtigen ist weiterhin ein beachtlicher Anteil ausländerspezifischer Delikte.«[110]

c) Angst vor der »roten Gefahr«

Der dritte Agitationsschwerpunkt beruht auf der Angst vor dem Kommunismus oder Bolschewismus.[111]

> »Die 5. Kolonne des Weltbolschewismus ist am Werke, das Vorkommando der Sowjets, das Abräumkommando jeder Ordnung.«[112]

Es wird argumentiert, »die Roten [griffen] nach der Macht im Staate«, oder der Bürger wird mit der Behauptung eingeschüchtert, daß der Marxismus die Wurzel des Terrorismus sei.[113] Von der »Bedrohung des Verschlungenwerdens durch den marxistischen Bolschewismus« ist ständig die Rede[114] oder von der »Unterwanderung durch die roten Machthaber«, eine Behauptung, die bisher durch nichts bewiesen ist, aber sicherlich Wirkung zu entfalten vermag.

> »Die Vorhut der Bolschewisten ist unter uns, sie erreichen ihr Ziel durch die innere Auflösung Westdeutschlands in all seinen Ordnungen.«[115]

Diese und ähnliche Angstparolen trafen in der Bundesrepublik auf eine vorbereitete Bevölkerung, die seit der Weimarer Republik und dann besonders durch die Propaganda des NS über den »häßlichen« Russen oder den *»Untermenschen«* gefüttert worden ist. Diese Hypothek wirkt zweifel-

los flächenhaft weiter. Die Berichte über Vergewaltigungen durch sowjetische Soldaten im letzten Kriegsjahr auf deutschem Boden, die Leiden der deutschen Soldaten in der Kriegsgefangenschaft und die seit 1945/46 nach Westdeutschland geflüchteten Menschen runden hier das Vorstellungsbild ab, das im Westen seit Stalins Schreckensregiment besteht.
Das in der Bundesrepublik Deutschland von Anfang an vorhandene antikommunistische Potential wurde noch durch die Flüchtlinge besonders aus der damaligen DDR verstärkt. Wenn auch die Wirksamkeit der Kommunisten hier kaum oder gar nicht zu verspüren ist, bleibt die Beschwörung der »roten Gefahr«, auch nach der Auflösung des gesamten Ostblocks. Enthüllungen über die Terrormethoden des SED-Staates und die fast totale Überwachung durch den Staatssicherheitsdienst (Stasi) haben sicherlich nicht zum Abbau der Ängste beigetragen.

Kommentar

Seit Bestehen der Bundesrepublik ist bei den kommunistischen Parteien (KPD, DKP) oder bei den Gruppierungen unter kommunistischem Einfluß eine kontinuierliche Rückentwicklung festzustellen, was am Beispiel der Wahlen zum Bundestag abzulesen ist:

1949: 5,7% = 1362000 Zweitstimmen; 1961: 1,9% »Deutsche Friedens-Union« (DFU); 1965: 1,3% DFU; 1969: 0,6% »Aktion Demokratischer Fortschritt« (ADF); 1972: 0,3% DKP; 1983: 0,2% DKP; 1987: 0,5% »Friedensliste« als Personenbündnis (188602 Erststimmen); 1990: 2,4% »Partei des Demokratischen Sozialismus« (PDS)/Linke Liste (1129578 Stimmen = 17 Mandate, 11,1% in den neuen Bundesländern und 0,3% in den alten).

In den Landtagswahlen ist der gleiche Trend zu beobachten; der Anteil liegt bei 0,1 bis 0,5%. Freilich erhält die DKP in den Kommunalwahlen traditionsgemäß in bestimmten Gemeinden und Städten über 5% der Stimmen (hessische Kommunalwahl 1989: z.B. Marburg 5,8%; Dietzenbach 6,8%, Langenselbold: 15,4%).
Die Entwicklung der Mitgliederzahlen aller linksextremen Parteien und Gruppen ist ebenfalls rückläufig: 1983: 74500; 1987: 61700 (nach Abzug der Doppelmitgliedschaften nur noch etwa 46000);[116] 1989: 40000; 1990: 29000.
Die Mitgliederzahl der relativ stärksten kommunistischen Gruppierung, der DKP, geht weiterhin zurück: 1974: etwa 40000; 1988: unter 35000;[117] 1989: 25000; 1990: 11000;[118] 1991: 8000; 1992: 4000; 1993: 6000.
Die Mitgliederzahl der verbotenen KPD betrug 1956: 65000, eine Zahl, die später nicht annähernd mehr erreicht wurde.
Einen Maßstab zur Einschätzung bietet noch die Anzahl der DKP-Betriebsgruppen 1988: etwa 400; 1989: 350 (1959: 1400).
Die DKP und ihre Nebenorganisationen sind völlig bedeutungslos, das gilt auch für die übrigen linksextremen Gruppen.

Gleichwohl scheint diese eindeutige Entwicklung des jahrelangen Rückgangs der linksextremen, insbesondere kommunistischer Gruppierungen, die Verfechter des militanten Antikommunismus nicht zu beeindrucken. Sie greifen zur Methode der *Verschwörungs- oder Konspirationstheorie*, um die angeblich großen Gefahren immer wieder vor Augen zu führen. Die demokratischen Politiker seien dagegen unfähig, die Unterwanderung oder Zersetzungstätigkeit zu erkennen,

> »wenn die Drahtzieher die Deutschen wie Puppen bewegen, zu der Frage, ob die Führung der Bundesregierung in ihrer Politik dem Lebensinteresse des deutschen Volkes aufs beste dient oder Irrwege im fremden Auftrag geht.«[119]

Die Existenz sogenannter Stasi-Seilschaften wird diese Neigung sicherlich noch fördern. Am wenigsten nachprüfbar und immer eingängig erscheint die Ausnutzung der »Kommunistenangst«, wenn eine Weltverschwörung behauptet wird:

> »Zionisten und Kommunisten haben das ›Finanz-Establishment‹ auf der Welt praktisch übernommen mit dem Schicksal am Ende: ein Pool von Arbeitern, Sklaven und Knechten, die sich für die privilegierten Klassen abrackern.«[120]

Nach Wegfall der unmittelbaren Bedrohung aus dem Osten ist nicht auszuschließen, daß künftig alle linken Einstellungen in das alte Feindbild einbezogen werden. In der genannten Verschwörungstheorie sind folgende wiederkehrende Merkmale enthalten, die einen unmittelbaren Bezug zu der Substanz haben, die allgemein als »rechtsextrem« bezeichnet wird. Es handelt sich um die Methode der *Mehrfunktionalität der Parolen*.[121]

Internationalität = »fremd« im Gegensatz zum Nationalismus; sie soll zunächst den Umfang, die weltweite Ausdehnung der angeblichen Gefahren zeigen.

Dann folgt die Kennzeichnung oder Sichtbarmachung der fraglichen Gruppen und Personen, die ihre Ziele und wirklichen Aufgaben tarnen und daher konspirativ arbeiten. Im Vordergrund stehen die Stichworte »Wallstreet, *Plutokratie*, Kapitalisten«, meistens mit Sitz in den USA.

Schließlich seien die Juden oder Zionisten am Werke, hier wird an die gängige Behauptung angeknüpft, daß Juden schon immer gut und zu ihrem Vorteil mit Geld umgehen konnten.

Als vierter Bestandteil kommen die Russen bzw. Bolschewisten in Betracht, wobei Karl Marx als Jude besonders hervorgehoben wird (obwohl gerade er am Kapitalismus schärfste Kritik geübt hatte).

Diese Verschwörungstheorien haben auch den Zweck, das eigene Kulturleitbild[122] zu stützen und im Kampf zu verteidigen.

> »Es gibt eine internationale Gruppe, die an eine Neuerschaffung der

Welt glaubt. Sie arbeitet in verschiedenen Gremien und unter vielen Namen. Insider, Internationalisten, Bilderberger, Illuminaten... Über die Verschwörung, die zu einer Art Weltdiktatur führen soll, sollten Sie einmal nachdenken...«[123]

Die gesamte Kritik an den politischen und gesellschaftlichen Verhältnissen weist eine destruktive Tendenz auf, weil sie nicht darauf abzielt, die Verhältnisse der rechtsstaatlichen Demokratie zu verbessern, sondern diese Staats- und Lebensform abzulösen. In den sechziger und siebziger Jahren arbeitete die diffamierende Kritik mit den Parolen wie »Anti-Bauernpolitik, Umerziehung unserer Jugend, Wiedergutmachungs-Skandale, Korruption, Kriminellenverhätschelung, Verwilderung der Sitten und Diskriminierung der Soldaten«. In den letzten Jahren befaßte sich die Agitation mit den terroristischen Anschlägen und den gewalttätigen Demonstrationen sowie mit der inneren Sicherheit oder »Unsicherheit«. Damit soll der Boden bereitet werden, um die angestrebte Änderung der gesellschaftlichen Verhältnisse einzuleiten. Dazu bedarf es aber noch weiterer Einwirkungen durch bestimmte Propagandamethoden.

Nachdem die Angriffe der Konservativen, der Streit um den schriftlichen Nachlaß von Willy Brandt und die Vorwürfe gegen Herbert Wehner, mit der früheren SED-Führung konspiriert zu haben, offenbar nicht den gewünschten Erfolg brachten, bieten sich die Wahlerfolge (rd. 20% bei der Landtagswahl in Sachsen-Anhalt am 26.6.1994) der ›Partei des Demokratischen Sozialismus‹ (PDS) den Warnern vor der ›roten Gefahr‹ geradezu an. Die Ursache der neonazistischen Gewalttaten als Folge der sog. 68er Generation anzulasten, schlug ebenfalls fehl, so daß im Wahlkampfjahr 1994 die ›roten Socken‹ ein beliebtes Thema blieben. Der BMI spricht im Verfassungsschutzbericht 1993 von ›linksextremistischen Positionen in der PDS‹ (S. 55). Bayern drohte mit einem Verbot der Verfassungsfeinde! Das Schreckgespenst einer Volksfront leitet Wasser auf die Mühlen des Rechtsextremismus.

II. Förderung der Bedingungen für die angestrebte radikale Änderung

1. Der Wunsch nach Veränderung führt zum Aktionismus

a) Feindmarkierungen

Nahziel ist, die angefachte Krisenstimmung zu verstärken und in ein Stadium zu versetzen, in dem alles nach einer baldigen Änderung oder Veränderung dieser Verhältnisse drängt. Die Demokratie – hier als *»Spätdemokratie«* bezeichnet – ist angeblich nicht mehr fähig, mit dem genannten Problem fertig zu werden. Fort mit der »Selbstmörderpolitik«[1] und der »Kumpanei mit dem Sowjet-Imperialismus«, gegen die »politische und geschichtliche Generalkapitulation«. Alle »volkstreuen Patrioten« werden aufgerufen, sich über Parteigrenzen hinweg gegen die »Unterwerfungsverträge« zu wenden.[2]
Die Republikaner fordern »Umkehr«, die Zeit sei dafür reif. In ihrem Programm rufen sie zur »nationalen Selbstbesinnung und geistig-moralischer Erneuerung« auf; das ist für sie die »Wende«. Die »Zeit ist vorbei, wo wir uns schlagen lassen«.[3]
Ein wesentlicher Unterschied zwischen dem Rechtsextremismus und dem politischen Konservatismus besteht darin, daß die Konservativen die gegenwärtigen politischen und gesellschaftlichen Verhältnisse nicht grundlegend verändern, lediglich in Teilbereichen verbessern wollen und die bisher bewährten Grundsätze erhalten. Die rechtsextremen Bestrebungen sind dagegen angetreten, die Demokratie abzuschaffen.
Die Krisenstimmung muß sich zuspitzen, so daß nach Leisner[4] der Ruf nach dem *Führer* und der von ihm auszuübenden »Persönlichen Gewalt« zunehmend laut werden kann. Dieser Ruf ertönt dann, wenn die »Anarchie« unerträglich werde, der Staat ständig gedemütigt werde; es müßten also erst einmal »Unordnungszustände« herrschen. Je stärker diese anarchistischen Verhältnisse seien, desto mehr werde nach dem Führer als einziger Alternative verlangt. Es besteht also nach Auffassung rechtsextremer Gruppen ein enger Zusammenhang zwischen der Entwicklung in der »normativen« Demokratie und dem Grad des Verlangens nach Führung durch einen Führer.
Gefühle von Enttäuschung und Bedrohung drängen zu einer Explosion der angestauten Unmutshaltungen und Aggressionen. Angst kann Grausamkeiten erzeugen, diese wieder neue Ängste verursachen.[5] Frustratio-

nen äußerten sich auch bei den sogenannten Protestwählern, die als solche erst nach den anwachsenden Wahlerfolgen der NPD in den sechziger Jahren bezeichnet wurden. Die angestrebte Schaffung »von Symptomen der inneren Auflösung unserer gesellschaftlichen, staatlichen, rechtlichen und sittlichen Ordnung«[6] als Zeichen der Verschärfung der Krisensituation kann auf unterschiedliche Weise in der Agitation erfolgen.

Beliebt ist die *Methode der literarischen Falschmünzerei*, d. h., mit unrichtigen Behauptungen zu operieren, die schwer nachgeprüft werden können. Dazu zwei Beispiele: So wurde seinerzeit behauptet, für Wissenschaft und Forschung würden nur 0,92 DM pro Kopf ausgegeben (1966 waren es tatsächlich bereits 300,– DM). Oder: Die Fabrikation zur Treibstoffgewinnung aus Kohle sei verboten (tatsächlich bestanden solche rechtlichen Hindernisse seit Jahren nicht mehr; die Herstellung galt jedoch aus ökonomischen Gründen als nicht rentabel und damit nicht vertretbar).

Die geschürten Aggressionen und die Fragen nach den Gründen verlangen nach den Schuldigen oder Verantwortlichen für diese Zustände. Nichtkonforme Minderheiten in der Gesellschaft standen und stehen immer wieder, ungewollt, als Zielscheibe oder Sündenbock zur Verfügung.

> »Sowohl die englische als auch die französische, russische und spanische Revolution (seien) das Werk des internationalen *Judentums* gewesen . . .«[7]
>
> »Aus der Drachensaat der Pariser Vorortverträge, dem Diktat von Versailles, Saint Germain und Trianon, ging der Zweite Weltkrieg hervor, angezettelt von der amerikanischen Regierung und ihren jüdischen Hintermännern mit dem Ziel, das amerikanische Jahrhundert zu verwirklichen.«[8]

Selten werden die Juden als Juden offen angegriffen, wie z. B. durch Parolen, die schon in der NS-Zeit verwendet wurden:

> »Kauft nicht bei Juden«,
> »Eingang für Juden – Ausgang für Asche.«[9]

Deutlicher wird mit dem Zeigefinger als Feindmarkierung auf Israel gewiesen:

> »Verbrecherstaat Israel will uns Moral lehren.«[10]

Die alten Angriffe gegen die Juden richten sich – aus welchen konkreten Gründen auch immer – stellvertretend gegen Israel, dessen Politik kritisch beobachtet wird.

> »Sind wir Israels Sklaven, Deutsche wollt Ihr ewig Sühne?«[11]
>
> »Die Zionisten greifen an . . . die zionistisch beherrschte und nunmehr zionistisch gesteuerte US-Regierung ist die mächtigste Kraft gewesen, die die Tyranei des Kommunismus vorangetrieben hat.«[12]

Oder auf eine Person bezogen, die im Ausland lebt, wie z. B. der Friedens-Nobelpreisträger Elie Wiesel: Er sei der Erfinder des Wortes »Holocaust«, der Mann hasse Deutschland und die Deutschen abgrundtief. »Seine Prämierung ist eine Beleidigung für das ganze deutsche Volk.«[13]

Die antisemitischen und ausländerfeindlichen Parolen liegen eng beieinander:

»Ausländer raus, Juda verrecke!«

»Ihr Dreckkanaken [gemeint waren in diesem Fall Spanier], die Scheißjuden haben wir schon vergast. Ihr Viecher seid die nächsten.«[14]

»Kein Wahlrecht für Juden und ausländischen Rassendreck.«[15]

Die Behauptung, eine Million deutscher Arbeitnehmer suchten diejenigen Arbeitsplätze, die von den Ausländern besetzt seien, ist in mehrfacher Hinsicht falsch, aber für unkritische Ohren einprägsam und weckt Emotionen.[16]

Unter den Ausländern nehmen die Türken nicht nur, weil sie die größte Gruppierung in der Bundesrepublik sind, eine besondere Stellung ein:

»Ein Türke bleibt ein Türke, ein Schwein bleibt ein Schwein, auch wenn man es in einen Pferdestall stellt.«

»Packt Eure Sachen, bevor Eure Wohnungen und Kebab-Buden in Flammen aufgehen.«[17]

»Neulich hat sich ein Türke verbrannt. Die Freunde sammeln nun für die Witwe: Fünf Liter Benzin haben sie schon«, witzelte ein Diskjockey.[18]

Ausländerfeindliche Äußerungen zeigen sich in den Angriffen gegen die Asylbewerber in der Bundesrepublik, einem Land, das in der Zeit der Hitler-Diktatur weitgehend auf die Hilfe und Aufnahmebereitschaft der westlichen Länder angewiesen war.

»Ausländerflut – Gefahr für Deutschland«[19]

Schlagzeilen auf Flugblättern und in entsprechenden Zeitungen lauteten z. B.:

»Ansteigen der Asylantenflut«,[20]

»Asylflut: Geht Deutschland unter?«[21]

Wie politische Wasserstandsmeldungen finden wir Aussagen über die Problematik der Asylbewerber, wobei bis hin zur demokratischen Mitte überwiegend von *»Asylanten«* im negativen Sinne gesprochen wird. Diesen Begriff jedoch gibt es in den entsprechenden Gesetzestexten nicht.

Immer wieder erscheinen Signale, die eine heraufziehende Gefahr beschreiben sollen: »Asylantensturm«, »Asylantenströme«, »*Scheinasylanten*« – Begriffe, die immerhin der CDU-Politiker Rupert Scholz als Innensenator von Berlin verwendet hat.[22]

Minderheiten waren schon immer ein beliebtes Angriffsziel, um von eigenen Problemen abzulenken und eigene Ziele durchzusetzen. Um die Aggressionen in bestimmte Richtungen lenken zu können, bedarf es der Weckung oder Verstärkung von Vorurteilen. Pauschalurteile oder allgemein gehaltene »Kennzeichnungen«, wie »Chaoten« oder »Sympathisanten« für den Terrorismus oder »Studenten«, erleichtern es den Nichtnachdenkenden, sich ein Bild von den angeblichen Ursachen zu machen. Derartige Begriffe sind bewußt unscharf gehalten, sie lassen sich je nach Position und aktueller Lage erweitern oder inhaltlich verändern.

Vorurteile gibt es überall. Sie sind nach allgemeiner Auffassung vorwiegend negative, falsche Urteile, die sich nur schwer berichtigen lassen.[23] Sie transportieren eine bestimmte Vorstellung von einzelnen Menschen oder Gruppen, die mit Ablehnung verbunden ist und Verhalten steuern. Vorurteile haben Orientierungsfunktion, sie erleichtern scheinbar die Beurteilung der Menschen in ihrer Umwelt.

Vorurteile deuten bei ihren Trägern auf Eigenschaften, die dem autoritären Charakter zugerechnet werden, einer Art von Abwehr der Ängste und Gefühlen der Unsicherheit zur Stabilisierung des Selbstwertgefühls. Die autoritäre Persönlichkeit ist anfällig für ein Bündel von Vorurteilen.

Ein typisches Vorurteil ist z. B.: »Kriege wird es immer geben«, das gehöre zum Wesen des Menschen. Damit wird jedes Nachdenken vermieden und scheinbare Klarheit erreicht. Oder ein anderes Urteil: »Die Juden sind die geborenen Geschäftsleute.«

Die Forschungen von Stanley Milgram von der Yale-Universität (USA) haben Vermutungen über das Potential des sogenannten autoritären Charakters bestätigt. Einer Autorität gelang es nämlich, Versuchspersonen dazu zu bewegen, andere auf Anweisung zu quälen. Es zeigte sich, daß das abstrakte Wissen um mögliche nachteilige Folgen für das Opfer keine Schranke bedeutet gegen Handlungen, die eben diese Folgen herbeiführen.[24]

Vorurteile gegen Gruppen bzw. Minderheiten in der Bevölkerung haben eine Abgrenzungsfunktion. Sie unterliegen dem Freund-Feind-Schema mit dem Ziel, die eigene Gruppe und damit auch die eigene Person zu erhöhen oder zu stärken und die Fremdgruppe herabzusetzen. Sallen[25] zeigt, wie ein Vorurteil funktioniert: Trotz der Tatsache, daß nach 1945 kaum noch Juden in der Bundesrepublik (etwa 27000) leben, existiere ein latenter Antisemitismus.

Bei der Suche nach den Ursachen für die behaupteten Mißstände in der Gesellschaft spielen Verschwörungstheorien eine große Rolle. »Die jüdische Bankiers- und Weltverschwörung« ist ein typisches Beispiel dafür. Voran geht das Betrugsmotiv: »Wir werden alle betrogen!« – Parolen, die

seit Anfang der zwanziger Jahre aus Deutschland nicht mehr hinwegzudenken sind. Eingebildete Unterdrückungssituationen werden auf überstaatliche Mächte abgewälzt.
Abgesehen von einer kleinen Gruppe von Neonazis werden die Angriffe gegen die Juden verdeckt vorgenommen. Unter der Flagge eines Anti-Zionismus (»Goldmann gegen Ben Gurion«) sollen die alten und bekannten Vorurteile wieder wachgerufen und verstärkt werden.[26]
Die Feindmarkierungen haben sich in den letzten Jahrzehnten geändert, ihre Schwerpunkte sind aus taktischen Gründen verlagert oder erweitert worden. Zu der eher verdeckten Judenfeindschaft sind neue Feindbilder gekommen: »Die Roten«, Kommunisten, Ostermarschierer, Gammler, »Friedensbewegte«, Gegner der Kernenergie und Ausländer, insbesondere Türken. Minderheiten eignen sich für diese Rolle, sie sind je nach Situation austauschbar.
Intellektuelle erfreuten sich hier oft wegen ihrer kritischen Stellung zur Gesellschaft einer besonderen »Unwert-Schätzung«. Sie zerstörten die heile Welt, hätten nur Illusionen, seien Weltverbesserer, geisteskrank, kommunistisch infiltriert oder gar kriminell, rauschgiftsüchtig. In der rechtsextremen Definition[27] werden sie diffamiert, sie neigten zur Persönlichkeitsspaltung und litten unter Psychosen, sie könnten ebenso einem Aberglauben wie einer Massensuggestion erliegen.
Es ist eine typische Methode, den politischen Gegner in seinem Verhalten und seinem Charakter anzugreifen und abzuwerten. Die Flucht in die Ethik lenkt von der sachlichen politischen Auseinandersetzung ab oder besser, enthebt eine sachliche Erörterung. Statt dessen sind die Gegner »Verräter, Erfüllungsgehilfen, Spione, Agenten, Verbrecher«.
Der politische Gegner erscheint als Haßsymbol für eine bestimmte Richtung. Die Diffamierungen bestehen aus einer Kombination von geschürten Angstgefühlen und aufkommender Aversion bis hin zur Kriminalisierung:

»Polit-Gangster der Roten Front halten München in Atem.«[28]

Mitscherlich hat diese Erscheinung bestätigt: »Wo Antiautorität auf Autorität trifft, bemüht sich die letztere, die Antiautorität als kriminell oder psychopathisch hinzustellen.«[29]
Sprache und Rede sind in der Agitation auf eine verrohende Tendenz festgelegt. Die Sport- und die technische Sprache verbinden sich mit Militärmetaphern, Schlagwörter vereinfachen, übertreiben. Gebräuchlich ist der sogenannte Nominalstil (Endungen auf -ung), und falsches Pathos dient nicht der Information, sondern soll Stimmung machen.[30] Die Sprache wandelt sich hier zu einem politischen Kampfmittel.
Janßen hat dies beschrieben: »Zuweilen fallen Parteipolitiker und Regierende in die Angewohnheit zurück, politische Gegner, Andersden-

kende und unbequeme Minderheiten als minderwertig, geisteskrank, verbrecherisch, schmutzig, tierisch, als Untermenschen zu diffamieren und zu degradieren.«[31] In der NS-Zeit war die Rede von »*Volksschädlingen*, Unkraut und Ungeziefer«, das vertilgt werden muß.
Gustav Heinemann warnte seinerzeit davor, radikale Verfechter von Freiheit und Demokratie in den Verdacht der Verfassungsfeindlichkeit zu rücken und den Begriff »Verfassungsfeind« als Knüppel zu benutzen, ohne ihn vorher genau zu definieren.[32] Man selber ist demgegenüber verfassungstreu!
Die Sprache ist hier mit militärischem Vokabular durchsetzt, was freilich nicht unvertraut klingt, da sich auch die Werbewirtschaft gern solcher Redewendungen bedient. Man spricht von einem »Werbefeldzug«, von »Verkaufsfront«, von »großkalibrigen Werbeträgern« oder von »Verkaufskanonen« und der »Feigheit vor dem Feind«.[33]
Gelegentlich wird das Mittel des Polit-Witzes eingesetzt, das ätzend, höhnisch und beleidigend ist. Es soll gezielt treffen. Witz-Sachverhalte aus der NS-Zeit und der DDR werden verändert und auf die angeblichen Zustände in der Bundesrepublik zugeschnitten:

> »Wann geht es in Deutschland wieder aufwärts? Wenn Wehners Witwe bei Brandts Beerdigung die Frage stellt, warum sich Bahr erschossen hat.«[34]
>
> »In Breshnews Magen treffen sich Dubczek und Brandt: D.: ›Soso, dich hat er also auch geschluckt!‹ Brandt: ›Oh nein, ich kam aus der anderen Richtung‹.«[35]

Es bedarf keiner näheren Erläuterung, daß die Vertreter der rechtsextremen Bestrebungen alle öffentlichkeitswirksamen kommunikativen Möglichkeiten (z.B. Versammlungen, Demonstrationen, Fernsehauftritte) nutzen, um für ihre politischen Zielsetzungen mit Sprache und gedrucktem Wort zu werben. Art und Weise bzw. der Stil der Propaganda bieten Ansätze für die Auseinandersetzung mit rechtsextremen Inhalten. Umfang der Werbung und die Auflagenzahlen der Bücher und Schriften lassen das rechtsextreme Potential deutlich erkennen.
Die rechtsextremen Parteien und Vereinigungen werben mit Druckerzeugnissen aller Art wie z.B. mit Flugblättern, Schriften und (teilweise) regelmäßig erscheinenden Zeitungen und Zeitschriften.
Größte Quelle ist das Zeitungsimperium des Verlegers Gerhard Frey in München. Er ist langjähriger Vorsitzender und Begründer der sogenannten National-Freiheitlichen Organisationen. An erster Stelle sind die wöchentlich erscheinende »Deutsche National-Zeitung« (DNZ) und die »Deutsche Wochen-Zeitung« (DWZ) mit einer Gesamtauflage von etwa 90000 Exemplaren zu nennen.[36]

Die abhängigen Verlage wie z. B. die »Druckschriften- und Zeitungsverlags GmbH« in München (DZ-Verlag) geben entsprechende Zeitungen und Bücher heraus. Zum Programm gehören auch Anstecknadeln, Medaillen, Landkarten, Fahnen, Schallplatten, Videos, Filme, Tonbänder, Kassetten etc.
An zweiter Stelle rangiert die NPD, deren Parteizeitung »Deutsche Stimme« monatlich in einer Auflage von etwa 48000 verbreitet wird.
Eine besondere Rolle spielen die »organisationsunabhängigen Verlage und Vertriebsdienste«: 33 (29), bestehend aus 8 (7) Buchverlagen, 18 (14) Zeitungs- und Zeitschriftenverlagen und 8 (7) Vertriebsdiensten (Stand von 1993, in Klammern 1992).
Hier nehmen die Publikationen des Grabert-Verlages in Tübingen und des »Nation Europa«-Verlages in Coburg eine überdurchschnittliche Stellung ein. Die Monatsschrift »Nation Europa« (seit 1992 ›Nation und Europa‹) kann seit Jahren als Plattform des internationalen Faschismus gelten. Die Auflage beträgt nach amtlichen Feststellungen »mehrere Tausend Exemplare«.
Nicht mehr ausdrücklich von den Verfassungsschutzbehörden erfaßt ist das Monatsheft »Mut« des ehemaligen Bundestagskandidaten der NPD, Bernhard C. Wintzek, Mitinitiator der aggressiven Vereinigung »Aktion Widerstand« (1970) in Würzburg. In dieser Schrift kommen auch die Vertreter des politischen Konservatismus zu Wort. Die Grenzen sind fließend.
Mitte der siebziger Jahre fiel bereits liberalen Presseorganen der schwunghafte Handel mit ehemaligen NS-Gegenständen und entsprechenden Darstellungen auf: In Raritätenläden sei Hitler lebendiger denn je, die Figuren des Dritten Reiches erzielten Höchstpreise. »Das Hakenkreuz als Element einer Nostalgie-Welle... Es leuchtet von Buchdekkeln, Plattenhüllen, Modellbaukästen und Filmplakaten.«[37] Der Krieg erscheint hier als ein technisches Abenteuer und als heroische Bewährungsprobe. Um höhere Umsätze zu erzielen, beteiligen sich auch seriöse Verlage an der Vermarktung der NS-Zeit.
Unter den Vertriebsdiensten ist der »Hocheder-Versandhandel« in Düsseldorf mit einem Angebot von Langspielplatten über die NS-Zeit seit Jahren bekannt.
Schwer einschätzbar in der Wirkung ist die Behandlung von rechtsextremen Themen und Parolen zunehmend in rechtskonservativen Blättern, insbesondere der »Bild-Zeitung«, wo z. B. in der Ausländerfrage keine eindeutige Position bezogen wird. Hierher gehört auch die sogenannte Memoiren-Literatur (s. oben S. 10 und unten S. 80), mit der sich ehemalige hohe NS-Repräsentanten zu rechtfertigen versuchen (z. B. Albert Speer, Leni Riefenstahl und Franz Schönhuber).

einzelnen Pamphletisten, die entweder offen oder anonym seit Jahren unermüdlich in Hetzschriften und Flugblättern gegen die rechtsstaatliche Demokratie agitieren und die Krisenstimmung schüren.
Ende 1982 wurde das von »Mensch ärgere Dich nicht« abgewandelte Würfelspiel »Jude ärgere Dich nicht« an jüdische Einrichtungen und Schüler-Zeitungsredaktionen verschickt (s. unten S. 139). Die Verbreitung von Computer-Disketten mit rassistischen und den Führerkult huldigenden Spielen hält unter Jugendlichen zumeist im Tauschwege an (z. B. »Ariertest«, »The Nazi« und »Die Hitler-Show«). Bundesweit sind bis 1990 etwa 40 solcher Spiele erfaßt worden. Über die Urheber und Hintermänner ist kaum etwas bekannt.
Mit alledem versuchen die Anhänger rechtsextremer Bestrebungen Tag für Tag, die Bedingungen für eine radikale politische Änderung zu schaffen, den politischen Aktionismus zu fördern und die geweckten Aggressionen zu nutzen.

b) Aggressionen als Folge der Propaganda

Ende der sechziger Jahre entlud sich die angestaute Unzufriedenheit und Militanz in Angriffen gegen Vertreter der damaligen neuen Ostpolitik in Deutschland. So ereigneten sich spektakuläre Aktionen, die sich nur vor diesem Hintergrund erklären lassen.
Nach der für die NPD verlorengegangenen Bundestagswahl des Jahres 1969 bildete sich kurzfristig die »Aktion Widerstand«, die 1970 durch eine Großveranstaltung in Würzburg bekannt wurde. Parolen wie »Brandt und Scheel, hängt die Verräter« machten damals die Runde. Die Polizei war anfangs irritiert, als rechtsextreme Gruppen die Straße zu beherrschen suchten. Die Presse schrieb u. a.:

> »Würzburg ist überall... Das ist der eigentliche Skandal: Die Tatsache, daß Rechtsradikale und Rechte mit dem gleichen Vokabular gegen die Bundesregierung antreten und daß Repräsentanten der Bonner Opposition dabei ständig als Initialzündung für Extremisten wirken.«[38]

Das hinderte den »Bayern-Kurier« nicht, in Schlagzeilen zu fordern:

> »Regierung Brandt muß gestürzt werden, Merkmale eines nationalen Notstandes, Brandt muß weg, weil jeder Tag, an dem er Bundeskanzler ist, von Schaden für die deutsche Sache ist.«[39]

In einer Werbeanzeige der Lufthansa mit einem Bild von einem jungen Demonstranten heißt es dazu doppelsinnig:

> »Verlaßt unser Land!«[40]

Eine weitere Folge war die Zunahme von Attentatsdrohungen und An-

Eine weitere Folge war die Zunahme von Attentatsdrohungen und Anschlägen, wie z. B. der Versuch des 20jährigen Gärtners Carsten Eggert am 8. April 1971, auf den Bundespräsidenten einen Anschlag zu verüben. Eggert war bis 1970 Mitglied der NPD; in seiner Tasche trug er ein Bild Hitlers. Seine Aktion war gegen die Ostpolitik gerichtet, er wollte die »Verräter des deutschen Volkes, Heinemann, Brandt, Scheel und Wehner... beseitigen«.[41] Am 7. November 1970 schoß der ehemalige Krankenpfleger Ekkehard Weil auf einen sowjetischen Wachtposten am Ehrenmal in Berlin-West. Nach der Haftentlassung setzte er sein Treiben fort und verübte einen Brandanschlag auf das SEW-Büro in Berlin. In Österreich wurde er Ende der siebziger Jahre wegen mehrerer Anschläge in Haft genommen.[42] Der 22jährige NPD-Funktionär Viktor Gislo ohrfeigte am 24. September 1971 Bundeskanzler Brandt in München mit den Worten: »Das ist für die Ostpolitik!« Am 19. Oktober 1973 schlug der 54jährige CSU-Anhänger Günter Görlitz den Bundespräsidenten Heinemann in Augsburg nieder, um gegen den »Hoch- und Friedensverräter Heinemann« zu demonstrieren.

Diese Reihe der Gewalttaten, insbesondere gegen Ausländer und Asylbewerber, ließe sich noch bis in die Gegenwart fortsetzen. Hoyerswerda in der Niederlausitz hat wegen wiederholter ausländerfeindlicher Ausschreitungen 1990/91 eine traurige Berühmtheit erlangt.[43]

Das erinnert an die Attentate mit rechtsextremem Hintergrund in der Weimarer Zeit, wie z. B. der Mord an dem früheren Reichsfinanzminister Matthias Erzberger, der am 26. August 1921 von zwei ehemaligen Marineoffizieren im Schwarzwald erschossen wurde. Heller Jubel herrschte damals in der rechtsgerichteten Presse. Am 24. Juni 1922 ermordeten rechtsextreme Fanatiker den Reichsaußenminister Walther Rathenau in Berlin, weil er »Jude« war.

Die ständige, sich steigernde Wiedehrolung der Parolen und Behauptungen, daß sich die Gesellschaft und der Staat in einer akuten Krise befänden und eine unmittelbare Gefahr dem Bürger drohe, bleibt nicht ohne Wirkung. Nach dem Motto, »steter Tropfen höhlt den Stein«, hoffen rechtsextreme Kreise, daß in der Bevölkerung bald der Wunsch nach Veränderung geweckt wird, die Aggressionen sich verstärken und nach Entladung drängen.[44] Der Wunsch nach Veränderung soll total sein. Dies bezeichnet Nolte als typisch faschistisch.[45]

> »Wir brauchen eine neue Ordnung, Bundesbürger wacht auf... wenn wir die große soziale Gemeinschaft aller Arbeitenden und Leistenden verwirklichen.«[46]

In den letzten Jahren ist die Gewaltbereitschaft tatsächlich gewachsen.

Kommentar

Allein 1984 verübten rechtsextreme Kreise über 74 Gewalttaten, davon elf Terrorakte.[47] Die Zahl ihrer Gesetzesverletzungen ist angestiegen:

1986: 1281	1991: 3884 (davon Gewalttaten: 1483, im gesamten Bundesgebiet)[48]
1987: 1447	1992: 7121 (Gewalttaten: 2584)
1988: 1607	1993: 10561 (Gewalttaten: 2232)
1989: 1853	
1990: 1380	

Die zahlreichen Funde von Waffen, Munition und Sprengstoff weisen nach Ansicht des BMI auf die anhaltende Militanz von Teilen des Rechtsextremismus hin. Einen Anhaltspunkt dafür geben die Zahlen der erfaßten Neonazis, d. h. derjenigen, die mehr oder minder offen für einen Staat ähnlich dem NS-Staat eintreten und dem Nationalsozialismus nacheifern wollen.

> »Wir sind eine Kampfgemeinschaft, die ihre Reihen allen Nationalsozialisten öffnet, die sich zur Idee, Partei und Führer bekennen und bereit sind zu gehorchen, um siegen zu können...«[49]

Von den Verfassungsschutzbehörden sind insgesamt Ende 1991 5900 Neonazis erfaßt (1986: 1460),[50] von denen mindestens 4400 als militant angesehen werden.

Die Gewalttaten von Rechtsextremen haben sich seit etwa zehn Jahren zu einem Terrorismus ausgeweitet. Mehrere Kleingruppen werden verdächtigt, zahlreiche Brand- und Sprengstoffanschläge verübt zu haben. Einige von ihnen waren NPD- oder FAP-Funktionäre gewesen, so z. B. der frühere Jura-Student Mössle, den das LG Gießen am 13. März 1987 wegen mehrerer Banküberfälle zu einer Gesamtstrafe von neun Jahren und sechs Monaten verurteilte.[51]

Das OLG Frankfurt verurteilte am 27. Oktober 1987 Odfried Hepp wegen versuchten Mordes und Mitgliedschaft in einer terroristischen Vereinigung u. a. zu 10½ Jahren Haft. Er gehörte zur sogenannten Hepp-Kexel-Gruppe, die 1982 Sprengstoffanschläge auf US-Soldaten verübt hatte.

Spätestens seit dem Bombenanschlag vom 26. September 1980 auf der Theresienwiese in München[52] und den Sprengstoff- und Brandanschlägen der »Deutschen Aktionsgruppen« gegen die Asylbewerber im Bundesgebiet ist auch auf dem rechtsextremen Sektor von Terrorismus die Rede. Seit 1984 ist in dem jährlichen Bericht des BMI[53] ein besonderes Kapitel mit dem Titel »Deutscher rechtsextremistischer Terrorismus« eingerichtet.[54] Diese wenigen Hinweise auf die Gewalttätigkeiten, die von rechtsextremen Gruppen und Einzelpersonen ausgegangen sind, mögen genügen, um die Gefährlichkeit der entsprechenden Propaganda zutreffend einschätzen zu können. Der Brandanschlag in Solingen im März 1993, durch den fünf Menschen starben, wird nicht der letzte gewesen sein.

Bedingung für die angestrebte grundlegende radikale Veränderung der politischen und gesellschaftlichen Verhältnisse in Deutschland ist, den

Wunsch nach Änderung durch Feindmarkierungen wachzuhalten und ihm eine Richtung zu geben. Mit Hilfe der Mobilisierung alter Vorurteile gegenüber Minderheiten wie Juden, Ausländer oder Intellektuelle, verstärkt durch das simple Freund-Feind-Denken, soll das Gefahrenpotential deutlich gemacht werden, das für die angeprangerten Mißstände angeblich verantwortlich ist. Sprache als politisches Kampfmittel und entsprechende Verschwörungstheorien dienen den Aggressionen, die zu Entladung drängen und auf diese Weise zur Verstärkung der Krise beitragen. (Zum aggressionsverstärkten Menschenbild s. unten S. 118ff.)

2. Schrittweise Zielverwirklichung durch Abbau demokratischer Kritik

a) Verfälschte Darstellung der Zeitgeschichte

Mit dem Wunsch nach Veränderung beginnt die Suche nach politischen Alternativen. Die rechtsextremen Bestrebungen bieten sich als die einzige und entscheidende Kraft für eine Veränderung an. Doch müssen erst erhebliche Hindernisse in der Bewußtseinsbildung und Willensrichtung beseitigt werden, ehe ihre Zielsetzungen überhaupt akzeptabel erscheinen.

Kriegsschuldfrage
Ein entscheidender Schwerpunkt der Auseinandersetzung und damit der Agitation ist die Tatsache, daß ein Übergang gefunden werden muß, von der gegenwärtigen pluralistischen Gesellschaft zu der Vorstellungswelt einer *»Volksgemeinschaft«*. Die rechtsextremen Bestrebungen befinden sich in einem dauernden Dilemma; denn hier muß eine Stellungnahme zur NS-Zeit abgegeben werden, da Rechtsextremismus und Nationalsozialismus nicht nur eine gemeinsame Wurzel im Nationalismus haben, sondern teilweise identisch sein können. Eine völlige Verurteilung des NS-Gewaltregimes würde nämlich wesentliche Grundannahmen oder Werte in Frage stellen, so daß nur dann eine Strategie der schrittweisen Annäherung an die alten Standpunkte eine reale Chance hat, wenn sie auch in einem neuen Gewand angeboten wird.
Inzwischen entwickelt sich diese Propaganda zu einem ausgeklügelten System der Verfälschung, Irreführung und Verharmlosung. Weil diese Problematik[55] oder Denkhürde entscheidend für die weitere Überzeugungsarbeit ist, beschäftigen sich die Vertreter des Rechtsextremismus besonders gern mit einer differenzierten Widerlegung der bekannten Vorwürfe gegen den NS-Staat.[56]

Ausgangspunkt ist und bleibt die sogenannte Kriegsschuldfrage, gemeint ist die Schuld am Zweiten Weltkrieg. Nur eine winzige Minderheit lehnt jegliche Schuld Deutschlands an dem Ausbruch des letzten Krieges ab. Sie wendet sich gegen die »Kriegsschuldlüge«, es fehle ein wahres Geschichtsbild. Mit dem Gerede von der Kriegsschuld würden nur Wiedergutmachungsleistungen erpreßt. Nur weil sich die Deutschen vereinigen wollten, seien die Weltkriege entstanden. Entsprechend heißt es:

> »Der Krieg gegen Polen 1939 war ein durch eine politische Provokation ausgelöster Verteidigungskrieg, der Einfall deutscher Truppen in Rußland 1941 eine echte Prävention mit Verteidigungscharakter.«[57]

Die zeitgeschichtlichen Forschungen, die Feststellungen der Gerichte nach 1949 sowie die Diskussionen um die Verbrechen des NS-Staates haben das aussichtsreiche Bestreiten der Alleinschuld des NS-Regimes sehr erschwert, so daß es leichter ist, sich auf eine irgendwie geartete *Mitschuld* zu verlegen:

> »Gegen die Lüge von der Alleinschuld am Kriege«,[58]
> »Hitlers Alleinschuld widerlegt«,[59]
> »Die Sieger diktierten die Alleinschuld der Deutschen am Elend der Welt.«[60]

Hier arbeitet die Agitation mit einer fiktiven, falschen Behauptung wie z. B.

> »Die Lüge von unserer alleinigen Schuld am Unheil der Welt.«[61]

Es handelt sich um eine Behauptung, die von ernstzunehmenden Politikern oder Regierungen der früheren Siegermächte spätestens seit 1949 nicht mehr aufgestellt worden ist. Um so leichter kann dagegen argumentiert werden. Anläßlich der Aufführung des Fernsehfilms »Shoah« hieß es:

> »Während die Deutschen als einzige Ansammlung von Schurken erscheinen, sind die Stalinisten Wohltäter.«[62]

Im konkreten Fall kann von dem behaupteten Vorwurf überhaupt nicht die Rede sein; der Autor befragte nur die damals beteiligten Deutschen und Polen. Über sogenannte Stalinisten enthält der Film nichts.
Immer wieder wird der kollektive Schuldvorwurf zitiert:

> »Vor allem soll die Vergangenheitsbewältigung zu der Überzeugung führen, daß alle deutschen Staatsbürger für die von der NS-Regierung befohlenen oder sanktionierten Rechtsverletzungen zu haften oder sich dafür kollektiv zu schämen hätten...«

Das deutsche Volk sollte angeblich zu einer Nation niederen Ranges degradiert werden.[63] Obgleich diese Behauptung leicht zu widerlegen ist, kann damit Betroffenheit geschaffen werden, die notwendig ist, um mehr Anhänger zu gewinnen. Die Vertreter dieser Auffassung ergreifen so in

einer Art von Masochismus die »Peitsche«, mit der sie sich ständig schlagen und quälen.
Diese alte Methode soll dazu dienen, möglichst weite Kreise der Bürgerschaft anzusprechen, um sie dann wieder zu verteidigen, also als Verteidiger »deutscher Interessen« schlechthin aufzutreten. Im äußersten Fall kann Deutschland mit Hitler gleichgesetzt werden, wie (unten S. 76ff.) noch zu erörtern ist.
Zweifellos wird darauf spekuliert, daß es in der Auseinandersetzung gar nicht mehr um das deutsche Volk, sondern um die Be- oder Verurteilung des NS-Gewaltregimes geht. So tritt man auf

»gegen die Aufrechterhaltung der heute schon durch die Geschichtsforschung widerlegten Lüge, die unserem Volk die Alleinschuld an zwei Weltkriegen auferlegt...,

gegen die damit verbundene moralische Verurteilung unseres Volkes als ein Mittel der Erpressung zur Anerkennung der Ergebnisse der Politik der Siegermächte...«[64]

gegen die »höchst einseitige Vergangenheitsbewältigung allein zu Lasten der Besiegten des Zweiten Weltkriegs mit der Zuweisung der Kollektivschuld und Kollektivverantwortung...

Wir wenden uns entschieden dagegen, daß unser Volk der Sündenbock der Welt bleibt.«[65]

Im Kampf um die Schuldfrage Deutschlands soll die historische Wahrheit freigelegt werden. Zur Untermauerung dieser Bemühungen greifen die Vertreter der rechtsextremen Bestrebungen ganz im Gegensatz zu ihren sonstigen Gepflogenheiten auf ausländische Publizisten zurück mit dem Hintergedanken: Wenn Angehörige früherer Feindstaaten entlastende Tatsachen vortragen, dann müssen sie sicherlich wahr sein und die Zweifelnden überzeugen.
Seit Jahren werden daher Autoren und selbsternannte »Historiker« vorwiegend zitiert und gern zu Vortragsveranstaltungen eingeladen, ihre Bücher und Stellungnahmen verbreitet, wie z. B.:

David Hoggan (Der erzwungene Krieg, 1966), H. E. Barnes (Die deutsche Kriegsschuldfrage, 1964), A. J. P. Taylor (Die Ursprünge des Zweiten Weltkriegs, 1961), Charles C. Tansill, Peter H. Nicoll, Paul Rassinier, David Irving, Robert Faurisson, F. J. P. Veale

u. a. m.

Von rechtsextremer Seite heißt es über diese Autoren:

»Sie alle stimmen darin überein, daß Deutschland bzw. Hitler den 2. Weltkrieg weder gewollt noch entscheidend herbeigeführt hat.«[66]

Die deutschen Stellungnahmen zu dieser Frage seitens der rechtsextremen Gruppen lassen an Deutlichkeit nichts zu wünschen übrig:

»Die Amerikaner tragen die Hauptverantwortung für den ungeheuren

Aufruhr, die chaotischen Verhältnisse infolge der beiden von ihnen gewonnenen Weltkriege. Ihr Werk ist die Zerstörung Europas.«[67]

In die Versuche der Entlastung werden auch die Folgen des Ersten Weltkriegs einbezogen. In einem Flugblatt des »Nationaldemokratischen Studentenbundes« (NHB) im Februar 1969 in Mainz heißt es über die Ursachen des Zweiten Weltkriegs:

»1. Der dem deutschen Volk 1919 in Versailles diktierte Unrechtsfrieden.

2. Die gegen Deutschland gerichtete Unterdrückungs- und später Kriegspolitik Frankreichs, Großbritanniens, der USA und Polens in der Zeit zwischen den beiden Weltkriegen.«

Das Flugblatt der »Friedensaktion Wiedervereinigung« steht unter dem Titel »Volksfremde Politik«:

»Mit dem Märchen von deutschen Welteroberungsplänen und mit der behaupteten Alleinschuld Deutschlands am Ausbruch des II. Weltkriegs hat man unserer Generation eine erdrückende Hypothek aufgeladen. Die Greuelpropaganda der Kriegsgegner fand Einzug in die Geschichtsbücher...«[68]

Eine Variante in dem Bemühen nach Entlastung ist eine mehr mystische oder psychologische Begründung wie z. B.: Adolf Hitler sei von einem inneren Auftrag getrieben worden, die

»Folgen des Schandvertrages von Versailles zu beseitigen... Längst lief das gespenstische Spiel zwischen London, Paris und Washington auf vollen Touren... Und dann war der Krieg da. Ein Krieg, auf den sich Deutschland weder militärisch noch wirtschaftlich vorbereitet hatte.«[69]

Und schließlich ganz abstrakt eine weitere Begründung:

»Die Geschichte hat den Umsturz selbst herbeigeführt und das Gebot der Neuformung gestellt.«[70]

Allgemein ist zu sagen, daß diese Autoren das von ihnen ausgewertete Dokumentenmaterial einseitig interpretieren. Mehnert[71] kommt daher zu dem Ergebnis, daß es sich um unsinnige Thesen handele und ein echtes Interesse an Aufklärung nicht vorhanden sei.

Die Militärhistoriker Gerd R. Ueberschär und Wolfram Wette[72] haben überzeugend nachgewiesen, daß der Überfall auf die Sowjetunion 1941 kein »präventiver Schlag« gewesen war. »Die Propagandaformel« vom »Kreuzzug Europas gegen den Bolschewismus« sollte latente antikommunistische Einstellungen in Deutschland und anderen europäischen Ländern aktivieren und zur gemeinsamen Aktion hin bündeln. Sie sollte eine integrierende und den Kampf stimulierende Wirkung entfalten.

Die Historiker verweisen in ihren Forschungen darauf, daß die Eroberung des »Lebensraumes im Osten« in Hitlers Buch »Mein Kampf« schon 1928 zu finden ist. Das Ziel war stets die »Eroberung des *Lebensraumes* für das deutsche Volk im Osten« zum Aufbau eines deutschen kontinentalen Imperiums. Die Politik Hitlers war darauf ausgerichtet, die Völker im Osten zu unterwerfen. Ein damals bekanntes Lied fängt an: »In den Ostwind hebt die Fahnen, in dem Ostwind stehen sie gut.« Für Hitler war der Bolschewismus die extremste Form des Weltjudentums. So schloß sich der Kreis. Die Angriffsvorbereitungen wurden durch einen Befehl Hitlers am 18. Dezember 1940 unter der Weisung Nr. 21 »Fall Barbarossa« ausgelöst. Dann begann 1941 ein rassenideologischer Vernichtungskrieg.[73] Diese Erkenntnisse lassen sich durch zahlreiche weitere Forschungen belegen.

Ungeachtet dessen halten die Vertreter des Rechtsextremismus starrsinnig an ihrer alten Position fest, die wie folgt am kürzesten beschrieben werden kann:

> »Daß die Alleinschuld Deutschlands eine Unwahrheit ist, steht sowohl für den 1. Weltkrieg als auch für den 2. Weltkrieg fest. Mehr ist am 50. Jahrestag des 1. 9. 1939 nicht zu sagen.«[74]

Bei der Begründung der These von der Mit- oder Teilschuld richtet sich die Diskussion zwangsläufig auf andere, die offenbar schuldig an dem Krieg geworden sind: »Überall Feinde, Verrat überall, NS-Abweichler«, lauten die Hinweise. Mitschuld setzt also eine irgendwie geartete Teilschuld der früheren Feindmächte voraus. Der Zusammenbruch 1945 sei außerdem auf die vielen »inneren Feinde« zurückzuführen. Feinde außen, Feinde innen, wer kann da noch bestehen?

Auf dieser Argumentationslinie bewegte sich der erste Leiter des Bundesnachrichtendienstes (BND), der ehemalige Hitler-General Reinhard Gehlen, in seinem Buch »Der Dienst«[75]. Darin vertrat Gehlen allen Ernstes die These, daß der Chef der NS-Parteikanzlei, Martin Bormann, ein Agent der Sowjets gewesen sei. Diese neue Dolchstoßlegende (1919 hieß es: »im Felde unbesiegt«) konnte sich wegen der zweifelhaften Beweisführung nicht so recht durchsetzen.[76]

Aus diesem Grunde müssen alle Gegner Hitlers und des Nationalsozialismus herhalten, um für die bekannte Entwicklung verantwortlich gemacht zu werden. Etwa: »Wehners Agentendienste gegen Deutschland«[77]. Dies oder Ähnliches ist immer wieder zu hören oder zu lesen, wenn demokratische Politiker diffamiert werden sollen.

Widerstandskämpfer sind generell »Landesverräter«. Der Tatbestand des Hochverrats wird allerdings wie heute von offizieller Seite gegenüber dem Linksextremismus überhaupt nicht in Erwägung gezogen. Die »Putschisten« des 20. Juli 1944 sind bestenfalls politische Abenteurer, sie haben in der Stunde der Not und Gefahr das Vaterland verlassen. Wer einmal sein Vaterland verrät, ist immer ein Verräter! Diese Menschen sollen ein für allemal moralisch abqualifiziert werden – eine Methode, die offenbar von politisch konservativen Kreisen bis hin zu Rechtsextremen bevorzugt angewandt wird. Den Widerstandskämpfern lasten sie auch gern den Makel der Feigheit an: »Stauffenberg habe sich nicht einmal mit Hitler in die Luft sprengen lassen!«

In der Werbung für das Buch »Dilettanten gegen Hitler«[78] heißt es u. a.:

> »... bringt den Nachweis, daß sie zur Ausführung dieses Verbrechens zwar oftmals Gelegenheit hatten, daß sie aber nicht befähigt oder – schonend ausgedrückt – zu vorsichtig waren, die erforderlichen Handlungen zu vollziehen. Mit logischen Argumenten zerpflückt er ihre Ausreden und läßt ihnen keine Chance, das Gesicht zu wahren. Der Leser des Buches... wird nicht nur die Deklassierung der Widerständler, sondern auch die Ehrenrettung des deutschen Volkes bestätigt finden.«

Widerstandskämpfer, in dieser Bewertung sogenannte NS-Abweichler, andere Oppositionelle sowie Landesverräter, hätten nicht nur den Krieg mitverursacht, sondern auch den Kriegsausgang entscheidend beeinflußt. Sie sind demnach dunkle Gestalten, die mit dem Odium des Treuebruchs, des Verrats und der Konspiration mit dem Landesfeind behaftet sind.

An einem Beispiel soll die Unsinnigkeit dieser Vorwürfe deutlich werden: Der deutsche Journalist Richard Sorge, der während des Krieges in Japan für die Sowjets spionierte, konnte den tatsächlichen Zeitpunkt des geplanten Überfalls auf die UdSSR seinen Auftraggebern nur unter größten Schwierigkeiten glaubhaft machen, selbst dann traute man ihm nicht.

Demgegenüber fällt auf die gehorsamen Soldaten und Offiziere der früheren NS-Wehrmacht der Glorienschein aller denkbaren Mannestugenden der damaligen Zeit. Wenn sich ein hochdekorierter Offizier, wie der ehemalige Flieger-Oberst Rudel, in den Dienst der Rehabilitierung stellt, dann wird er als Held und Vorbild gefeiert. Die Fragen nach dem *wofür* und nach den Zusammenhängen seiner »Leistungen« werden erst gar nicht gestellt,[79] eine bekannte Rechtfertigungsmethode, die isolierende Bewertung.

Rechtfertigung des NS-Regimes in Teilbereichen

Die wesentliche Förderung der Bedingungen im Rahmen einer schrittweisen Zielverwirklichung durch verfälschte Darstellung der Ereignisse wird durch eine gezielte Rechtfertigung in Teilbereichen angestrebt.

Das Kapitel *Bagatellisierung der NS-Gewaltverbrechen* ist und bleibt der

Kern der rechtsextremen Propaganda, weil sich hier die schlimmsten Vorwürfe sammeln. Es handelt sich um den wichtigsten Schwerpunkt der Agitation zu dem Einstieg und der erforderlichen Motivation für die ideologischen Denkvorstellungen des Rechtsextremismus.

Je mehr das NS-Regime entlastet werden kann, desto positiver oder akzeptabler erscheinen die einzelnen Forderungen des Rechtsextremismus und des politischen radikalen Konservatismus, die offen in der Demokratie vertreten werden.

Das zwingt zu einer Position gegenüber den NS-Verfolgungsmaßnahmen, insbesondere zur Unterdrückung politischer und »rassisch« mißliebiger Personen. Entweder werden die mittlerweile bekanntgewordenen Grausamkeiten und Unrechtshandlungen schlichtweg abgestritten, als Lüge des Feindes abgetan, oder sie erscheinen im milden Licht der Verharmlosung. Nach der REP ist an dieser Auseinandersetzung allgemein die »Kriegspropaganda der Siegermächte« schuld, sie sei in unsere Geschichtsbücher eingegangen, ihre Übertreibungen und Fälschungen müßten von der Jugend weitgehend geglaubt werden.[80]

Ein Beispiel für eine zynische Distanzierung von der NS-Vergangenheit lieferte die NPD:

> »Die NPD hat die Konzentrationslager nicht eingerichtet und sie daher auch nicht zu vertreten.«[81]

Das erinnert an Formulierungen, die der Herausgeber der DNZ, Gerhard Frey, gewählt hat. Unter Hinweis auf seinen Jahrgang – nach 1945 geboren – meinte er, schon deshalb könne er wohl kein Nazi sein. Dies erinnert auch an Bundeskanzler Kohl, der einmal von der Gnade des Spätgeborenen gesprochen hat.

In einem Flugblatt des »Kampfbundes Deutscher Soldaten«, Verfasser Erwin Schönborn,[82] stand zu lesen:

> »10000 DM Belohnung zahlen wir für jede einwandfrei nachgewiesene Vergasung in einer ›Gaskammer‹ eines deutschen KZs.
>
> Wir akzeptieren keine KZ-Zeugen aus Polen, Israel oder den USA, die in den NS-Prozessen Meineide geschworen haben, ohne dafür belangt werden zu können.«

Zu der Frage eines Angeklagten an den Gutachter in einem NS-Prozeß erübrigt sich jeder Kommentar: »Und wie weit war die Rampe genau von der Gaskammer?«

Ob nun konkret oder allgemein im Hinblick auf die Gesamtzahl der Opfer der NS-Herrschaft, die Anhänger der rechtsextremen Bestrebungen bemühten sich mit allen Mitteln, die Verfolgungen entweder gänzlich zu bestreiten, was aber inzwischen nicht mehr überzeugend wirkt, oder zu verharmlosen. Polemisch wird nach wie vor mit der Parole »Gegen die 6-Millionen-Lüge« der umgekommenen Juden Stimmung gemacht.

Kommentar
Es handelt sich um eine Schätzzahl, die u. a. auf den Angaben von damaligen SS-Führern beruht wie z. B. Wilhelm Hoettl, Reichssicherheitshauptamt (RSHA), Rudolf Höß, Kommandant des Lagers Auschwitz, und Adolf Eichmann, zuständiger Referent im RSHA.[83] Auch trifft die Zahl von 300000 Verfolgungsopfern, die angeblich vom Roten Kreuz stammt, nicht zu. Die Zahl ist falsch, sie rührt auch nicht vom Roten Kreuz her.

Gekontert wird mit der Behauptung, Höß sei z. B. vorher gefoltert worden, seine Aussagen hätten daher keinen Wert.[84] »Die Endlösung der Judenfrage« sei eine mißverstandene Formulierung Görings (damaliger Reichsmarschall und Preußischer Ministerpräsident) gegenüber Heydrich (SS-Obergruppenführer) gewesen. Im übrigen habe es überall eine Judenfrage gegeben.[85]
So verlagert sich der Schwerpunkt der Propaganda auf die Darstellung der NS-Zeit, indem die kritisierten Fälle und Sachverhalte sowie die Ursachen in der Sachaussage bezweifelt werden. Man versichert, die wahren Sachverhalte zu kennen und die Ereignisse als »Ehemalige« besser beurteilen zu können:

> »Die Juden Deutschlands und Europas haben durch den Krieg nicht mehr gelitten als alle anderen Bewohner der europäischen Staaten. Sie waren so wenig Opfer eines geplanten Genocids wie unsere Völker. Sie hatten weder ein besonderes Schicksal, noch steht ihnen eine Sonderstellung unter den Völkern zu.«[86]

Eine besonders infame Behauptung ist die der Mitschuld der Opfer: Die Errichtung und Absperrung des Ghettos in Warschau[87] sei geschehen, um den Flecktyphus einzudämmen. Die dort herrschende Hungersnot wäre bei »ein bißchen Solidarität« der dort lebenden »260000 Juden, die Kapitalisten oder Arbeiter« waren, verhindert worden. Es sei durchaus fraglich, ob auch nur ein Jude gestorben wäre, wenn es mehr Solidarität unter den Juden gegeben hätte.
Die Ausführungen des Strafverteidigers Rieger[88], eines bekannten Anhängers des Rechtsextremismus, hatten ein gerichtliches Nachspiel. Der BGH hielt es noch für zulässig, daß im Rahmen der Verteidigung in Wahrnehmung berechtigter Interessen für einen wegen Mordes angeklagten Mandanten nach § 193 StGB der Ehrenschutz zurücktreten müsse zugunsten einer wirksamen Strafverteidigung. Die Zustände in den KZ-Lagern seien weitgehend von den Häftlingen verursacht worden. Die Häftlinge von Bergen-Belsen seien durch Seuchen hingerafft worden, weil sie so unsauber gewesen wären.[89]
Manche Greuel hätten sich vermeiden lassen, aber der Feind habe das Gesetz des Handelns vorgeschrieben – eine Behauptung, die besonders

im Zusammenhang mit den Ausschreitungen im Kriege durch die Kampftruppen gern eingesetzt wird. Die Gewalttaten der Nationalsozialisten seien nur aus der Kriegssituation zu verstehen, so lautet dann der letzte Entlastungsversuch.
Gewissermaßen auf höherer Ebene setzt die Behauptung an, die Juden hätten dem NS-Regime bereits 1933 den Krieg erklärt und eine massive Blockade gegen Deutschland eingeleitet:

> »Aber es war der Krieg, nicht Wahrheit oder Gerechtigkeit, zu dem das internationale Judentum entschlossen war.«[90]

Solche und ähnliche Thesen zirkulieren in der Bevölkerung. Nach einer Studie der Technischen Universität Berlin von 1987 sind immerhin 22% der Bevölkerung der Meinung, daß die Juden eine Mitschuld an Haß und Verfolgung trügen.[91] Die beiden Mitscherlichs[92] bezeichnen dieses Verhalten als Abwehrmechanismen. In der Hierarchie der Verantwortung wurde der »Befehlsnotstand« angeführt. Besondere Lagen rechtfertigten besondere Maßnahmen.
Filbinger, ehemaliger Marinestabsrichter und späterer Ministerpräsident von Baden-Württemberg, brachte eine neue Kollektivschuld-These in die Diskussion:

> »...dann sind sehr viele, wenn nicht fast alle, die in irgendeiner Art und Weise aktiv an diesem Krieg beteiligt waren, die als Soldaten oder als Zivildienstverpflichtete in der Verwaltung, in der Wirtschaft, in der Publizistik oder anderswo für den Krieg eingesetzt waren, so oder so in das Unrecht dieses Krieges verstrickt worden.«[93]

Ralph Giordano[94] spricht im Rahmen dieser Verleugnungsarbeit von Entlastungsformulierungen, die kollektive Affekte seien, weil es sich um »jähe, unreflektierte Reaktionen« handele. Das muß jedoch bezweifelt werden, weil inzwischen nämlich genau überlegte, ausgeklügelte Techniken der Verteidigung entstanden sind, die ständig wiederholt werden.

Kommentar:
Art und Ausmaß der NS-Gewaltverbrechen ergeben sich u. a. aus der Tatsache der Existenz der Konzentrationslager. 1486 Anschriften von Lagern und ihren Außenkommandos sind inzwischen festgestellt worden, nachzulesen in der Verordnung zur Änderung und Ergänzung der 6. VO zur Durchführung des Bundesentschädigungsgesetzes vom 10.1.1970 (BGBl. I 1970, S. 65ff.), ferner Albrecht Götz, »Bilanz der Verfolgung der NS-Straftaten« mit einem Vorwort von Bundesjustizminister Engelhard, Bundesanzeiger Nr. 137, Köln, 30. Juli 1986.[95]

So gehen die Bemühungen der Bagatellisierung weitgehend dahin, diese Gewalttaten und sonstigen Vorfälle rein quantitativ herunterzuspielen, sie als Ausnahme darzustellen.

»Infolge strengster Geheimhaltung hatte die deutsche Bevölkerung keine Kenntnis von den... Grausamkeiten oder von der Tatsache der Tötungsaktionen. In welchem Umfang und auf wessen Befehl diese wirklich stattgefunden haben, ließ sich auch durch die zahlreichen Prozesse gegen Wachmannschaften nicht aufklären. Doch wurden bereits vor 1945 durch SS-Gerichte Lagerführer und Chargen wegen Beteiligung an derartigen Übergriffen abgeurteilt und hingerichtet.«[96]

Nur eine hauchdünne Schicht habe im »Dritten Reich« die Verbrechen begangen.[97]

Als eine weitere »Entlastung« soll der Hinweis dienen, daß KZ-Lager eine britische Erfindung seien, die im Burenkrieg entwickelt wurde. »Nicht zu widerlegen ist auch, daß stalinistische Gulags nur modifizierte Formen von KZs sind.«[98]

»Was geschah in Hitlers KZs wirklich?«[99] Die Beantwortung dieser Frage soll eben nicht die Wahrheit an den Tag bringen, sondern sie will die bisherigen Erkenntnisse erschüttern. Mit Schlagzeilen wie »Holocaust – der große Betrug« wird versucht, immer wieder Zweifel zu säen.

Wenn die Beweise erdrückend sind, zieht man sich auf den eigenen Standpunkt der Unwissenheit zurück. Die Aussage »Aber wir haben es doch nicht gewußt!« bezeichnet Giordano als den zweiten kollektiven Affekt.[100] Abgesehen davon, daß die Schreckensherrschaft des NS schon früh, nämlich spätestens seit 1933, begonnen hatte, ließen sich die Gewaltmaßnahmen auf Dauer nicht völlig verheimlichen. Ein ganzes Netz von KZ-Lagern und Außenstellen war zu Beginn des Krieges über Deutschland gelegt worden. Die Anwohner oder Nachbarn, wie z. B. in Dachau, eines der ersten errichteten Lager, hatten fast alle davon Kenntnis. Angst, Opportunismus oder stillschweigende Zustimmung ließ diese Menschen nichts unternehmen, von Ausnahmen abgesehen. Es kann also in keinem Falle nur von einer »hauchdünnen Schicht« gesprochen werden.

Margarete Mitscherlich[101] folgert daraus wohl zu Recht, daß ohne die offene oder versteckte Billigung und Unterstützung der antisemitischen Greuelpropaganda der Massenmord an den Juden nicht möglich gewesen wäre. Eine besondere Rolle spielte von Beginn des Krieges an auch die deutsche Wehrmacht (vgl. oben S. 59).

Kommentar

Die europäischen Juden im Machtbereich des NS-Regimes sollten systematisch vernichtet werden. Raul Hilberg veröffentlichte hierzu nach umfangreicher Auswertung von Dokumenten eine überzeugende Darstellung.[102]

Nach einem festgelegten Plan wurden die Juden umgebracht. Robert M. W. Kempner hat das Kerndokument zur »Endlösung der Judenfrage« erläutert.[103] Es

handelt sich um ein Besprechungsprotokoll von der Tagung leitender SS-Führer und Staatssekretäre am 20. Januar 1942 in Berlin, das er im März 1947 in den Akten des AA entdeckt hatte. Sechs von 14 erreichbaren Teilnehmern (darunter später auch Adolf Eichmann) bestätigten die Richtigkeit des Inhalts.[104] Die Federführung bei der Realisierung des Planes lag beim RSHA in Berlin, Leitung Reinhard Heydrich; Eichmann war sein zuständiger Referent. Anstelle der bisherigen Auswanderung sollte die »Evakuierung« der Juden in den Osten erfolgen. Es wurde eine Liste über rund elf Millionen Juden aufgestellt, die den »Lösungsmöglichkeiten« zugeführt werden sollten[105] (s. unten S. 142).
Ein Teil der Juden wurde bereits mit Einmarsch der deutschen Truppen ermordet, und zwar insbesondere durch die sogenannten Polizeibataillone bzw. Einsatzgruppen.
Bei den in die Ostgebiete vorrückenden Heeresgruppen befanden sich kleine, motorisierte Kommandos der SS und Polizei, die taktisch dem Militärbefehlshaber unterstanden, ansonsten jedoch für die Erledigung ihres Auftrags, nämlich die Juden zu ermorden, freie Hand hatten.[106] Sie operierten im Frontgebiet zusammen mit den Wehrmachtseinheiten. Männer der Waffen-SS wurden ihnen zugeteilt.[107] Bei der Einnahme von russischen Gebieten 1941/1942 wurden zunächst die dort angetroffenen Juden erschossen.
Nach den Untersuchungen von Aedtner[108] ist die Rolle der Polizei-Bataillone weitgehend geklärt. Anhand eines aufgefundenen Original-Tagebuchs des Bataillons Nr. 322 für die Jahre 1941/1942 ist nachgewiesen, daß etwa 11000 Personen von den Angehörigen dieser Einheit erschossen wurden, darunter 9000 Juden, Männer, Frauen und Kinder. Bis zum Frühjahr 1942 verging kein Tag, an dem nicht gemordet wurde. Erschossen wurde nach eigenem Ermessen, auf Befehl der SS, aber auch auf Ersuchen der Feldkommandantur, also der Wehrmacht! Zu Recht spricht Giordano im Zusammenhang mit den Einsatzgruppen davon, daß hier erstmals der Mord in das Gewand eines Verwaltungsakts gekleidet wurde.[109]
Der zweite Schritt des Vernichtungsplanes war die Einrichtung von Lagern zur Tötung der europäischen Juden, und zwar in Kulmhof, Auschwitz, Belzec, Sobibor, Treblinka und Lublin (Maidanek). In diesen Lagern sind mehrere Millionen Juden getötet worden.[110] In Kulmhof (Chelmno), in der Nähe von Kolo, etwa 50 km von Lodz (Litzmannstadt) entfernt, wurden in zwei Schüben bis Mitte Januar 1945 noch über 150000 Juden umgebracht.
Der Fernsehfilm »Shoah« von Claude Lanzmann [111] brachte nochmals durch Gespräche mit Überlebenden und polnischen Zeugen den überzeugenden Beweis für die systematische Ermordung Tausender von Juden, die mit Eisenbahntransporten zu den kleinen Bahnhöfen wie z. B. nach Treblinka, Sobibor, Kulmhof (Chelmno) und Belzec geschafft wurden.
Das größte Vernichtungslager war Auschwitz, heute Oswiecim, in dem Juden zunächst vergast und dann verbrannt wurden.[112] Darüber gab es längere Strafverfah-

ren, wie z. B. 1963 in Frankfurt am Main gegen ehemalige Bewacher wie Oswald Kaduk[113] und Josef Erber: »Fast eine Million vergast!« Oder gegen Josef Klehr: »Sonderbehandlung, Abspritzen mit Phenol ins Herz.«[114]

Gitta Sereny[115] läßt den früheren polnischen Bahnhofsvorsteher sprechen:

> »Ich war dort, ich habe es jeden Tag mitgeschrieben. 1200000 haben sie ermordet, nicht mehr und nicht weniger – die Ziffern waren in unfaßbarer Gründlichkeit an jedem Waggon geschrieben.«

Der bekannte Redeausschnitt von Himmler am 4. Oktober 1943 in Posen vor SS-Führern bedarf keiner weiteren Kommentierung:

> »Von Euch werden die meisten wissen, was es heißt, wenn 100 Leichen beisammen liegen, wenn 500 daliegen oder wenn 1000 daliegen. Dies durchgehalten zu haben und dabei – abgesehen von Ausnahmen menschlicher Schwächen — anständig geblieben zu sein, das hat uns hart gemacht. Dies ist ein niemals geschriebenes und niemals zu schreibendes Ruhmesblatt unserer Geschichte.«[116]

Auch die Veröffentlichung eines sowjetischen Filmdokuments (von Alexander Woronzow), im Januar/Februar 1945 nach der Einnahme des Lagers Auschwitz aufgenommen,[117] ist ein unmittelbarer Beweis: Vier Krematorien von der SS gesprengt, die Lagerpläne konnten jedoch sichergestellt werden, Reste von »Zyklon-B« ebenfalls. Im Lagerbereich befanden sich etwa 38000 Paar Männerschuhe und 45000 Säcke mit Menschenhaar. Diese Tatsachen müssen damals bekannt gewesen sein, da Tausende von SS-Männern dort tätig waren.

Der Streit dreht sich dessenungeachtet nach wie vor um die Zahl der Opfer der NS-Gewaltherrschaft. Die genaue Zahl ist jedoch nicht das Entscheidende, vielmehr die Tatsache als solche. Doch werden immer wieder zahlenakrobatische Rechenkunststücke angestellt, um die Glaubwürdigkeit der Forschungen und sonstigen Aussagen zu erschüttern. Die Bilanz der jüdischen Opfer jedenfalls bewegt sich nach vorsichtigen Schätzungen zwischen 4 und 5,9 Millionen Menschen.[118]

Die Frage, ob die Verfolgung und Ermordung der Juden im damaligen Hoheitsgebiet des NS-Regimes sich erst durch die sich zuspitzende außenpolitische Lage und die kriegerische Auseinandersetzung ergeben hat, ist müßig; denn wer die Ideologie des NS nur in groben Zügen kennt oder kannte, wird bemerken, daß die Juden von Anfang an als besondere Feinde des NS angesehen wurden. Hitler hatte in seinem Buch »Mein Kampf« und in seinen Reden bereits vor 1933 deutlich angekündigt, was die Juden zu erwarten hatten. Diese Ungeheuerlichkeiten wollten allerdings viele in Europa einfach nicht glauben (»Ausrottung des Judentums in Europa«; es wäre eine »Pflicht der besorgten Staatsregierung, ... die Verhetzer des Volkstums unbarmherzig auszurotten«). Das vermeintliche Argument, im Krieg herrschten andere Gesetze, überzeugt also nicht.

Der damalige Propagandaminister Goebbels schrieb in der Zeitung »Das Reich« am 16. Januar 1941, daß das Judentum einen allmählichen Vernichtungsprozeß erleide, den es den Deutschen zugedacht hätte. In einer Rede sagte er:

»Wie der Kartoffelkäfer die Kartoffelfelder zerstört, so zerstört der Jude die Staaten und Völker. Dagegen gibt es nur ein Mittel, nämlich radikale Beseitigung der Gefahr.«[119]

Und Hitler am 24. Februar 1942:

»Meine Prophezeihung wird ihre Erfüllung finden, daß durch den Krieg nicht die arische Menschheit, sondern der Jude ausgerottet werden wird.«

Notiz im Tagebuch von Goebbels am 14. Februar 1942:

»Der Führer gibt noch einmal seiner Meinung Ausdruck, daß er entschlossen ist, rücksichtslos mit den Juden in Europa aufzuräumen. Hier darf man keine sentimentalen Anwandlungen haben. Die Juden haben die Katastrophe, die sie heute erleben, verdient. Sie werden mit der Vernichtung unserer Feinde auch ihre Vernichtung erleben. Wir müssen diesen Prozeß mit kalter Rücksichtslosigkeit beschleunigen.«[120]

Immer wieder wurde die Wehrmacht, insbesondere das Heer, gegenüber den Waffen-SS-Einheiten und Polizeitruppen als etwas Seriöses dargestellt; das Heer sei, von Ausnahmen abgesehen, stets auf Distanz zur SS und Partei gegangen und nicht an den Massenmorden im Osten beteiligt gewesen. Der Krieg wird auch heute noch als »Opfergang des deutschen Volkes« bezeichnet: »Die deutschen Soldaten wußten nichts von der hohen Politik, sie wußten nichts von dem Gaunerplan der Superreichen und der Marxisten. Sie kämpften, litten und starben, wie das Gesetz es befahl.«[121] In der DNZ konnte man hierzu lesen:

»Viele Schreibtischhelden der Medienmafia lassen keine Gelegenheit unversucht, das Ansehen des deutschen Soldaten im 2. Weltkrieg, des tapfersten und ritterlichsten Kämpfers der Welt, in den Schmutz zu ziehen. Die zum Teil lächerlichsten und abstrusesten Behauptungen müssen für die Verleumdungskampagne herhalten.«[122]

Und der ehemalige Flieger-Oberst Rudel in der DWZ:

»Der Haß und der Geifer des Pöbels in den Massenmedien und der Politik können den deutschen Soldaten gar nicht treffen. Er steht über alledem. Der deutsche Soldat war der beste der Welt...«[123]

Wie die Einsatzkommandos, so hatten zumindest auch die verantwortlichen Truppen-Offiziere Kenntnis von den Massakern der SS. Die Behauptung, sie wären an den Verfolgungsmaßnahmen unschuldig oder nicht daran beteiligt gewesen, trifft nicht zu.

Kommentar

Nicht nur SS-Männer, sondern auch Soldaten der Wehrmacht haben sich nach Wolfram Wette der entsetzlichsten Verbrechen schuldig gemacht.[124] Bei der Eroberung von »Lebensraum« leistete die Wehrmacht der SS eine wichtige Hilfe. Nach der Eroberung durch deutsche Truppen wurden am 29. und 30. September 1941 33771 jüdische Einwohner von Kiew in die Schlucht Babi-Yar getrieben und von Sonderkommandos der SS erschossen. Das Oberkommando der 6. Armee wußte davon und unterstützte die Aktion. Erwiesen ist auch, daß die Auffassung der Heeresführung, die Juden seien Anstifter des Partisanenkrieges (»jüdisch-bolschewistische Verschwörung«), zu einer Zusammenarbeit geführt hat.[125] So wurden Tausende von Juden auf sowjetischem Gebiet umgebracht. Was die Partisanenbekämpfung betrifft, so hat der Bundesgerichtshof in seinem Urteil vom 15. August 1969 eindeutig Stellung bezogen: »Die meuchlerische Tötung von Zivilpersonen zur Bekämpfung einer Widerstandsbewegung im besetzten Gebiet war keine rechtmäßige Kriegshandlung.«[126]

Ein beträchtlicher Teil der militärischen Führungsschicht bekannte sich zum »politischen Soldatentum« im Sinne des NS. Dieser tonangebende Teil der Wehrmachts-Offiziere akzeptierte auch die rassenideologische Ausrichtung des Ostkrieges.[127] Die Wehrmacht ermöglichte es erst der NS-Führung, das System außerhalb des Reiches anzuwenden.[128]

Teile der Wehrmachtsführung und der Truppe waren auch an den eigentlichen Mordaktionen beteiligt, wie z. B. durch den Erlaß über die Zusammenarbeit der Wehrmacht mit den Einsatzgruppen vom 28. April 1941, den Erlaß für die Einschränkung der Kriegsgerichtsbarkeit,[129] den sogenannten Kommissarbefehl (Aussonderung und Liquidierung der Polit-Offiziere) und durch die Richtlinien für das Verhalten der Truppe, in denen der Begriff »Jude« mit dem eines Verbrechers gleichgesetzt wurde.[130]

Ein Beispiel für die Grausamkeit der deutschen Truppen war die Partisanenbekämpfung auf der Insel Kreta.[131] Es gab 8800 sogenannte Sühnemaßnahmen. Unter den Opfern befanden sich Kinder, Frauen und Greise. Das Landgericht in Athen bezifferte die Zahl der getöteten Zivilisten auf etwa 9000. Das Schicksal der jüdischen Gemeinde in Chania ist beispiellos: Am 20./21. Mai 1944 wurden alle Juden zusammengetrieben. Auf dem Schiff »Danae« sollten sie nach Piräus gebracht werden. Das Schiff kam nie an, es ist wahrscheinlich gesprengt worden. Für einen alliierten Angriff gibt es keinerlei Hinweise.

Mehr als 5700000 sowjetische Soldaten fielen der Wehrmacht in die Hände, fast 40% von ihnen kamen in deutscher Kriegsgefangenschaft um. Genaue Zahlen konnten bisher nicht ermittelt werden.[132] Nach Arno J. Mayer war der Krieg gegen die Sowjetunion (»Operation Barbarossa«) ein Kreuzzug: »Die Wehrmacht griff im Krieg gegen die Rote Armee und sowjetischen Partisanen zunehmend zu Mitteln des Terrors, der Plünderung und Ausraubung, der Politik der verbrannten Erde und des mörderischen Umgangs mit Kriegsgefangenen.«[133]

Wie Oberstaatsanwalt Streim[134] berichtet, gerieten im Operationsgebiet des Heeres etwa 5163000 sowjetische Soldaten in Kriegsgefangenschaft, davon trafen im Reichsgebiet 2836000 ein (Abgänge durch Tod oder Flucht, auch Zählfehler), von ihnen starben 1136236. Streim kommt zu dem Ergebnis, daß insgesamt nahezu 2 Millionen Gefangene durch Hunger, Krankheit oder an einer Verwundung starben bzw. auf der Flucht, bei »Widergesetzlichkeiten« u. a. erschossen wurden.
Die Wehrmachtsjustiz hat ebenfalls zur Stützung des NS-Gewaltregimes beigetragen. Die Bundesregierung erklärte auf eine große Anfrage des Abgeordneten Ströbele und der Fraktion »Die Grünen im Bundestag« betr. NS-Justiz am 26. November 1986 u. a., daß die Wehrmachtsjustiz, wie wissenschaftlichen Publikationen zu entnehmen sei, in rund 16000 Fällen Todesstrafen verhängt habe.[135] Im Ersten Weltkrieg wären es nur 48 Todesurteile gewesen. Die Amerikaner sollen nur einen Soldaten während des letzten Krieges zum Tode verurteilt haben.
Die Zahl der Todesurteile ist wahrscheinlich größer, als offiziell angenommen. Eine lange maßgebliche Untersuchung stammt von dem Strafrechtsprofessor Erich Schwinge, der vor 1945 als Kriegsrichter amtiert hatte! Neuere Untersuchungen[136] lassen vermuten, daß möglicherweise 40000 bis 50000 Menschen zum Tode verurteilt und durch Stand-Strafgerichte der Militärjustiz oder der Waffen-SS hingerichtet wurden.[137]
Es betrifft die Frage »der Unschuld der Wehrmacht« und gleichzeitig einen Teilaspekt, daß auch sogenannte gebildete Schichten wie Akademiker gewissenlos das NS-Regime unterstützten, ohne in den NS-Organisationen Mitglied oder aktiv gewesen zu sein. Abgesehen von der Entschuldigung, man habe diesen Hintergrund oder das Ausmaß nicht erkannt, wird immer wieder die Ausrede vorgebracht, nur seine Pflicht getan zu haben, man hätte auch nicht anders gekonnt, sonst wäre man ebenfalls erschossen worden. Das trifft aber nicht zu. Eine Weigerung, Mordbefehle auszuführen, hatte tatsächlich keine ernstlichen Folgen für den Betroffenen.[138]

Ein besonders von rechtsextremen Kreisen tabuisiertes Kapitel menschlicher Tragödien und Grausamkeiten ist die sogenannte Euthanasie, die Ermordung der Menschen, die als *»lebensunwert«* bezeichnet wurden, also die *Ausmerze* der »Ballastexistenzen«, der »geistig Toten«.[139]
Bei der Bagatellisierung der NS-Verbrechen üben heute die damaligen Verantwortlichen Zurückhaltung, weil es hier, im Grunde genommen, nichts mehr zu vertuschen gibt. Die Beweise sind eindeutig, die vielen Zeugen leben noch unter uns und schweigen. Nur wenn sie unmittelbar angegriffen werden, versuchen sie, ihre Handlungen zu rechtfertigen oder zumindest zu entschuldigen.
Es habe nur eine Tötung von »Gemeinschädlingen und Wertlosen« stattgefunden. Durch »Kränklinge und Schwächlinge« erwachse der Menschheit nur Nachteil. Es sei eine Forderung der Barmherzigkeit, Geistes-

kranke und verkrüppelte Kinder zu töten! Unheilbar Kranke seien nur dem »Gnadentod« zugeführt worden.
Die ganze Dimension der menschlichen Tragödie griechischen Ausmaßes scheint sich dem Bewußtsein der Bürger versperren zu wollen. Hier wird zur eigenen Verteidigung alles auf den Kopf gestellt. Der im Strafprozeß vor dem Frankfurter Landgericht[140] in diesem Zusammenhang angeklagte Arzt Aquilin Ullrich erklärte, er habe nur aus Liebe bzw. aus Mitleid mit den Menschen gehandelt!
Die Justiz schien von diesen Einlassungen beeindruckt. In dem aus subjektiven Gründen freisprechenden Urteil des LG Frankfurt am Main[141] gegen die Ärzte Ullrich, Bunke und Endruweit vom 23. Mai 1967 meinte das Gericht, es fehle den Angeklagten das Bewußtsein der Rechtswidrigkeit. Sie hätten das Unerlaubte ihres Tuns nicht erkannt und in einem unvermeidbaren Verbotsirrtum gehandelt. Die Angeklagten seien davon ausgegangen, daß sie nur bei der Tötung von Geisteskranken ohne natürlichen Lebenswillen mitwirkten und daß deren Tötung erlaubt sei. Die Tötung sei auch nicht grausam gewesen, die Tötung durch Kohlenmonoxyd verursache keinerlei seelische Qualen bei den Opfern, der Tod in der Gaskammer sei eine der humansten Tötungsarten.
Wenn solche Ausführungen in strafrechtlichen Urteilen vorkommen, kann man dann einen Vorwurf gegen die deutschen Ärzte und ihre Helfer erheben? Auf einer Tagung, die 1936 in Bethel stattgefunden hatte, erklärte der Schulleiter der hessischen Anstalt Scheuern u. a. folgendes:

> »Durch die Aussonderung der erbkranken Menschen aus dem Volke werden
> a) wertvolle Kräfte, die durch die Pflege der kranken Menschen gebunden waren, für die Tätigkeit in Volk und Familie frei, und
> b) das sittliche Niveau des Volkes wird gehoben. Geistesschwache und Psychopathen werden häufig kriminell und wirken als ›zersetzende Hefe‹ im Volke.«[142]

Kommentar

Hitler hatte in einem Schreiben vom 1. September 1939 ausdrücklich die Ermächtigung erteilt, »unheilbar Kranken den Gnadentod zu gewähren«.[143] Eine dafür eingerichtete »Reichsarbeitsgemeinschaft für Heil- und Pflegeanstalten« in Berlin steuerte die geheimgehaltenen Aktionen. Um die Heiminsassen dorthin zu transportieren, wo die Vergasungen stattfanden, wurde 1939 die »Gemeinnützige Kranken- und Transport GmbH« (Gekrat) geschaffen.[144] Die Ärzte machten falsche Angaben über die Todesursachen. Nach der Vergasung wurden die Leichen verbrannt. Die Angehörigen erhielten nach einem bestimmten Muster einen »Trostbrief« und die Mitteilung, daß die Urne mit der Asche bereits an die zuständige Friedhofsverwaltung abgesandt sei. Für die Falschbeurkundungen richteten die

Nazis Sonderstandesämter bei den Anstalten ein. Auf diese und ähnliche Weise kamen 70273 Menschen ums Leben. Sie wurden in den beweglichen Gaskammern in den Jahren 1940/1941 von sechs verschiedenen Anstalten ermordet (»desinfiziert«).[145]
Organisiert wurden diese Tötungen von der Dienststelle T4, die der Parteikanzlei unmittelbar unterstellt war. Mindestens 14 Ärzte haben sich dafür hergegeben, und zwar in den Anstalten Grafeneck (Schwäb. Alb), Brandenburg, Bernburg/Saale, Hadamar/Limburg, Sonnenstein/Pirna und Hartheim/Linz.
In Frankfurt am Main befanden sich zwei Institute, die Zulieferarbeit leisteten: Das Stadtgesundheitsamt hatte etwa 230000 Bürger registriert, darunter auch Namen von Sonderschülern mit Hinweisen auf Schwachsinn, Sterilisationen und entsprechende Gutachten im Sinne der *»Rassenhygiene«*. Daneben existierte das bekannte Institut für »Erb-Biologie und Rassenhygiene«, an dessen Spitze Professor Otmar Freiherr von Verschuer bis 1942 stand. Seine Assistenten waren der spätere Professor Heinrich Schade, Unterzeichner des sogenannten Heidelberger Manifests (1981), und Josef Mengele, der als berüchtigter KZ-Arzt weltweit gesucht wurde.[146]
Eine große Rolle spielte das »Kaiser-Wilhelm-Institut für Anthropologie, menschliche Erblehre und Eugenik« in Berlin, dessen letzter Direktor Verschuer war. Über die Zusammenarbeit mit Mengele in Auschwitz berichtete Joachim Riedl.[147]
Anthropologisch geschulte Ärzte selektierten in Auschwitz und überwachten den Massenmord. Mindestens 17000 Zigeuner starben durch die »Inangriffnahme rassehygienischer Maßnahmen«. Eine letzte Gruppe bestand nach Riedl aus 2897 Kindern, Frauen und Männern, darunter auch ehemalige Soldaten der Wehrmacht, die am 2./3. August 1944 in die Gaskammern getrieben wurden.
Die notwendigen Voraussetzungen für die Unterstützung des NS-Regimes waren bei der Mehrzahl der Ärzte damals gegeben: »Die Ärzte folgten willig der Nazi-Doktrin«, stellt Robert Jay Lifton in seinen Untersuchungen fest.[148] 50% der männlichen Ärzte gehörten der NSDAP an. Die Politik der *»Erbpflege«* zur »Aufartung der germanischen Rasse« stieß bei den meisten Ärzten auf freudige Zustimmung. Der weit verbreitete Gedanke des *»Sozialdarwinismus«* förderte die Bereitschaft, sich an den NS-Verbrechen zu beteiligen.[149] So bestand keine Scheu, auch Kinder umzubringen.
Aus einer Katholischen Bildungsanstalt, dem Franz-Sales-Haus in Essen, wurden von 1941 bis 1944 787 Behinderte von Sonderkommandos verschleppt.[150] Mit hoher Wahrscheinlichkeit sind sie ermordet worden. Der Kreis der Mitwisser ist offenbar viel größer als bisher angenommen. Nach einem gefundenen Protokoll einer Geheimsitzung des Deutschen Gemeindetages am 3. April 1940 in Berlin[151] wurden die Oberbürgermeister und Bürgermeister sowie Vertreter der Landgemeinden und Kommunalverbände – etwa 200 Personen – von der Stabsführung der Reichskanzlei unterrichtet, daß eine Verlegung der Geisteskranken »in primitive

Unterkünfte« erfolge. Die Sterblichkeit werde dann natürlich größer sein. Die Bevölkerung solle beruhigt werden, auf den Friedhöfen sollten nicht allzu viele neue Gräber angelegt werden, deshalb seien Einäscherungen vorzunehmen. Die Kinder wurden mit hoher Wahrscheinlichkeit durch medizinische Versuche, insbesondere durch Injektionen getötet.

Fest steht auch, daß die beiden großen Kirchen in Deutschland anfangs unentschlossen waren und keinen ernstlichen Widerstand leisteten.[152] Erst die bekannte Predigt des Bischofs Graf von Galen am 3. August 1941 ließ aufhorchen. Trotz zahlreicher Proteste gegen diese Tätigkeiten gingen jedoch die Morde bis 1945 weiter.[153]

Keiner der unmittelbar Beteiligten wurde zu den Mordtaten gezwungen. Im Falle der Weigerung folgte keine ernstlich repressive Maßnahme, jedenfalls nicht grundsätzlich. Eine bedrückende Tatsache! (S. oben S. 68)

Das Töten war für diese Ärzte nur eine andere Form des Heilens, der Heilung des Volkes von einer alle bedrohenden Krankheit. Die Tötung der Juden sei zu vergleichen mit der Entfernung eines eitrigen Blinddarms.

Die Selbstzeugnisse der Vertreter deutscher Intelligenz sprechen für sich: Professor Hermann Voss, der nach 1945 unangefochten in der DDR als Anatom Karriere machen konnte, schrieb am 2. Juni 1941 in sein Tagebuch u. a.:

> »Ich glaube, man muß diese Polenfrage ganz ohne Gefühl betrachten, rein biologisch. Wir müssen sie vernichten, denn sonst vernichten sie uns. Und deshalb bin ich froh über jeden Polen, der nicht mehr lebt.«[154]
>
> Oder:
>
> »Wie schön wäre es, wenn man die ganze Gesellschaft [gemeint sind die Polen], durch solche Öfen jagen könnte. Dann gäbe es endlich einmal Ruhe im Osten für das deutsche Volk.«[155]

Voss, der Juden, Kommunisten und Slawen haßte, wird als ein typischer Nationalkonservativer beschrieben.

Der Arzt Friedrich Mennecke, der zeitweilig in der Anstalt Eichberg/Rheingau tätig war, verblüfft in seinen Aufzeichnungen und Briefen durch Naivität und kleinbürgerliche Primitivität[156] im privaten Bereich: die heile Welt neben den Morden im KZ und in den Anstalten! Eine ähnliche Haltung findet man bei dem Diplomaten Otto Bräutigam, der nach 1945 als Ministerialdirigent im Auswärtigen Amt jahrelang arbeiten durfte, obwohl[157] er maßgeblich die Ostpolitik Rosenbergs und damit das NS-Regime unterstützt hatte.

So erklärt sich dann das harte Urteil: »Die Vernichtungsmaschinerie unterschied sich nicht grundlegend vom deutschen Gesellschaftsgefüge.«[158] Das verweist auf die Gegenwart in der Bundesrepublik mit der Frage, ob sich noch Spuren davon erhalten haben, soweit es eine bestimmte Verhaltensweise gegenüber den Mitmenschen betrifft.

Matthias Greffrath zieht aus diesen Unterlagen und Dokumenten eine erschrekkende, aber treffende Bilanz: »Sie sind keine abnormen Einzelgänger, sondern

gesellige Menschen mit Familie, Haus und Garten... Die berufliche Laufbahn von Akademikern schien im besonderen Maße ein ausgeprägtes Anpassungs-, Ordnungs- und Arbeitsideal in ihnen zu erzeugen. Die nationalsozialistische Arbeitsmoral entsprach ihnen vollkommen. Daß dem Tüchtigen die Welt gehört, egal, wobei er sich ertüchtigt, diese Lebensmaxime ist bis heute nicht irritiert...«
Über Mennecke heißt es: »Als Stellvertreter seines Gewissensbisses frißt er sich lustvoll durch die SS-Kasinos von KZs und Heilanstalten... Alle stehen in gespannter Erwartung mit gezücktem Eß- oder Sezierbesteck bereit, um sich ihren Teil abzuschneiden. Das Einlegen von Obst für den späteren Verzehr verschafft ebensolche Freude und Genugtuung, wie das Einlegen von Gehirnen und ganzen Körpern fürs spätere Sezieren oder Weiterschenken an Kollegen.«[159]
Fest steht, daß einige der Hauptbelasteten und damit Zeugen für die unvorstellbaren Gewalttaten unmittelbar nach 1945 ins westliche Ausland, insbesondere nach Südamerika, flüchten konnten. Der bekannteste war wohl Mengele. Erst durch einige Interviews mit den Angehörigen der Täter ist der volle Beweis erbracht worden, daß es nach 1945 eine systematisch organisierte Herausschleusung aus Deutschland gegeben hat.[160]
Vielen deutschen Ärzten war es gleichgültig, ob es sich um »lebendfrisches Material« aus Auschwitz handelte. Den beteiligten Anatomen schlug kein Gewissen. Auch nach 1945 bleiben solchen Wissenschaftlern nach den Untersuchungen von Götz Aly[161] Moral und Ethik fremd.

Im Zusammenhang mit der *Verjährungsproblematik* sind immer wieder in Abständen, auch bei besonderen Anlässen, Angriffe geführt worden, um die Betroffenen zu schützen. Die Strafverfolgung der NS-Gewaltverbrechen wird strikt abgelehnt, weil sie ein Willkürakt sei.

> »Schluß mit der Vergangenheitsbewältigung! Deshalb Generalamnestie für alle Verfahren aus dem Zweiten Weltkrieg und der ersten Nachkriegszeit!«

Mit diesen und ähnlichen Forderungen wird freilich indirekt die so heftig bekämpfte Kollektiv- oder Teilschuld anerkannt.[162]
Auch die »Republikaner« fordern eine »Generalamnestie zugunsten aller *Kriegsverurteilten*«.[163] In der offiziellen Sprachregelung des Organs der HIAG, »Der Freiwilligen« (DF), heißen die Kriegsverbrecher feinsinnig »Kriegsverurteilte«.[164] In der Satzung des »Verbandes deutscher Soldaten (VdS) e. V.« hieß es nach dem Stand vom 1.12.1969 in § 3 zu den Aufgaben u. a.: »Eintreten und Hilfe für die noch im Gewahrsam befindlichen deutschen Kriegsverurteilten...« Diesem großen Verband (nach eigenen Angaben betreut er über 85000 Menschen in der Bundesrepublik) haben sich u. a. angeschlossen »Bundesverband der Soldaten der ehemaligen Waffen-SS e. V. (HIAG)«, »Kameradschaft Legion Condor e. V.«, »Bund der Notgemeinschaften ehemaliger Arbeitsdienstangehö-

riger und ihrer Hinterbliebenen (BNA) e. V.«, »Traditionsgemeinschaft Panzerkorps ›Großdeutschland‹« und »Truppenkameradschaft 3. SS-Panzer-Division ›Totenkopf‹«.[165]
Die Dienststelle der Landesjustizverwaltung in Ludwigsburg zur Aufklärung der NS-Gewaltverbrechen wird als ein Schandfleck der Nation bezeichnet. Anhänger des Rechtsextremismus wenden sich gegen den »schändlichen Eichmann-Rummel«, gegen das »große Kesseltreiben gegen ehemalige Soldaten, gegen die Prozesse zur Vergangenheitsbewältigung«. Gern nahm die auflagenstärkste rechtsextreme Zeitung die Schlagzeile auf: »F. J. Strauß fordert im August 1978 eine Generalamnestie«[166], nachdem Golo Mann vorher in seinen zum Teil überraschenden Stellungnahmen in der »Bild-Zeitung« im Zusammenhang mit der Auseinandersetzung um die Tätigkeit des Ministerpräsidenten Filbinger vor 1945 Ähnliches gefordert hatte.

> »Es gibt kein Recht in Deutschland, nur deutsche Verbrechen verjähren nicht, NS-Prozesse bis in das Jahr 2000.«[167]

Immer wieder sind die Forderungen zu lesen:

> »Schluß mit den Anklagen gegen NS-Täter... Wer soll das bezahlen? Es muß doch endlich einmal Schluß gemacht werden!«[168]

Durch die neue Verjährungsregelung ist diese Diskussion vorerst in den Hintergrund getreten. Nach § 78 Abs. 2 StGB in der Fassung des 16. Strafrechtsänderungsgesetzes vom 16. Juli 1979 (BGBl. I S. 1046) verjähren Verbrechen nach § 220a StGB (Völkermord) und nach § 211 StGB (Mord) nicht.
Eine beliebte Entlastungsmethode ist die der sogenannten *Aufrechnung*. Wenn eine »Gegenargumentation« nicht mehr aussichtsreich erscheint, beginnen die Anhänger des Rechtsextremismus aufzurechnen:

> »Auschwitz gegen Dresden,
> Oradour gegen Katyn,
> Hiroshima und Nagasaki.«[169]

Oder sie reden von dem »Holocaust an den Vertriebenen«.[170]
Mitscherlich[171] beobachtete eine solche Aufrechnung nach der Fernsehserie »Holocaust« im Jahre 1979. Es erscholl wieder der bekannte Ruf, man solle doch endlich aufhören, in der Vergangenheit zu wüten. Welch ein Unterschied zwischen diesem »Wüten« und den tatsächlichen Grausamkeiten! Aber als die Sendung über Flucht und Vertreibung der Deutschen am Ende des Krieges ausgestrahlt wurde, war dieser Ruf nicht zu hören. Sie ließ sich nämlich zur Aufrechnung der eigenen Schuld gegen die der anderen benutzen.
Der aus dem Bürgerlichen Recht stammende Begriff der Aufrechnung soll für strafrechtliche Kategorien übernommen werden. Man versteht darunter die wechselseitige Tilgung zweier sich gegenüberstehender

geld- oder vermögensrechtlicher Forderungen durch Verrechnung. Eine Aufrechnung bei strafrechtlicher Tatbestandsmäßigkeit und Schuld ist unserem Rechtsdenken fremd. Es handelt sich hier nicht um ein quantitatives, sondern um ein qualitatives Problem. Es soll damit von den eigenen Untaten abgelenkt und die eigene Position oder damalige Lage in einem milderen Licht gesehen werden.

> »Aber wo bleibt der Hinweis auf die vielen Millionen im Zuge der sogenannten Befreiung ermordeten Deutschen und Angehörigen anderer europäischer, sowie asiatischer Nationen? Seit Niederwerfung Hitlers gab es mindestens 150 blutige Kriege in der Welt mit über 30 Millionen Toten und 150 Millionen Verwundeten ...«[172]

Der Hinweis auf andere Verbrechen habe jedoch mit Aufrechnung nichts zu tun. Denn es gehe nicht um die Verleugnung oder Verharmlosung von NS-Verbrechen, sondern allein um die historische Wahrheit... Wer keine Aufrechnung will, dürfe auch nicht von Einzigartigkeit sprechen.[173]

Eine unverhoffte Unterstützung hat der Rechtsextremismus in den letzten Jahren durch den sogenannten Historiker-Streit erfahren. Nach Jürgen Kocka[174] »gibt es den Versuch, die Ungeheuerlichkeit der nationalsozialistischen Verbrechen zwar nicht zu leugnen, aber doch zu relativieren und ihren Ort in der Geschichte neu zu definieren«. Aktueller Anlaß der Auseinandersetzung war der Artikel von Ernst Nolte: »Vergangenheit, die nicht vergehen will.«[175] Nolte weist darauf hin, daß andere Völkermorde, wie z. B. die türkische Armenierverfolgung und der stalinistische Massenterror, der Vernichtung der europäischen Juden vorausgegangen sei. Die sogenannte Vernichtungsaktion der Juden erweise sich mehr als eine Reaktion im Zusammenhang aller Schrecken in der Welt, es sei aber nicht ein einzigartiger Vorgang.[176]

Die These von der Einzigartigkeit trifft sicherlich nur in der Rückschau zu; sie hat den Nachteil, die systematische, verwaltungsbürokratische, organisierte Judenvernichtung als einen einmaligen, vielleicht (?) niemals wiederkehrenden Vorgang anzusehen und ihn aus der Entwicklung zum militanten Antisemitismus zu lösen. Sinnvoller ist es, den gesamten Sachverhalt der Judenverfolgung im NS-Regime als einen *bisher* einmaligen Vorgang zu bewerten.

Nolte[177] wendet sich »gegen den negativen Nationalismus in der Geschichtsbetrachtung«. Er will die Möglichkeit schaffen, eine Befreiung von der Tyrannei des kollektivistischen Denkens zu erreichen, »die einen so beträchtlichen Teil der Auseinandersetzung mit dem Nationalsozialismus immer noch prägt...«, daß die schwierige Vergangenheit nicht bloß eine deutsche ist.

Hiergegen hat Jürgen Habermas zu Recht Bedenken erhoben,[178] da aus den historischen Vergleichen Aufrechnungen werden. Die »Einzigartigkeit der NS-Verbrechen« reduziere sich bei Joachim Fest auf den technischen Vorgang der Vergasung.[179] Habermas stellt drei Erscheinungen fest, die im Rahmen des aufkommenden Revisionismus vertreten werden: erstens die Beschreibung der NS-Zeit aus der Sicht der Totalitarismus-Theorie, zweitens die Zentrierung der Darstellung auf die Person Hitlers und seine Weltanschauung und drittens die Beschreibung mit Blick auf die Strukturen des Herrschafts-Gesellschaftssystems. Allen diesen Interpretationen sei mit größtem Mißtrauen zu begegnen, da sie – gewollt oder ungewollt – das Ausmaß der Verbrechen relativierten und verharmlosten. Die Gefährlichkeit der Totalitarismus-Theorie, der Vergleich mit den bolschewistischen Taten, ist offenkundig.

Flechtheim weist in diesem Zusammenhang zutreffend darauf hin, daß zwischen Faschismus und Stalinismus Welten liegen.[180] Zielsetzungen und Ausgangspunkte sowie die Betrachtung der Lebensvorgänge und ihre wesentlichen Antriebskräfte seien völlig verschieden; das schließe keineswegs aus, daß vorübergehend gleiche oder ähnliche Unterdrükkungs- und Herrschaftsformen bzw. Methoden erkennbar würden. Das jedoch seien im Grunde nur Formalien und Äußerlichkeiten.[181]

Zur Frage der Einzigartigkeit läßt Lanzmann den Historiker Raul Hilberg antworten:[182] »Mit der Endlösung wurden sie dagegen zu Erfindern. Das war ihre große Erfindung, und von da an unterscheidet sich die Entwicklung von allem, was es jemals vorher gegeben hatte.«

Hilberg sieht drei Steigerungsstufen der Judenverfolgung: 1. »Ihr könnt unter uns nicht als Juden leben«, 2. »Ihr dürft nicht unter uns leben« und 3. »Ihr dürft nicht leben!« Das entspricht den Maßnahmen Konversion, Gettoisierung und Ausrottung.

Bei den historischen Vergleichen erscheint immer wieder die als Entlastung gemeinte Behauptung:

> »Nicht nur die Deutschen haben Verbrechen begangen. Es muß für dieses Volk einen Anwalt geben, der es nicht demütigt und dauernd auf den Knien herumrutschen läßt«,[183]
>
> »es war eben Krieg, und da gelten andere Gesetze«.

So oder ähnlich lauten die Rechtfertigungen, die die eigenen Taten in einem milderen Licht erscheinen lassen sollen. Die Opfer verwandeln sich zu bloßen Verrechnungsobjekten im Rahmen einer entseelten Todesarithmetik.

Eine weitere Variante der Ablenkung und Verharmlosung ist die falsche Alternative »Hitler oder Thälmann«, »Kommunismus oder Faschismus«. Man hätte eben das kleinere Übel gewählt. Die Alternative Demokratie stellt sich bei diesen Vergleichen offenbar nicht. Die Aussage: »Die anderen waren viel schlimmer«, soll den Blick auf die gegenwärtigen Kriegs-

handlungen und Konflikte richten oder auf geschichtliche Ereignisse, wie die Kämpfe der Römer gegen die Christen oder die Ausrottung der Indianer. Hier wird darauf spekuliert, daß der Leser oder Hörer wenig oder keine Kenntnis hat, um die falschen Zahlen oder Übertreibungen zu erkennen.
Mit der Frage »Warum nicht aufrechnen?« oder »Wie haben die anderen Völker ihre Vergangenheit bewältigt?« soll vom eigentlichen, zur Diskussion gestellten Geschehen hier in Deutschland und Europa abgelenkt werden.[184]

Kommentar
Bei der Aufrechnungs-Diskussion wird immer die Bombardierung Dresdens angeführt und mit einer Schätzzahl von 300000 Opfern operiert.
Nach den überzeugenden Forschungen von Bergander[185], der amtliche Quellen ausgewertet hat, sind es höchstens 35000 Menschen gewesen, die den Luftangriffen der Alliierten in der Nacht vom 13. auf 14. Februar 1945 zum Opfer fielen (schlimm genug!). Nach amtlichen Angaben der Polizei Dresdens wurden bis zum 31. März 1945 22096 Leichen geborgen. Auch der in rechtsextremen Kreisen bekannte Schriftsteller Irving mußte seine ermittelte Zahl von 135000 Opfern bereits 1966 in einem Leserbrief an die »Times« berichtigen.[186] Dresden brannte nicht sieben Tage, sondern zwei Tage und zwei Nächte. Die Stadt kam nach weiteren Feststellungen glimpflicher davon, als manch andere west- oder norddeutsche Stadt.

Zusammenfassend läßt sich sagen, daß die Fragen nach der Kriegsschuld und dem Umfang der NS-Gewaltverbrechen nach wie vor zentrale Fragen bleiben. Die jüngste Vergangenheit kann nicht wahrheitsgemäß dargestellt werden, ohne die eigene ideologische Substanz oder Werte anzutasten.
Deshalb sollte diese Auseinandersetzung auch einen Schwerpunkt bilden; denn hier müssen sich die Geister scheiden.

Wenn die Bagatellisierung der NS-Gewaltverbrechen auf fruchtbaren Boden gefallen ist oder zumindest Zweifel an der offiziellen Darstellung entstanden sind, dann ist der nächste Schritt in der Propaganda die Erwähnung und *Hervorhebung der positiven Eigenschaften des Nationalsozialismus* (NS) als Annäherung an diese Ideologie vom Grundsätzlichen her. Die Aufteilung in gute und schlechte Seiten läuft auf eine nachträgliche Rechtfertigung des NS in Teilbereichen hinaus.
Die Wehrmacht steht generell in besserem Ansehen als die SS, die Waffen-SS sowie die sonstigen Polizeieinheiten. Daher ist auch noch heute das Bemühen erkennbar, die Waffen-SS als politische Truppe der Wehr-

macht anzugleichen und die Verbindungen zur NS-Weltanschauung zu reduzieren oder sie als wenig bedeutsam hinzustellen. Angebliche Gemeinsamkeiten werden in den folgenden Parolen propagiert:

»Kreuzzug gegen den Bolschewismus,
das Heer als Aufbruch zu neuen Ufern,
die beglückende Gemeinsamkeit,
der Mythos des Fronterlebnisses sowie
das Gesetz von Befehl und Gehorsam.«[187]

In Verbindung mit dem europäischen Einigungsgedanken und der »Angst vor der roten Gefahr« erscheint Hitler als Vorkämpfer für ein einheitliches Europa, weil er als erster die Gefährlichkeit des Bolschewismus erkannt habe. Der Zweite Weltkrieg ist, in diesem Licht gesehen, ein Kreuzzug gegen den Bolschewismus. Die Waffen-SS sei die erste europäische Truppeneinheit im Kampf gegen den Kommunismus gewesen.

Zur Begründung und Stärkung dieser Behauptung dienen Fortsetzungsserien in den rechtsextremen Zeitungen, wie z. B. der Beitrag von Otto Skorzeny, der »Sprung vom Gran Sasso«, oder Schallplatten mit dem Titel »Aus dem Führerhauptquartier«. – Die Kriegsgeneration wird generell verteidigt.

»Für jene Generation zu sprechen, die im gläubigen Idealismus letztlich doch mißbraucht und in die Irre geführt wurde und an der Front wie in der Heimat bester Überzeugung – ihrem Volk und Vaterland – und nur diesem zu dienen, nur Opfer und Leiden getragen hat...«[188]

Nach den Musterreden der NPD von 1969 hätten die Männer zwar »irrend und mißbraucht, aber die besten menschlichen Charaktereigenschaften bewiesen«.

In der Schrift »Soldat im Volk« des größten Soldaten-Verbandes in der Bundesrepublik, des »Verbandes deutscher Soldaten« (VdS), heißt es u. a.:

»Tatsache ist, daß der deutsche Soldat glaubte, bis zum Schluß seine Pflicht tun zu müssen – nicht etwa, um das längst fragwürdig gewordene NS-Regime zu retten, sondern um die deutsche Heimat, die deutschen Menschen, das Vaterland zu schützen.«[189]

Es handelt sich hier um Versuche, die Handlungen von den Personen zu lösen, den Zusammenhang zwischen Motiv, Zweck und Ziel in den Hintergrund zu drängen.

Eine weitere Methode zur Sympathiegewinnung ist die Identifizierung mit hohen Idealen und der Versuch, nur die positiv erscheinenden Seiten hervorzuheben:

»...So zwang kein Gesetz die Freiwilligen fremder Nationen dazu, sich in das deutsche Feldheer einzureihen. Für sie galt ausschließlich der Befehl des Gewissens... Tausende sind von ihnen im Kampf gegen den

Bolschewismus gefallen. Einer großen Idee haben sie ihr Leben geopfert.«[190]

Schließlich sollen auch, wie im folgenden Beispiel, Dankbarkeitsgefühle geweckt werden:

»Wieviel Frauen und Kinder, alte Männer verdanken diesen Männern ihr Leben, vor Vergewaltigung und Mord? Geschützt vor den sowjetischen Truppen, als sie deutsches Gebiet betraten.«[191]

Die nächste Stufe der Werbung beginnt mit der Unterscheidung von guten und schlechten Seiten unter Weglassung der Zusammenhänge. Die deutsche Revolution sei nur ungenügend vorangetrieben worden. Der Fall Rudolf Heß wurde zu einer »deutschen Passion« hochgespielt und lieferte bis zum selbstgewählten Tod in der Haft immer wieder Agitationsstoff. Heß' Verurteilung sei der größte Justizirrtum der Menschheit gewesen, da dieser Mann nach England geflogen sei, um den Krieg zu beenden:

»[Er]... mahnte ständig zu Schlichtheit und Verantwortung. Er erwarb sich damit viele Feinde in Funktionärskreisen, aber Vertrauen und Ansehen im Volk.«[192]

»Heß, ein Friedensunterhändler.« Für die Republikaner habe sich Heß als »wacher Geist und zeitorientierter Mensch erwiesen«.[193]

Aus der wachsenden Auffassung in der Öffentlichkeit, daß der Aufwand um die Inhaftierung dieses einzigen Mannes in keinem Verhältnis mehr zum Zweck stehe, versuchten die Freunde von Heß und Anhänger des Rechtsextremismus politisches Kapital zu schlagen. Selbst in demokratischen Kreisen wurde Mitleid wach, das sich in Diskussionen zu vergleichenden Rechtsfragen äußerte und die große Bedeutung des damaligen Führer-Stellvertreters im NS-Staat zu bagatellisieren suchte.

»Rudolf Heß wird 92 Jahre alt. Seit seinem legendären Friedensflug ist er eingekerkert, die letzten Jahrzehnte in Isolationshaft. Das Schicksal des kranken alten Mannes schreit zum Himmel.«[194]

Nach seinem Tod in der Haft sollte Heß zu einem Märtyrer stilisiert werden. Die Bundesrepublik durchzog, wenn auch nur kurzzeitig, eine Kampagne, die sich in Protesten und der Verbreitung der Legende äußerte, daß Heß umgebracht worden sei. In einem Nachruf im Organ der ehemaligen Waffen-SS »Der Freiwillige« (DF)[195] stand neben dem parteioffiziellen Bild von Heß in Uniform (wahrscheinlich als SS-Gruppenführer) zu lesen:

»Die zutiefst inhumane Haft war eine einzige ›Isolationsfolter‹. Hier ist die Bezeichnung angebracht. Die Briten haben weder menschlich noch klug gehandelt.«

Die Bemühungen, die NS-Herrschaft zu verharmlosen, beziehen die Zeit vor dem Krieg mit ein und befassen sich mit den führenden Personen.

Immer wieder kreist die Diskussion um die Person von Hitler. Entweder erscheint »Der Führer« in einem verklärenden Licht, die vielen kleinen »Hitlers« werden als schuldig dargestellt,[196] oder Hitler wird zu einem Dämon stilisiert, dessen Einfluß sich kaum jemand in seiner engeren Umgebung habe entziehen können. Damit sind seine Anhänger entschuldigt.

Diese offene Sympathie war in den ersten Jahrzehnten nach 1945 wenig oder gar nicht zu beobachten; seit dem Anwachsen der Neonazi-Gruppen wird die Agitation deutlicher, um nicht zu sagen: eindeutig.

> »Niemand kann leugnen, daß dieser Adolf Hitler einer der größten Weltbeweger der Geschichte war. In einer Person war er Parteiführer, Staatsmann, charismatische Persönlichkeit, Programmleiter, Prophet, Zeitenwender und Visionär ... dieses Genie der Willenskraft, ein großer Verwandler... Wer kann sich darüber wundern, wie sehr wir, seine Erben, ihn bewundern und verehren?«[197]

Auch eine Frau wie Winifred Wagner, die Schwiegertochter von Richard Wagner, konnte sich nach 1945 der Hitler-Verehrung nicht entziehen:

> »Das Losgehen... gegen ihn nach dem Krieg halte ich für übertrieben und unberechtigt. ... Wenn der Hitler heute hier zur Tür rein käme, ich wäre genau so fröhlich und so glücklich, ihn hier zu sehen als wie immer.«[198]

Hitler sei das Opfer einer systematischen antideutschen Politik geworden und in den Krieg »hineingetrieben« worden.[199] Seine Verteidiger versuchen, eine tragische Verstrickung zu konstruieren.

> Die »Reichstragödie Adolf Hitlers liegt vielleicht im tiefsten darin, daß er an einem Reich des immer gewaltsameren Willens baute...«[200]

Eine eindeutige und offene Verherrlichung Hitlers ist selten. Als einen »militärischen Führer von technischem Weitblick und operativer Begabung« stellen ihn nur die rechtsextremen Publikationen dar.[201] »Die Kampfgefährtin«, Zeitschrift der rechtsextremen »Deutschen Frauenfront«, brachte in ihrer Ausgabe aus Anlaß des 100. Hitler-Geburtstages u. a. folgendes Gedicht:

> »Adolf Hitler, Du warst Deutschland,
> Und stolz stand Deutschland einst zu Dir.
> Du bist nicht mehr, doch unverwandt
> Gedenken Kameraden Dir.
>
> An Deinem 100. Geburtstag
> geloben wir das eine nur:
> Daß, was auch immer kommen mag,
> Wir stehen zu dem alten Schwur.

Wir stehen zu den alten Zielen,
die heut so richtig sind wie je,
...

Sie ahnen alle Deine Größe
Sie zu verdrängen, wüten sie!
Verdecken so die eigene Blöße,
die Minusseele und Infamie.
Es kommt der Tag noch, Du großer Mann...
Wo er zerbricht, der Lügenbann,
Wo Du Gerechtigkeit erfährst!«[202]

Bis Anfang der siebziger Jahre wurde Hitler überwiegend negativ, und zwar als Dämon oder Teufel, Teppichbeißer oder einer Drakula-Gestalt ähnlich beschrieben. Dies hatte zwei Auswirkungen: Die Anhänger des NS konnten sich auf diese Art teilweise rechtfertigen oder entlasten; gleichzeitig blieb die Möglichkeit, auf die Grundsätze der NS-Weltanschauung nicht ganz verzichten zu müssen. Zwischen Hitler und den politischen Forderungen und Zielen wurde unterschieden.
Einer der typischen Vertreter der ersten Alternative war der frühere Rüstungsminister Albert Speer. In seinen »Erinnerungen«[203] bezeichnet er sich als »unpolitischen Spezialisten«, der Hitler als »Dämon mit hypnotischen Kräften« erlegen gewesen wäre. Hitler habe nicht nur Schlechtes, sondern auch Gutes geschaffen.[204]
Hier spielen die nach 1945 aufgekommenen Legenden um Hitler eine große Rolle. Dazu zählt an erster Stelle die sogenannte Autobahn-Legende. Hitler habe die Autobahn in Deutschland als erster eingeführt, »sie sei eine der Kulturleistungen der NS-Machthaber«.[205]

Kommentar
In den USA entstanden schon 1920 die sogenannten Highways als Vorläufer der Autobahnen. 1912 bis 1921 wurden die AVUS in Berlin gebaut und 1932 die erste Autobahn Köln-Bonn.[206]

Kein Wort wird verloren über die damaligen strategischen Planungen der Verkehrswege und der sonstigen Einrichtungen zur Vorbereitung eines Angriffskrieges.
Die zweite Legende rankt sich um die Beseitigung der hohen Arbeitslosigkeit. Zahlenmäßig oder statistisch gesehen, trat nach 1933 alsbald eine erhebliche Verringerung der Arbeitslosigkeit ein; aber das Arbeitsbeschaffungsprogramm diente ausschließlich dazu, die militärpolitischen Ziele durchzusetzen. Im Zusammenhang damit steht die irreführende Pa-

role, daß Hitler für den Arbeiter gesorgt hätte. Die Einrichtungen wie »Kraft durch Freude«, die Ämter »Feierabend«, »Reisen und Wandern« dienten in Wahrheit dazu, die NS-Propaganda überall eindringen zu lassen und eine Gleichschaltung der Meinungen und der Arbeitskräfte zu erreichen. So wurden der »Volkswagen« (VW) und der »Volksempfänger« als eine »Idee des Jahrhunderts« gefeiert:

»Der Arbeiter als Soldat der Wirtschaft«,
»Arbeit adelt«,
»Arbeiter der Stirn und der Faust«[207] –

so und ähnlich lauteten die Parolen, die den Arbeiter einstimmen und für die kommenden Arbeitseinsätze (s. unten S. 177ff.) anspornen sollten.

Kommentar

Am 2. Mai 1933 wurden die Gewerkschaften aufgelöst; an ihrer Stelle übernahm die »Deutsche Arbeitsfront« (DAF) die weltanschauliche Erziehung mit ihrem Führerprinzip. Betriebsführer und Gefolgschaft waren die neuen Bezeichnungen. Die anfänglichen sozialistischen Tendenzen hatten nur das Ziel, alle Arbeitsenergien für die Rüstung zu mobilisieren. Der Anteil der Staatsausgaben für die Wehrmacht betrug 1934 noch 49 %, steigerte sich 1938 bereits auf 74 %.[208]

Die dritte Legende besteht in der Behauptung, der NS-Staat habe die völlige Beseitigung des »Verbrechertums« erreicht. Nur wer oberflächlich Zahlen interpretiert, die mit damaligen Verbrechen zu tun haben, wird eine geringe Senkung der gemeldeten Straftaten feststellen. Die Kriminalität war tatsächlich bis zu Beginn des Krieges kaum gesunken, eher war das Gegenteil der Fall: Über die Kapitalverbrechen durfte in der überregionalen Presse nicht berichtet werden. Die Presse unterlag einer scharfen Zensur durch das Reichspropagandaministerium.
Weitere Legenden bildeten sich um die angebliche Befreiung vom Versailler Vertrag und um den Versuch der Rettung Europas vor dem Bolschewismus.
Von der »Unperson« zum Genie mit Fehlern[209] erfolgte die Wandlung, wobei die Sehnsucht nach dem Führer und Geführtwerden eine große Rolle zu spielen scheint. In diesem Zusammenhang wird Hitler systematisch in ein positives Licht gestellt, wobei seine nächsten Helfer ein um so schlechteres Image erhalten:

> »... Bormann schirmte gegen Ende des 2. Weltkriegs Hitler zunehmend gegen Regierungsmitglieder und Reichsleiter ab, isolierte ihn und trug damit entscheidend zu der verhängnisvollen Entwicklung bei.«[210]

Die schönen Künste wurden seinerzeit ebenfalls in die Propaganda eingespannt. Künstler, insbesondere der Bildhauer Arno Breker, die von der

NS-Führung damals unterstützt wurden, werden heute wieder mehr oder minder offen rehabilitiert.
Es sei eine Blickverengung, zwölf Jahre aus der deutschen Geschichte ausradieren zu wollen; Jahre, in denen es großartige Musik, auch Literatur gegeben habe.[211] Diese Auffassung löste eine heftige Kontroverse aus, ob NS-Kunst in öffentlichen Museen ausgestellt werden dürfe.[212] Der Kritiker Hans Platschek dazu: »Charakteristisch war für die Nazi-Kunst eine ganz und gar verfügbare Aussage aufgrund von sofort identifizierbaren Gegenständen.« Aufschluß gibt die von ihm zitierte Zeitschrift »Kunst im Dritten Reich«, die darlegt, daß in den Gegenständen die Gesinnung Form erhalten habe. Alles, was also nicht sofort verständlich war und der Gesinnung nicht entsprach, fiel unter den ideologischen Begriff der *»Entartung«*. Die »entartete« Kunst verfiel daher der Verbannung.
Für die Anhänger des Rechtsextremismus hat sich darin auch heute nichts geändert. Die Kunst soll unmittelbar und ohne Umschweife oder kritische Reflektionen ansprechen, darstellen und gleichzeitig Handlungsanweisungen geben.
Die Kunst in der NS-Zeit war zweckgebunden, auch wenn die jeweiligen Künstler dies bestreiten oder es nicht wahrhaben wollen. Sie waren oder sind noch heute Werkzeuge dieser Ideologie.
Schließlich ist eine zahlenmäßig kleine Gruppe von ehemaligen NS-Größen und kleineren Aktivisten zu nennen, die nichts dazugelernt haben. Es ist nicht bekannt, welchen Einfluß sie heute auf ihre Umgebung ausüben. Sie versuchen bei jeder Gelegenheit, die NS-Zeit positiv darzustellen und damit ihre eigene Beteiligung zu rechtfertigen.

> »Wenn das alte Wort, daß man von den besten Frauen am wenigsten spricht, Gültigkeit haben sollte, dann dürften die Frauen im NS-Staat zu diesen Frauen gehören. Damit wird... wohl auch dieses Werk eingehen in die Geschichte unseres Volkes als der großangelegte Versuch, unsere Frauengeneration auf naturgemäßer Grundlage einen Schritt nach vorne gebracht zu haben in der harmonischen Zusammenarbeit zwischen Männern und Frauen im Interesse des Volksganzen.«[213]

Die eigene Schuld oder Verantwortung wird oft damit erklärt, man wäre Hitler im guten Glauben gefolgt, hätte in der bitteren Not, der Arbeitslosigkeit, seine Parolen und Sprüche für realisierbar gehalten. Einzelne Repräsentanten des NS-Regimes, die nach 1945 noch lebten, werden entschuldigt. Der ehemalige Stellvertreter des Reichspressechefs, Helmut Sündermann, habe sich vorbehaltlos in den Dienst des Schicksalkampfes der Nation gestellt. Seine führende Stellung in der Presse des »Großdeutschen Reiches« habe ihn nicht mit einem Schuldkomplex belastet:

> »So ist er ein Ehemaliger, ein Gegenwärtiger und als solcher ein Künftiger.«[214]

Der Fall des ehemaligen Flieger-Obersten Rudel brachte zutage, daß eine Reihe von Angehörigen der Bundeswehr zu ihm enge Kontakte unterhielt, obwohl sich Rudel nach 1945 ständig in rechtsextremen Gruppen als Redner betätigt hatte. Die entlassenen Bundeswehr-Generale Krupinski und Franke z. B. hatten Rudel offiziell in ihre Kasernen eingeladen und dies später sogar verteidigt. Der damalige MdB Wörner (CDU) unterstützte sie und verwies darauf, daß soldatische Tugenden immer positiv zu beurteilen seien.
Das ist ein Beispiel für die bekannte Taktik, bestimmte Werte oder Tugenden aus dem Zusammenhang zu lösen und sie als solche zu beurteilen. Tapferkeit wird aus dem gesellschaftlich-politischen Kontext gelöst und nur auf die Person bezogen. Dies ist reine Heuchelei: Die Fragen nach dem wozu und wofür werden nicht gestellt.[215]
Ein besonderes Formulierungskunststück ist den Autoren des »Politischen Lexikons« zum Stichwort »Nationalsozialismus« gelungen:

> »Der deutsche NS – 1920 bis 1945 – stellte den Versuch dar, die vier Grundelemente menschlichen Lebens, nämlich das biologische Element der Arterhaltung, das ökonomische der Artversorgung, das politische zur Regelung des Zusammenlebens und das religiöse zur letzten Sinndeutung des Lebens miteinander in Einklang zu bringen. ...
> Aus der Überzeugung, daß jedes Volk seinen eigenen Weg der Selbstvollendung zu gehen und seine eigene Form des Sozialismus zu finden hat, wurde der marxistische Klassenkampf tatsächlich überwunden und vorübergehend durch einen Wohlstand und Berufsstolz schaffenden Arbeitsfrieden abgelöst.«

Eine Variante findet sich im Organ der REP:

> »Die Gewinnung von unbelasteten NSDAP-Mitgliedern zur Mitarbeit im demokratischen Rechtsstaat gehört zu den größten Leistungen deutscher Nachkriegspolitiker.«[216]

Über den Alltag im NS-Regime gehen die Behauptungen weit auseinander. Im Zweifelsfalle heißt es, daß der Krieg die Lebensbedingungen grundlegend veränderte und daher von normalen Verhältnissen kaum die Rede sein könne.
Tatsächlich begann bereits ab 1933 die systematische Indoktrinierung der jungen Menschen, eine ideologische Schulung und Vorbereitung auf die kommenden kriegerischen Einsätze. Der Zeitzeuge Schörken[217] beschreibt den Alltag so: »Das Marschieren und Exerzieren, die Uniformen, die Einsätze zum Sammeln von Altmaterial, das Heil-Hitler, das Flaggenhissen, das nichtendenwollende Singen von HJ-Liedern, das waren Elemente des täglichen Lebens; die Heranwachsenden waren daran gewöhnt, Gegenstand eines ausgeprägten Jugendkultes zu sein.«

Die Massen wurden seinerzeit ständig in Bewegung gehalten, um sie im Sinne des NS »auszurichten«, wie es die Propaganda täglich versuchte. Die Jugend in der NS-Zeit wurde durch die Organisierung im Alltag und an den Wochenenden außerhalb von Schule und Lehre für die künftigen Einsätze vereinnahmt.[218] HJ-Dienst in Uniform, Aufmärsche, Geländespiele, weltanschaulicher Unterricht, Teilnahme an sogenannten Wehrertüchtigungslagern, *Wehrsport*, der eine vormilitärische Ausbildung war, wechselten sich ständig ab.
Der Alltag im Krieg verschärfte die Situation in allen Lebensbereichen. Die Angst vor den Repressalien der Staatsorgane grassierte. Schörken bemerkt dazu treffend: »Es waren nicht die Kriegsgegner, die uns hier bedrohten, sondern die eigenen Leute! Die Angst, die wir damals empfanden, war, glaube ich, noch größer als die Furcht vor der heranrückenden Front... Die SS wurde jedenfalls von uns nicht mehr als die ›eigenen Leute‹ angesehen. Sie waren schon etwas anderes.«[219]
Die SS in ihren schwarzen Uniformen mit dem Totenkopf-Emblem und die Waffen-SS waren wegen ihrer elitären Grundhaltung, ihrer Überheblichkeit und nicht genau einschätzbaren Machtmittel gefürchtet. Je mehr von ihren Greueltaten bekannt wurde, desto deutlicher ging man auf Distanz zu ihnen. Viele fürchteten, nicht den biologischen Anforderungen des NS-Systems zu entsprechen. Wenn etwa der geforderte sogenannte Arier-Nachweis, der Stammbaum, nicht im Sinne des NS in Ordnung war, entstanden Unsicherheit, Furcht und Ratlosigkeit.
Eines der dunkelsten Kapitel ist die Rolle der Justiz im NS-Staat, der in einem gewissen Sinne ein »Rechtsstaat« sein wollte; die Strafverfolgungsbehörden richteten streng nach geltendem Recht, was freilich inhaltlich Unrecht gewesen ist. Deshalb ist heute immer dann Vorsicht geboten, wenn eine politische Gruppe zu stark auf den Rechtsstaat pocht, ohne den Inhalt des jeweiligen Rechts daraufhin zu prüfen, ob er mit den Grundsätzen unserer Verfassung vereinbar ist. – Eine maßgebliche Rolle zur Stützung des NS-Rechts spielte seinerzeit der sogenannte Volksgerichtshof, dessen letzter Vorsitzender Roland Freisler war.

Kommentar

Zwischen 1934 und 1945 wurden von 16342 Angeklagten vom Volksgerichtshof 5243 zum Tode verurteilt und in der Hinrichtungsstätte Plötzensee umgebracht, in 7768 Fällen verhängte das Gericht unverhältnismäßig hohe Freiheitsstrafen, in 1089 Fällen erfolgte Freispruch. Der Film »Verräter vor dem Volksgerichtshof«, den Goebbels heimlich als Dokumentation drehen ließ, wurde wegen der menschenunwürdigen Vorfälle während der NS-Zeit nicht öffentlich aufgeführt. Er konnte nach 1945 sichergestellt werden.
In einem Schreiben Freislers an Hitler heißt es u. a.:

»Das Amt, das Sie mir verliehen haben, habe ich angetreten und mich inzwischen eingearbeitet. ...

Der Volksgerichtshof wird sich stets bemühen, so zu urteilen, wie er glaubt, daß Sie, mein Führer, den Fall selbst beurteilen.«[220]

In den Jahren von 1933 bis 1945 verhängten die (zivilen) Strafgerichte über 16000 Todesurteile, die meisten während des Krieges. Mehr als zwei Drittel wurden vollstreckt. Die Vorschriften des NS-Staates drohten 1943/44 bei mehr als 40 Delikten die Todesstrafe an. 1933 war sie nur bei drei Tatbeständen vorgesehen. Das NS-Recht war ein Kampfrecht mit dem Ziel, den Feind zu schlagen. Der Richter war in diesem Sinne der Vollstrecker des Willens des »Führers«.[221] – Das Bundesverfassungsgericht hat schon 1957 mit Blick auf die NS-Strafjustiz von einer Terror-Rechtsprechung gesprochen.[222]

Ein charakteristisches Merkmal deutscher Zeitgeschichte ist die Tatsache, daß von 577 belasteten Richtern und Staatsanwälten lediglich zwei unter Anklage gestellt wurden; Hans-Joachim Rehse starb vor Abschluß des Verfahrens, Paul Reimers nahm sich nach Anklageerhebung das Leben.

Nach § 116 des Deutschen Richtergesetzes vom 8. September 1961 (BGBl. I S. 1565) war die Möglichkeit eröffnet worden, wegen der Amtszeit im Dritten Reich auf Antrag vorzeitig auszuscheiden. Bis 1962 hatten davon nur 149 Richter und Staatsanwälte Gebrauch gemacht.[223]

Nach 1945 leitete die Staatsanwaltschaft gegen 90921 Beschuldigte Ermittlungsverfahren ein. Rechtskräftig verurteilt wurden aber nur 6479 Angeklagte. Die Gerichte der westlichen Alliierten haben in der Nachkriegszeit 5000 NS-Straftäter verurteilt.

Diese nicht vollständigen Zahlen zeigen die hohe Beteiligung an NS-Gewaltverbrechen, aber zugleich die große Beweisnot in den angestrengten Verfahren und strafen die Mär von der Verfolgung aller früheren NS-Anhänger Lügen.

b) Vorkehrungen gegen die »streitbare« Demokratie

Formales Bekenntnis zur Verfassung

Spätestens seit dem Verbot der »Sozialistischen Reichspartei« (SRP) durch das Bundesverfassungsgericht im Jahre 1952 und den seit 1960 veröffentlichten Erkenntnissen des Verfassungsschutzes hat sich der überwiegende Teil der rechtsextremen Bestrebungen auf das formale Bekenntnis zur Verfassung eingestellt. Sie fürchten Verbotsmaßnahmen und versuchen, ihre Programme und sonstigen Verlautbarungen entsprechend vorsichtig zu formulieren.

Diese Entwicklung läßt sich am Beispiel der NPD nachweisen: Obwohl sich die NPD in ihrem ersten Programm in Abschnitt I Nr. 1 »zur freiheitlich demokratischen Grundordnung« (fdGO) bekannte, lehnte es die Mehrheit der Delegierten auf dem 4. Parteitag am 15. Februar 1970 in

Wertheim ab, sich ausdrücklich von den Thesen ihrer Vorstandsmitglieder Anrich und von Grünberg zu distanzieren, die ein rassenbiologisches Menschenbild und eine autoritäre Staatsauffassung vertreten hatten. Gleiches gilt für die der NPD nahestehenden Autoren des »Politischen Lexikons«.

Der damalige Bundesinnenminister Benda (CDU) ließ sich von dem Bekenntnis zur fdGO freilich nicht beeindrucken. Als Vertreter der Bundesregierung erklärte er am 21. März 1969 vor dem Bundestag, nach seiner rechtlichen Überzeugung erfülle die NPD bereits seit 1968 die Voraussetzungen einer verfassungsfeindlichen Partei nach Art. 21 Abs. 2 GG. Vorher hatte die NPD provokativ die Bundesregierung aufgefordert, »endlich« einen entsprechenden Antrag zu stellen![224] Im Düsseldorfer Parteiprogramm von 1973 hieß es zu Punkt B. 2.:

> »Wir Nationaldemokraten treten für eine Demokratie ein, in der der Wille des Volkes freien Ausdruck findet.«

Der Inhalt dieses Volksbegriffs ist jedoch ein völlig anderer, als wir ihn verstehen. Wiederholt wird der Ausdruck der »modernen Leistungsgemeinschaft« gebraucht, so auch im Programm von 1973. Tatsächlich ist damit die altbekannte *»Volksgemeinschaft«* gemeint. Das gleiche (Punkt V Nr. 6) gilt für die

> »unlösbare Leistungsgemeinschaft aller Schaffenden in der Volkswirtschaft«.

Diese Tarnung ist für Außenstehende nur schwer zu erkennen, wenn nicht besondere Kenntnisse vorhanden sind. Das Bundesverwaltungsgericht hat in dem Urteil vom 20. Mai 1983[225] anläßlich eines Einzelfalles im Bereich des öffentlichen Dienstes das in dem Düsseldorfer Programm enthaltene Bekenntnis zur freiheitlichen demokratischen Grundordnung (fdGO) als formal angesehen. Für die Beurteilung der Verfassungswidrigkeit sei nicht nur das Programm, sondern auch das Verhalten der Anhänger maßgebend (Art. 21 Abs. 2 GG). Aus zahlreichen Verlautbarungen von Funktionären und Mitgliedern der NPD, Aufsätzen in der offiziellen Parteizeitung »Deutsche Stimme« und Reden ergebe sich jedoch eine ablehnende Haltung gegenüber der fdGO.

Das BVerwG greift besonders folgende Punkte heraus: Ablehnung des Gleichheitsgrundsatzes, Verwendung des Begriffs der Volksgemeinschaft mit der Orientierung am NS-Begriff des Volkes.[226]

Obwohl das neue Programm der NPD von 1987 noch vorsichtiger gefaßt worden ist, bleiben bestimmte Wortwendungen und Begriffe erhalten, die den charakteristischen ideologischen Hintergrund verraten. In der Präambel des neuen Programms heißt es, daß sich die NPD für die freiheitlich demokratische Grundordnung im Sinne des Grundgesetzes einsetzen will. Dieses Bekenntnis zur Grundordnung darf nicht darüber hinwegtäuschen, daß Begriffe wie *»Volk«* und *»Gemeinschaft«* wieder verwendet werden, die tatsächlich für den Demokraten einen anderen Sinn haben als für die NPD. Selbst die Formulierung »Wir Nationaldemokraten treten für eine Demokratie ein, in der der Wille des Volkes sich frei entfalten kann« (Nr. II Programm 1987) ändert daran nichts. Der Volksbegriff ist ideologisch zu interpretieren: Gemeint ist das »Völkische«.

In dem Programm stehen an zahlreichen Stellen bestimmte Schlüsselbegriffe, die im Zusammenhang mit früheren Programmen ausgelegt werden müssen. In Punkt III des neuen Programms ist von der »Gemeinschaft des Volkes« die Rede, was wiederum nichts anderes bedeutet als die alte »Volksgemeinschaft«.

In Punkt V wendet sich die NPD gegen das »Dogma von der vorgeblichen Gleichheit aller Menschen«.[227] Die Forderung nach einer »neuen Gemeinschaftsordnung« ist nichts Neues, sondern fungiert nur als Tarnung der alten politischen Ziele.

Die Tarnung findet jedoch dort ihre Grenze, wo sich die eigene politische Grundaussage qualitativ verändern könnte. Daher werden Begriffe und Parolen bevorzugt, die auf eine *national-konservative* Einstellung deuten und sich noch hinreichend von den demokratischen Vorstellungen unterscheiden. In dem Wertheimer Manifest von 1970 heißt es z. B.:

> »Die NPD ist konservativ. Sie kämpft nachdrücklich für die Erhaltung zeitlos gültiger Wertvorstellungen, die im Volk nach wie vor tief verwurzelt sind.«

Die NPD bekennt sich damit zur »nationalen Idee« (Programm 1973) und zu den »nationalen Traditionen« der deutschen Geschichte (Programm 1987).

Die REP bekennen sich zu »Deutschland«, aber nicht zur Bundesrepublik Deutschland (Programm 1990). In einem ihrer Flugblätter heißt es u. a.:

> »Die Republikaner sind eine Gemeinschaft deutscher Patrioten, eine freiheitliche und nationale Partei. ...«

Weitere Beispiele sind im Rahmen der Werbung für die eigenen politischen Zielsetzungen zitiert (S. unten 90f.).

Die rechtsextremen Parteien und Gruppen haben sicherlich aus dem Verbot der SRP durch das Bundesverfassungsgericht gelernt. Die wahren Absichten werden kaum noch genannt, die wirklichen Ziele und Meinungen zur geltenden Verfassung – mit Ausnahme der Neonazis – verschwiegen oder nur sehr vage angedeutet mit Hilfe von Schlüsselbegriffen wie z. B. »fremd«.[228]

Gleichgültig, welche Begriffe und Formulierungen zu beurteilen sind, der erste Satz zur »Einführung zur Neufassung des Parteiprogramms der

NPD« (Düsseldorfer Programm von 1973) beginnt mit einer entscheidenden Auslegungshilfe:

»Das Programm der NPD hat sich seinem Wesenskern nach niemals geändert und kann sich auch nicht ändern; es ist Herkunft und Lebensziel der NPD, unserer politischen Gemeinschaft.«

Dazu sagte das ehemalige Vorstandsmitglied der NPD, Felix Buck, daß gegenüber dem Programm und Manifest von 1967 eine Neufassung nur in der Darlegungs*art* notwendig geworden sei.

Ein weiteres Kennzeichen der Tarnung im Rahmen des formalen Bekenntnisses zur Verfassung des GG ist eine auffällige *Überbetonung der Rechtsstaatlichkeit*. Mit der jahrelang propagierten Parole der NPD und der ihr nahestehenden Organisationen »Sicherheit durch Recht und Ordnung« sollten verängstigte Bürger angesprochen werden.

»Schluß mit der Demontage des Rechtsstaats.«[229]

Diese Taktik soll auch dazu dienen, sich den Forderungen des politischen Konservatismus zu nähern oder sie ebenfalls zu vertreten (»law and order«, Ordnung und Sauberkeit). Jede sich bietende Möglichkeit nimmt die rechtsextreme Propaganda zum Anlaß, sich als entschiedene Verteidigerin des Rechtsstaats und seiner Grundsätze aufzuspielen.

Die Prozesse wegen der Erfüllung oder Einhaltung von Mietverträgen über Räume für politische Versammlungen kommen diesen Bestrebungen entgegen. Die Verfahren vor den Verwaltungsgerichten sind inzwischen kaum noch zu übersehen. In den meisten Fällen sind die Entscheidungen zugunsten der klagenden rechtsextremen Parteien ausgefallen. Sie berufen sich mit Erfolg auf das geltende Parteienprivileg, demzufolge keine politische Partei vor einem rechtskräftigen Verbot durch das Bundesverfassungsgericht verwaltungsmäßig benachteiligt werden darf.

Auch sonst wird bei jeder günstigen Gelegenheit der Prozeßweg beschritten, um demonstrativ in der Öffentlichkeit darzulegen, daß man stets das Recht auf seiner Seite habe und den Gerichten vertraue.

Doch liegt beim Begriff »Rechtsstaat« eindeutig der Schwerpunkt auf »Staat«. In diesem Zusammenhang ist auch die ständige Kritik an der Polizei und ihren Einsätzen zu sehen (s. oben S. 38f.). Spektakuläre Einzelfälle müssen dazu herhalten, die öffentliche Sicherheit als bedroht hinzustellen. Daher werden Verschärfungen der Gesetze bis hin zur Wiedereinführung der Todesstrafe gefordert. Es bedürfe einer handlungsfähigen und hinreichend ausgerüsteten Polizei, um den Schutz der Bürger zu gewährleisten.

Nicht ohne Ironie ist es, daß sich der Verleger und DVU-Vorsitzende Frey damit brüsten kann, weit über 600 gegen ihn angestrengte Strafverfahren gewonnen zu haben, kein Wunder bei der hochkarätigen Rechtsberatung durch Prof. Theodor Maunz (DNZ Nr. 39 v. 24.9.1993).[230]

Mit Ausnahme der Neonazis sind die der NPD, DVU und REP nahestehenden Gruppierungen bestrebt, so weit wie möglich *organisationsinterne Schutzmaßnahmen* zu ergreifen, damit anstößige Bemerkungen oder Verlautbarungen unterbleiben, die als verfassungsfeindlich ausgelegt werden könnten. Eine »Sprachregelung« soll dazu dienen, daß die Verfassungsschutzbehörden kein Material für einen Verbotsantrag nach Art. 21 Abs. 2 GG oder nach Art. 9 Abs. 2 GG sammeln können. Eine straffe Rednerschulung, die Herausgabe von »Musterreden« und eine zeitlich befristete Zulassung als Parteiredner sollen »unvorsichtige« Äußerungen verhindern. Gelegentlich können sogar Mitglieder angewiesen werden, nicht allein zu diskutieren. Jedoch läßt sich die Grundeinstellung nicht verleugnen. In eingeweihten Kreisen zirkulierte daher der Merksatz:

»Hütet Euch vor dem Ton, den Ihr einst gelernt habt, das Publikum merkt es eher als Ihr, hütet Euch vor dem falschen Zungenschlag!«

Interne Probleme ergaben sich nach dem Beschluß der NPD-Führung, einen eigenen Ordnerdienst zum Schutze der öffentlichen Versammlungen aufzustellen. Der damals eingerichtete *Ordnungsdienst* (OD) hatte verschiedene Funktionen zu erfüllen. Nach außen nahm er die Aufgaben der Ordner nach dem Versammlungsgesetz wahr, nach innen erledigte er bestimmte Sicherheitsaufgaben für die Partei. Mit einer Art von Zwangsläufigkeit entwickelte sich dieser Ordnerdienst zu einer schlagkräftigen Organisation (Schutzhelme, Lederkoppel, Funkgeräte, Ordnerdienstausweise, Eingreifreserven, Schulungskurse u. ä.). Der OD war hierarchisch aufgebaut und verwandte entsprechende Dienstbezeichnungen.[231] Die Aggressionen blieben nicht aus.

Wegen zahlreicher Übergriffe der Ordner, insbesondere in Hessen (Vorfälle am 25. Juli 1969 im Cantate-Saal in Frankfurt am Main sowie am 16. September 1969 in Kassel), setzte der Hessische Landtag einen Untersuchungsausschuß ein.[232] In seinem Schlußbericht vom 16. September 1969 stellte er u. a. fest, daß die Organisationsbemühungen der NPD unverkennbar auf die Aufstellung eines zentral geleiteten und schnell verfügbaren paramilitärischen Verbandes hinausliefen.

An diesem Bemühen, möglichst wenig Anstoß zu erregen und keine Ähnlichkeiten mit vergleichbaren Einrichtungen der NS-Zeit zu zeigen, hat sich bis heute bei der Gruppierung der NPD und den sogenannten »Freiheitlichen« um Frey, München, sowie der REP nichts geändert. Die Mitglieder der NPD sind erneut intern angewiesen worden, sich von den Neonazis zu distanzieren, sich bei Auseinandersetzungen mit dem politischen

Gegner vorsichtig zu verhalten und auf das äußere Erscheinungsbild zu achten.
Die Neonazis beginnen inzwischen auch, ihre wahre Militanz zu verdekken oder zumindest die Beweismittel für ihre verfassungsfeindliche politische Einstellung gegenüber polizeilichen Ermittlungen zu verbergen. So ist auf den »Grundsatzbefehl« hingewiesen worden,[233] der das Lagern von Waffen verbietet, ebenso deren Einsatz oder auch nur das Gerede über bewaffnete Aktionen. Von dem Propagandamaterial, sofern dem NS nahestehend, soll nur ein Exemplar verfügbar sein. Aussagen über die politische Arbeit dürfen in Vernehmungen nicht gemacht werden.
Immer wieder ist die Verwendung der typischen *Wolfsangel* festzustellen. Vier SS-Divisionen trugen sie als taktisches Zeichen.[234] Die Orte des »Führerhauptquartiers« hießen »Wolfsschlucht« (Frankreich), »Wolfsschanze« (Rastenburg) und »Werwolf« (Ukraine). Das NS-Symbol der Wolfsangel soll den Eingeweihten über den politischen Standort informieren. Ähnlich ist es mit dem Gruß bei den Neonazis: Die ausgestreckte Hand zeigt drei Finger und soll an den Hitlergruß mit dem ausgestreckten Arm erinnern. Gleichzeitig soll das mit den drei Fingern gebildete »W« das Zeichen des Widerstandes versinnbildlichen.

Werbung für die eigenen politischen Zielsetzungen
Eines der üblichen Werbemittel ist die *suggestive Selbsteinschätzung*. Bei dem durch die Agitation beunruhigten Bürger bedarf es noch einiger Anstrengungen, sie für die rechtsextremen Ziele zu interessieren. Dies geschieht oft durch eindringliche Selbstanpreisung. Die Partei, z. B. die NPD, habe den geschichtlichen Auftrag, unter welchen Umständen auch immer, die »Stimme Deutschlands« zu sein.[235] Die NPD – an ihrer Stelle kann jede andere rechtsextreme Partei oder Gruppierung stehen – sei keine bloße Wählervereinigung, sondern ein Bund von Menschen, der sich, von allen Seiten angefeindet, dem drohenden Untergang unseres Volkes entgegenstemme. Die Partei sieht sich als

> »organisierter Lebenswille des deutschen Volkes..., als Gesinnungselite, als Hort des Widerstandes gegen den Kommunismus, der organisierte Protest gegen den Ungeist des Materialismus und seine kulturfeindlichen Folgen«.[236]

Die Partei ist

> »ein Bollwerk gegen Zersetzung und Auflösung...
> eine Partei, die den Mut hat, dem Zeitgeist entgegenzutreten,
> eine Partei der Leute, die keine Angst haben«.

Die Anhänger oder Mitglieder

> »bilden nicht etwa nur eine staatstragende, sondern vielmehr eine staatsbildende Partei«.[237]

Es wird immer wieder versucht, etwas Besonderes oder Einmaliges zu sein.

»Nicht Nationalismus, sondern ... das Aufbegehren einer neuen Generation. Es ist das Aufbegehren einer jungen Generation gegen angemaßte Vorherrschaften.«[238]

Die Aura der Jugendlichkeit wird gelegentlich bemüht, obwohl die Anwesenden in Versammlung oft das Gegenteil vermuten lassen. Die Charakterisierung »Partei der Jugend« erscheint in der Realität völlig übertrieben. Hin und wieder bieten sich die Anhänger als »Partei der Zukunft« an, als eine »junge und neue Partei«. Letzteres traf zwar auf die NPD-Parteiorganisation seinerzeit zu, aber die Mitglieder waren überwiegend ältere Menschen. Die Attribute der Jugend sollen den Eindruck des Fortschritts und der Aktivität wecken.[239]

Die Vertreter des Rechtsextremismus identifizieren sich nach außen mit bestimmten, allgemein gültigen Tugenden wie z. B.:

»Wir sind für Schlichtheit, Einfachheit und Sparsamkeit.«

Immer wieder wird versucht, den Begriff »national« umzudeuten und in ein günstigeres Licht zu stellen. Der negative Beigeschmack soll unter allen Umständen weggenommen werden.

»Was ist Nationalismus? Jede Haltung, die irgendwie auf Anstand, Wahrhaftigkeit und Ritterlichkeit Wert legt.«[240]

»Nationalismus ist Ausdruck und Bekenntnis des Nationalbewußtseins selbst, die Überzeugung von seiner Berechtigung und Notwendigkeit. Sein Entstehen läßt ein Volk erst zur Nation werden ...«[241]

»Nationaler Sozialismus« bedeutet Kampf für ein neues gemeinschaftsbezogenes Bewußtsein.

Die Anhänger rechtsextremer Bestrebungen sehen sich gern als »national-konservativ«, das in etwa dem »deutsch-national« in der Weimarer Zeit entspricht. Sie verstehen sich als Repräsentanten eines »sozialen Reformkonservatismus nationaler und progressiver Prägung«.[242] Das ist nicht nur Tarnung! Was sie aber tatsächlich darunter verstehen, ergibt sich zum Teil aus dem »Politischen Lexikon« zum Stichwort »Konservatismus«:

»... die in allen weißen Kulturvölkern lebendige, sich immer mehr konsolidierende revolutionäre Gegenbewegung gegen das Massenzeitalter, die konstruktive Abwehrbewegung gegen die chaotischen Tendenzen, die der Sieg des Bolschewismus und des mit ihm verbündeten amerikanischen linksliberalen und missionarisch gestimmten Roosevelt-Kreises in der Welt verbreitet.«

Der damalige Parteivorsitzende der NPD, von Thadden, präzisierte diese Vorstellungen: »... will das Volk vor weiterem und in seinen Folgen unübersehbar werdenden Schaden bewahren, ...«

Es würden daher die gleichen Werte benötigt, die »auch den Generationen vor uns Kraft gaben«. Als »Grundwerte« nannte er: »Ehrenhaftigkeit, Fleiß, Treue, Zuverlässigkeit, Beharrlichkeit, Hingabe und Mut«.[243]

Es sind, im Grunde genommen, die alten Thesen der sogenannten Konservativen Revolution der zwanziger Jahre, die in der Nähe des NS angesiedelt waren.[244]

Dazu gehören die bekannten bürgerlichen Schlagworte des 19. Jahrhunderts wie »Wir sind für Ordnung und Sauberkeit«. Damit ist eine bestimmte, alles umfassende Ordnung gemeint, die inhaltlich vom Rechtsextremismus aufgenommen und geformt wird. Sauberkeit bedeutet in diesem Zusammenhang, frei zu sein von anderen störenden und nicht dazugehörenden Merkmalen oder Forderungen.

> »... endlich gibt es wieder eine Alternative, die sich vorbehaltlos für die Heimatvertriebenen einsetzt; die gestärkte und unbestechliche NPD ... verantwortungsbewußt und zielstrebig. Man kann wieder wählen!«[245]

Die »Deutsche National-Zeitung« wirbt mit dem Slogan, »das Gewissen der Nation« zu sein.[246]

Jede Stimme für die »DVU-Liste D« sei eine Stimme für das »Überleben unseres Volkes, gegen Überfremdung und für Bewahrung und Wiedergewinnung der nationalen Identität«.[247]

Im Hintergrund steht die Drohung: Wer sich diesen Auffassungen nicht anschließt, dem sei der »Zugang zum Grund« verlorengegangen. Er sei verantwortlich für die geschichtliche Krise[248], indem er blind in das Nichts gehe, in die Leere, in den »Raum der törichten Idioten Lenins«. Zwangsläufig erfolge sodann der geistige Zusammenbruch.

Diese Parolen und Forderungen werden in einem eindringlichen *Agitationsstil* vorgetragen, der weitgehend das Gefühl anspricht. Die Sprache ist bewußt einfach gehalten, um sofort den Leser oder Zuhörer zu gewinnen. Dem Volke soll aufs Maul geschaut werden, die Anspruchsvolleren sollen dagegen mit Kraftausdrücken und populistischem Jargon[249] eingeschüchtert werden.

Die Formulierungen in der einschlägigen Publizistik, die Reden und Diskussionsbeiträge enthalten in der Regel einen aggressiven Unterton, der sich schnell zu Unduldsamkeit, Ausfällen gegenüber Andersdenkenden und bis hin zu offener Brutalität steigern kann.

Der politische Gegner ist kein Rivale im sachlichen Kampf um die politische Macht, sondern stets der Feind, der mit allen Mitteln niedergehalten, mundtot und unschädlich gemacht werden soll. Das Freund-Feind-Schema verleitet ständig dazu, die Andersdenkenden auch moralisch zu

diffamieren und den Gegner persönlich zu treffen, zu verunglimpfen und zu verletzen.
Diesem primitiv-emotionalen Agitationsstil ist kurzfristig eine bestimmte Wirkung nicht abzusprechen, da breite Bevölkerungskreise offenkundig mehr mit dem Gefühl als mit dem Verstand reagieren. Hier zeigt sich ein zentrales Problem der politischen Bildung.
Wie vor und während der NS-Zeit mißbrauchen die Anhänger der rechtsextremen Bestrebungen systematisch Gefühlswerte wie Treue, Opferbereitschaft, Liebe und Tapferkeit, während sie diese dem politischen Gegner absprechen.

> »Gegen die Kapitulationsgesinnung, gegen die Verfremdung, gegen die Anpassung und Unterwerfung«,
> »für Sicherheit und Recht und Ordnung«,

so lauteten in den letzten Jahren die Parolen. Daher ist auch gelegentlich von einem »Gefühlsnationalismus« die Rede. Sprache kann verschleiern, aber auch enthüllend wirken.[250]
In der Berichterstattung über eigene politische Veranstaltungen treten fast alle diese Merkmale stereotyp hervor. Ein Parteitag kam zu einem

> »tief beeindruckenden Erlebnis innerer Geschlossenheit und entschlossener Festigkeit«.
> »Gespannt lauschendes Auditorium ..., tosende Zustimmung des ganzen Saales. Spontan hatten sich die Delegierten und Gäste erhoben. Sie hatten das Deutschland-Lied angestimmt, das durch die Lautsprecher in die Nebenräume getragen wurde und sich durch die offenen Türen bis auf die Straße pflanzte, wo es von der dort harrenden Menge aufgegriffen und mitgesungen wurde bis hin zu den umliegenden Häusern.«[250a]

Die tatsächlich angestrebten politischen Zielsetzungen lassen sich nur indirekt erschließen. Um nicht durch Offenheit in die Verbotszone zu geraten, sind die politischen Markierungen so gestaltet, daß sie selten oder nicht unmittelbar die Werte der freiheitlichen demokratischen Grundordnung im Sinne des Grundgesetzes angreifen. Vielmehr sollen diese Prinzipien und Freiheitsrechte erst über Umwege, Schritt für Schritt, ausgehöhlt und bis auf einen formalen Restbestand beseitigt werden.
Nach außen hin bekennen sich daher die Leitungsgremien – mit Ausnahme der offen agitierenden Neonazis – allgemein zur Demokratie. Aber welcher ernst zu nehmende Politiker würde dies heute nicht tun? Selbst moderne diktatorische Regime werden nicht müde, sich als Demokratien zu bezeichnen. Die Taktik hierzulande läuft darauf hinaus, daß die NS-Zeit übergangen und die Demokratie der Weimarer Epoche kritisiert wird. Der Agitation geht es angeblich um die »echte« oder »wirk-

liche« Demokratie, um die »innere Hinwendung« gegenüber der »bloß formalen« Demokratie als »Weiterformung des Grundgesetzes«. Das Endziel sei die »volle« Demokratie. Auf diese Weise umgehen es die Vertreter des Rechtsextremismus, zur NS-Zeit Stellung zu beziehen. Statt dessen können sie sich in die Reihe der Kritiker der Weimarer Zeit einfügen, ohne sofort Widerspruch zu erregen.

Jüngere Agitatoren versuchten gelegentlich, einen »modernen Nationalismus« mit dem Demokratiebegriff in Einklang zu bringen:

> »Der moderne Nationalismus hat die Chance, unter Übernahme bewährter Formalprinzipien und Abstoßung überlebter ein neues Selbstverständnis zu entwickeln.«[251]

Im Vergleich zur Weimarer Zeit ist die heutige Jugend kritischer erzogen worden. Aus diesem Grund beschäftigen sich die Vertreter des Rechtsextremismus zunehmend mit der »Beiseiteschiebung der Wirkungen der *Umerziehung*«. Die »Wiedergeburt des Vaterlandes« sei nur möglich durch einen Prozeß des Umdenkens und der »Bewahrung des Grundes«. Deshalb werden sehr gern die Massenmedien angegriffen. Eine Forderung lautet, die Funktionsträger in Rundfunk und Fernsehen künftig durch das Volk direkt wählen zu lassen.[252]

Auf diese Weise könne die Revision des »Umerziehungsgeschichtsbildes« eingeleitet werden, um gegen die »rote Infiltration im Erziehungswesen« (s. oben S. 33) vorzugehen. Weiter werden die Stärkung des Amtes des Bundespräsidenten durch unmittelbare Volkswahl gefordert sowie die Einführung von Volksbegehren und Volksentscheid bei »entscheidenden Lebensfragen des deutschen Volkes«, wie die NPD dies in ihrem neuen Programm von 1987 erneut formulierte.

Kommentar

Das Eintreten für ein Volksbegehren knüpft an Erfahrungen der Weimarer Zeit an. Am 9. Juli 1929 war der »Reichsausschuß für das deutsche Volksbegehren« gebildet worden, um sich gegen den Abschluß des Young-Planes und gegen die *»Kriegsschuldlüge«* zu wenden. Die Initiatoren waren seinerzeit die Konservativen Alfred Hugenberg und Franz Seldte (Vorsitzender des »Stahlhelm«) sowie Hitler für die NSDAP. Das Volksbegehren erhielt zwar nach der Verfassung die notwendige Zahl von einem Zehntel der stimmberechtigten Wähler, und die Reichsregierung mußte den Entwurf eines sogenannten Friedensgesetzes einbringen. Die Abstimmung im Reichstag am 22. Dezember 1929 ergab jedoch eine Niederlage für die Rechtsextremen: Sie erhielten 5,8 Millionen Stimmen, wo doch 21 Millionen nötig gewesen wären.[253]

Die Forderung nach mehr direkter Demokratie (wie etwa in der Schweiz) führt in der Bundesrepublik zu instabilen politischen Verhältnissen, von denen der Rechtsextremismus nur profitieren kann.

Besonders heftig wird die »5%-Klausel« in den Wahlgesetzen kritisiert.[254] Das Bundesverfassungsgericht hat jedoch in seinem Urteil vom 3. Dezember 1968[255] diese Vorschrift ausdrücklich für verfassungskonform erklärt. Die Klausel soll ein arbeitsfähiges Parlament gewährleisten, das imstande ist, eine funktionstüchtige Regierung zu bilden.

Auf der einen Seite wird eine zentrale Machtinstanz angestrebt, zunächst in der Position des Bundespräsidenten analog dem früheren Reichspräsidenten nach der Weimarer Verfassung. Ein vom Volk gewählter Bundespräsident würde der »Ganzheit« immer dann »Handlungsfreiheit« geben, wenn unklare Mehrheitsverhältnisse oder sonstige Situationen dem Parlament ein Handeln nicht ermöglichen.[256]
Auf der anderen Seite sollen instabile politische Verhältnisse geschaffen werden, die jeweils durch einen Volksentscheid in die gewünschte Richtung manipuliert werden können. Auf diese Weise erhoffen sich die Anhänger der rechtsextremen Bestrebungen eine Verstärkung der innenpolitischen Krise und eine Änderung der Machtverhältnisse zu ihren Gunsten. Dann schlage die »Stunde des Führers«, dem sich die verzweifelten Menschen anvertrauen können (s. unten zum Führerprinzip, S. 171).
Mit der allmählichen Entmachtung des Parlaments und der Verlegung grundsätzlicher politischer Entscheidungen in den außerparlamentarischen Raum würden dann ähnliche Verhältnisse entstehen, wie sie in Weimar geherrscht hatten.
Zu den erwähnten »entscheidenden Lebensfragen der Nation« gehört auch die Möglichkeit, Parlamente aufzulösen und Neuwahlen zu erzwingen, um dadurch unmittelbar »untaugliche Regierungen« abzuberufen.[257] Das Ziel wäre dann erreicht: die propagierte »Nationaldemokratie«.

c) Sammlungsbestrebungen als Träger der »nationalen Opposition«

Wie schon oben mit Beispielen belegt,[258] wird in der Propaganda ständig der Wunsch nach Veränderung genährt und verstärkt. Nach Auffassung der Vertreter des Rechtsextremismus ist die Realisierung dieses Wunsches nur über eine große Sammlungsbewegung möglich. Jahrelang verbreitete Parolen lauteten etwa so:

»Nationale Solidarität als Prinzip«,
»gegen Vereinsmeierei«,
»Schaffung einer Nationalen Wahlpartei«.

Die »Grande Destra« (die vereinigte politische Rechte) war immer schon die Traumvorstellung der Funktionäre. Es wird eine »Einheitsfront der Nationalen« angestrebt mit dem Ziel, die »antinationale Regierung« zu stürzen. Das Prinzip der »Nationalen Solidarität« könne dann zum Ordnungsdenken der Gemeinschaft ausgeweitet und »Sozialismus« genannt werden.[259]

Im Gegensatz zum politischen Konservatismus, der überwiegend auf Bewahrung und Beharrung gerichtet ist, versuchen die Anhänger des Rechtsextremismus, die Gegenwart grundlegend zu verändern und ihre Ziele möglichst bald durchzusetzen. Gegen alle Tendenzen, den gesellschaftlichen Status quo zu erhalten, wenden sie sich mit dem Aufruf zum Widerstand gegen die Politik der Bundesregierung.

Dazu soll und kann nur eine Sammlungsbewegung dienen. Einen erneuten Anlauf hat der Verleger Frey mit der Wahlpartei »DVU-Liste D« unternommen. Sie wird als »Sammlungsbewegung aller Deutschbewußten«[260] oder »des gemeinsam wirkenden rechten Lagers«[261] bezeichnet. Anläßlich der Konzentration von rechtsextremen Verlagen schrieb Frey:

> »Damit ist ein lange gehegter Wunsch vieler Nationalgesinnter in Erfüllung gegangen. Konzentration der rechten Kräfte. Miteinander statt Nebeneinander... Wie bitter nötig diese Zusammenfassung der Kräfte ist, zeigen die Zustände in Deutschland drei Jahre nach der ›Wende‹ überdeutlich.«[262]

Die NPD betrachtet die *»Nationale Idee«* als Sprengkraft gegen Fremdherrschaft und imperiale Gewalt.[263] Sie würde eine Sammlungsbewegung in Gang setzen.

Im Zuge der Werbung für die eigenen politischen Zielsetzungen müssen Handlungsvorgaben für die Anhänger bereitgestellt werden. Der Wunsch nach Veränderung nimmt Gestalt von Protesten und Aktionen an.

So fordern sie eine mobile, permanente und jederzeit einsatzbereite und einsetzbare Aktion in aller Totalität. Das Wort »revolutionär« wird meist vermieden, um nicht in die Verbotszone zu geraten. Die »Aktion Widerstand« wollte 1970 in Würzburg an den »20. Juli 1944« und an das Widerstandsrecht nach Art. 20 Abs. 4 GG anknüpfen.

Ehemalige Funktionäre der »etablierten« rechtsextremen Parteien, die sich unter dem Namen »Deutsche Allianz« in München zusammengeschlossen hatten, riefen zu einer »patriotischen deutschen Sammlungsbewegung« auf. Sie gründeten am 7. Oktober 1991 in Villingen-Schwenningen die »Deutsche Liga für Volk und Heimat«, die sich auch an Wahlen beteiligen soll.[264]

Solche taktischen Sammlungsbewegungen sollen mit Hilfe der geschilderten Propagandamethoden und durch die suggestive Selbsteinschätzung radikale Veränderungen einleiten. Eine besondere Rolle spielt hierbei das extreme Sendungsbewußtsein:

»Wir wollen nicht länger räsonieren und uns mit Lächerlichkeiten aufhalten. Wir wissen, daß es für unser Volk zwei Minuten vor zwölf ist. Deshalb heißt unsere Parole: Kämpfen und kämpfen lassen!«[265]

Die Aufforderungen zur Aktivität gipfeln in der Parole:

»Wir fordern unmißverständlich: Zerschlagt diesen Staat!«[266]

Die Propaganda des Rechtsextremismus stellt eine Mischung aus Halbwahrheiten, Übertreibungen und gezielten Gefühlsausbrüchen dar. Ihre Parolen und Thesen sind keine Zufallsprodukte oder etwa nur an der Tagespolitik orientiert. Stil und Inhalte der Agitation werden konsequent von der ideologischen Grundposition bestimmt.

Zweiter Teil
Das Merkmalsbündel der Volksgemeinschaftsideologie

I. Das völkische Menschenbild ist rassenbiologisch determiniert

1. Biologische Geschichtsauffassung

Engstens mit der Propaganda verknüpft ist ein Bündel von zusammenhängenden, immer wiederkehrenden Merkmalen. Die Grundüberzeugungen und Annahmen über das Zusammenleben der Menschen münden im Ergebnis in eine Art von Ideologie ein. Wenn man darunter in der heute üblichen Definition eine Grundüberzeugung (ein Menschenbild) versteht, die im politischen Bereich wirksam war und ist,[1] dann ergibt sich daraus eine weitere Erkenntnis: Über eine einheitliche und geschlossen erscheinende Ideologie, wie z. B. die des Kommunismus im klassischen Sinne, verfügt der Rechtsextremismus bisher in Deutschland nicht.[2] Jedenfalls treten die einzelnen Merkmale oder Forderungen bzw. Zielsetzungen bei den rechtsextremen Bestrebungen in unterschiedlicher Intensität auf, so daß gelegentlich diese einzelnen Tendenzen isoliert beurteilt und entsprechend nur nach diesem Schwerpunkt – wie z. B. Ausländerfeindlichkeit – eingeschätzt werden. Dabei unterlaufen dann zwangsläufig Fehler, wenn der argumentative Zusammenhang nicht hergestellt wird. Dies kann aber auch mit Absicht geschehen, um den Rechtsextremismus herunterzuspielen.

Andererseits haben immer wieder Vertreter des Rechtsextremismus den Mangel an Geschlossenheit ihres Denksystems und das Fehlen einer rationalen Durchdringung dieses Merkmalsbündels zum Anlaß genommen, eine umfassende Theorie für ihre Weltanschauung zu entwickeln. Sie versuchten, einen »dialektischen« oder »positiven Nationalismus«, eine »Freiheitsordnung«, *»artgerechtes Denken«* und die »Nationale Volksdemokratie« herauszuarbeiten. Die Anstrengungen der rechtsextremen Theoretiker waren und sind jedoch zum Scheitern verurteilt, weil sie die NS-Rassenlehre als notwendigen Grundstein verwenden.

»Die Rasse als Ausgangspunkt der faschistischen Vorstellungswelt«, wie es Woll formuliert,[3] versuchte damals Rosenberg als einen neuen Zugang zur Interpretation der Geschichte zu entwerfen. Die *Rasse* war gleichbedeutend mit Natur und Leben, sie sollten die Wirklichkeit entdecken und erklären. Die damaligen Rassenlehren enden jedoch im Mythos. Woll bemerkt dazu treffend: »Man beschwört quasi die ›seelische Unterwelt‹, die weder gut noch böse ist, sondern wahr und natürlich. Diese Interpretation von Leben, ›jenseits von Gut und Böse‹, ist die eigentliche geschichtsbildende Gewalt. Dadurch gewinnt der Faschismus eine eigenständige anti-rationalistische Geschichtsbetrachtung.«

Nach Jaschke[4] kann aus der Mystifizierung der Natur und ihrer daraus begründeten Gesetze im Zusammenleben der Völker und Menschen untereinander keine geeignete Fragestellung und daher keine politische Theorie der Rechten abgeleitet werden. Helga Grebing[5] weist ebenfalls auf die Schwierigkeiten hin, rational zu definieren, was sich nach eigenen Prämissen einer solchen Definition entziehe.

Die Vertreter des »Nationaldemokratischen Hochschulbundes« (NHB) sahen sich daher gezwungen zuzugeben:

> »Wir müssen endlich begreifen, daß im Fehlen einer systematischen Theorie die derzeit wohl entscheidende Schwäche der Konservativen liegt.«[6]

Damit hängt auch zusammen, daß die Bemühungen, einen *neuen* Nationalismus zu kreieren, erfolglos bleiben müssen, solange sich die Basis ihrer Denkvorstellungen nicht grundlegend ändert.

Was ist nun neu an der »Neuen Rechten«? Im Grunde genommen ist bislang nichts Neues vorgetragen worden. Die jungen »Reformer« verfallen immer wieder in den alten »Fehler«, eine kritische Theorie des Sowjetimperialismus zu erarbeiten und mit ihr gegen den Kommunismus zu operieren, statt die eigene Grundhaltung zu überdenken. Es gilt also, das Ideologiebündel zu durchdringen, in einzelnen Merkmalen und Verhaltensweisen der rechtsextremen Bestrebungen Zusammenhänge aufzudecken, um dadurch »rote Fäden« zu erkennen und festzuhalten.

a) Die Abhängigkeit des einzelnen von der Volksgemeinschaft

Fast alle Parolen, Forderungen, Stellungnahmen, die wir oben kennengelernt haben, lassen sich auf eine bestimmte Grundeinstellung zurückführen. Die scheinbar unterschiedlichen Meinungen und Auffassungen zielen bei Nachforschungen oder Nachfragen auf eine Grundposition, die teils verdeckt ist, teils offen erkannt werden kann.

Anrich erklärte 1968, daß jede Überlegung zur politischen Ordnung vom Wesen des Menschen ausgehen müsse.[7] Wenn wir also den Anhänger des Rechtsextremismus fragen, wie hältst du es mit den Menschen, wie stehst du prinzipiell zum Mitmenschen, wie siehst du seine Position in der Gesellschaft, dann fällt auf, daß immer wieder verzweifelt versucht wird, für die Weltanschauung des Nationalismus, oder was man auch darunter verstehen mag, eine letzte rationale Begründung zu finden bzw. zu konstruieren. Die Krise, von den »Rechten« immer wieder beschworen, liege

darin, daß die Menschen kein Bild mehr von der Bestimmung des Menschen hätten oder sich ein falsches davon machen würden.[8]
Der Leser möge die vorgestellten, manchmal unverständlich erscheinenden Begriffe nicht mit Unmut betrachten. Nach Möglichkeit soll im Wortlaut zitiert werden, um einen unmittelbaren Eindruck von dieser Vorstellungswelt zu gewinnen und der Gegenseite den Vorwurf einer Entstellung zu nehmen.
Als Ausgangspunkt mag folgende These stehen:

> Der Mensch werde von der sogenannten *Artkraft* bestimmt (determiniert), die Stellung des einzelnen sei eine abhängige, bestimmte, innerhalb der Menschengemeinschaft. Diese Artkraft ist das Bestimmende, das *ES* des *Menschentums*, sie wird durch diese determiniert.

Anrich spricht hier von den »Bedingnissen der Geburt«.[9] »Gott oder die Natur schuf das Menschentum, das Wesen Mensch, seine Art, seine Bestimmung, seine Aufgabe in der Welt.«[10]

> »Nicht Buchen sind vor der nächsten Buche oder waren vor der ersten da, sondern die Artkraft, Buche sein zu können, der Keim, aus dem sich Buchen entfalten ...«[11]

Mit der »Artkraft« wird ein nicht näher definierter Begriff eingeführt und biologisch gedeutet mit der Feststellung, daß sie mit dem Menschen da war und noch ist.
Der einzelne ist demnach ebenso abhängig von der vor ihm existierenden »organischen *Gemeinschaft*« wie von der Artkraft, im Gegensatz zur »beschlossenen künstlichen Gesellschaft«. Daraus ergibt sich eine bestimmte Verpflichtung für ihn; denn er ist nach dieser Theorie Teil der Gemeinschaft, der Menschheit, die vor ihm da war. Hier stoßen wir auf altbekannte Thesen, die seinerzeit von Ferdinand Tönnies (1855–1936) vertreten wurden: den Gegensatz von Gemeinschaft und Gesellschaft. Diese wird als »reine, auf Nützlichkeitserwägungen beruhende Gesellung« wertmäßig gegenüber der »unkündbaren Gemeinschaft« abgelehnt.
Diese Gemeinschaft, auch universaler Kollektivismus genannt[12], als wirkliche überindividuelle Lebenseinheiten, die nicht lediglich als Summe von einzelnen erklärt werden können, wird als das Positive und Vorgegebene angesehen. Die Unkündbarkeit betrifft natürlich die Familie, das Volk, den Stamm sowie die noch zu erörternden Begriffe *Volkstum* und *Artung*.
Diese Bestimmung oder Determinierung wird ohne Widerrede akzeptiert. Im »Traditionserlaß« des Bundesverteidigungsministeriums fanden sich Anklänge an diese Gedankengänge wieder:

> »Vater, Mutter und Stunde der Geburt, Vaterland, Muttersprache und eigene Stellung in der Geschichte sind jedem Menschen vorgegeben. Niemand kann sie ihm nach Belieben entziehen.«[13]

Die Neonazis knüpfen unverhüllt an die biologische Denkweise des NS an:

> »Der Mensch ist ein Naturwesen und wie alles Leben den Gesetzen der Natur unterworfen. Es sind dies in erster Linie die Gesetze der Vererbung und Auslese, die Überleben und Gedeihen der lebenstüchtigen und das Aussterben der lebensuntüchtigen Arten bewirken.«[14]

Hier werden kritiklos allgemeine Regeln der Natur unmittelbar auf das Zusammenleben der Menschen übertragen. Der Mensch sei »ständig in ein Zusammenleben mit anderen hineingestellt«, schon von Geburt her sei er in jene geprägte Partnerschaft »eingeordnet«.[15]

Die *Gemeinschaft* steht nach dieser Auffassung über der »Gesellschaft«.[16] In sie wird der Mensch durch sein »Schicksal« hineingestellt. Mensch und Gemeinschaft gehen danach eine untrennbare Verbindung ein.

Die Entfaltung des Menschen verläuft nach dem »Gesetz der Anlage«. Darunter wird das *»Menschentum«* mit der Ausstattung seiner »Eigenheit« und »Ichkraft« verstanden. Die Gemeinschaft steht daher immer höher in der Wertung, desgleichen ist das Volk mehr als nur eine Summe von Bürgern.

Die Konsequenzen aus dieser behaupteten Abhängigkeit sind erheblich: Der einzelne habe eine Verpflichtung zum »Ganzen«, er schulde der *»Ganzheit«* volle Hingabe. Dies bedeutet nichts anderes, als die abstrakte Umschreibung der Forderung nach absoluter Opferbereitschaft und absolutem Gehorsam, die bekanntlich in der NS-Zeit ihre typische Ausformung erfahren hat. Mitscherlich sah darin die Vorbereitung, das Individuum zu zwingen, seine Bedürfnisse weitgehend aufzugeben und sich den inhaltlich vom Kollektiv (*Volksgemeinschaft*) festgelegten Forderungen unterzuordnen.[17]

b) »Volk« und »Volkstum« als Ergebnis von Rassenkämpfen

So wie von den äußeren Unterschieden auf die inneren Wesensunterschiede geschlossen wird, so versuchen die Vertreter des Rechtsextremismus den Begriffen *»Volk«* und *»Volkstum«* einen spezifischen ideologischen Inhalt zu unterstellen. Der Mensch werde nun bestimmt durch die rassische »Vor- und Sonderprägung«. Während beim einzelnen von der »Artanlage des ES« die Rede ist, wird bei Gruppen von dem »Arttum« gesprochen. Die »Grundartung Menschheit« zerfällt in verschiedene Unterarten (Rassen).[18]

Die Aufteilung in natürliche Untergemeinschaften stellt eine »Mehrung« dar. Aus den Kämpfen der Menschenrassen ergebe sich eine bestimmte prägende Kraft als Ausdruck eines »biologischen Organismus besonderer

Artung und Leimkraft«, das mit »Volk« umschrieben wird. Diese eigentümliche Artkraft bezeichnen die »biopolitischen Denker« als *»Volkstum«*.[19]

Es handelt sich hier nicht um einen Begriff, der Sprache, Sitten und Gebräuche umfaßt, sondern um die bewußte Erhöhung eines ideologischen Begriffs im Wertsystem des Rechtsextremismus. Dem »Volkstum« als sogenannte Artkraft wird hier ein ähnlicher Stellenwert zugemessen wie den inneren Widersprüchen zwischen den Produktivkräften und Produktionsverhältnissen im Kapitalismus nach der marxistisch-kommunistischen Lehre. Damit erfahren wir von Schlüsselbegriffen, die inhaltlich anders und umfassender besetzt sind als im normalen Sprachgebrauch. Schlüsselbegriffe deshalb, weil ohne ihre genaue Kenntnis die tatsächliche Verwendung und Zielsetzung ungenau oder überhaupt unbekannt bleibt.

Die Begriffe *»Volk«* oder *»Grundgemeinschaft«* werden verstanden als ein »Organismus«, der »mehr als die Summe der geschichtlichen und blutsmäßigen Kräfte« enthält; er steht für eine »Schicksalsgemeinschaft, der man nicht entrinnen kann«.[20] Nichts anderes bedeutet die folgende Formulierung:

> »Völker sind (biologisch und kybernetisch) lebende Systeme höherer Ordnung mit voneinander verschiedenen Systemeigenschaften, die genetisch und durch Traditionen weitergegeben werden.«[21]

Kommentar

Dieser Volksbegriff geht auf den Philosophen Johann Gottfried Herder (1744–1803) zurück. Das Volk ist danach der natürliche Organismus, identisch mit der Gemeinschaft, in der sich der Einzelmensch nur voll entfalten kann.[22]

Der Ausdruck *»Volkstum«* stammt von Friedrich Ludwig Jahn (1778–1852), bekannt als »Turnvater Jahn«. Schließlich gehen diese Lehren auf den sogenannten Vulgär- oder Sozialdarwinismus zurück. Nach Charles Darwin ist der Mensch als eine biologische Spezies aus der natürlichen Zuchtwahl beim Kampf ums Dasein hervorgegangen. Der Sozialdarwinismus übertrug das Selektionsprinzip auf die menschliche Gesellschaft und den Evolutionsgedanken auf Geschichte und Entstehung von Rassen.

Gobineau behauptete eine apriorische Ungleichheit der Menschenrassen.[23] Die NS-Weltanschauung baute darauf auf und beanspruchte eine Philosophie des wirklichen Lebens, der Wirklichkeit und Wahrheit zu sein. Rasse war gleichbedeutend mit Natur. Konrad Lorenz wollte keineswegs, daß diese Forschungsergebnisse, die an Tieren gewonnen wurden, unreflektiert auf Menschen übertragen werden,[24] sondern sie sollten Arbeitshypothesen bilden.

Moderne Wissenschaftler widersprechen mit ihren Forschungsergebnissen diesen Thesen. Zur Rassenfrage wird auf die 13-Punkte-Erklärung der UNESCO von 1964 hingewiesen, in der es u. a. heißt:

»3. In allen Bevölkerungen sind die genetischen Faktoren sehr vielgestaltig. Reine Rassen existieren nicht in der Spezies Mensch...

9. Es ist niemals bewiesen worden, daß Mischbildungen biologische Nachteile für die Menschheit insgesamt haben...

13. Weder auf dem Gebiet der erblichen Möglichkeiten, die die allgemeine Intelligenz und Fähigkeit für kulturelle Entwicklung betreffen, noch auf dem Gebiet der physischen Merkmale gibt es eine Rechtfertigung für die Idee ›unter- und überlegener‹ Rassen...

Die Anthropologen sollten sich bemühen, zu verhindern, daß die Resultate ihrer Nachforschungen in einer Weise mißgedeutet werden, so daß sie unwissenschaftlichen Zwecken dienen.«[25]

Auf Grund der Angriffe und der Kritik schwächten die Vertreter des Biologismus ihre Thesen ab, indem sie eine Anpassung an die Realitäten der Völker versuchten. Sie begnügten sich mit der Feststellung, daß es »reinrassige Völker« bei den Unterarten nicht mehr gäbe, nur noch bei den sogenannten »Großrassen«. Die zugestandene Rassenmischung dürfe jedoch keine grenzenlose sein.[26] In jedem Volk walte eine verhaltensmäßig bestimmte Mischungsproportion als Gesetz des Organismus. Wird diese Proportion überschritten, so folgt der Verfall, die Kultur entschwindet.

Es bestehen jedoch unaufgelöste Elemente, die »erbfest« sind, nämlich die »Kulturkraft« (Eigenart, Stil, Sprache und Wort). Menschen, Völker und Rassen bilden Formen, die dem Gesetz von Geburt, Wachstum, Blühen und Sterben unterworfen sind. Es handelt sich hier aber um die bekannte Individualisierung der kollektiven Begriffe von »Volk« und »Rasse«.

Diese angeblichen Gesetzmäßigkeiten im Leben der Menschen finden sich bereits in der deutschen Philosophie des Idealismus. So meinte Kant, die Geschichte der Menschengattung sei der Vollzug eines verborgenen Planes der Natur,[27] eine These, die unheilvolle Folgen hatte.

Bezeichnend ist auch die qualitative Hervorhebung der Völker des europäischen Raumes und besonders derjenigen, die in Mitteleuropa germanischen Ursprungs seien, wobei die Deutschen wiederum den wertvollsten Kern bildeten.[28] Der Name »deutsch« wird mit »thiudisk« zu erklären versucht, als diejenigen, die bei ihrer Art bleiben wollen. Die folgende Passage bedarf keines Kommentars:

> »Unsere Bevölkerung hat als Mischung von im Norden, Osten und Süden entstandenen Volksstämmen ihre besondere Eigenart. In vielen unseren Menschen ist noch die wunderbare Eigenart zu erkennen.«[29]

Der einzelne befindet sich demnach in einer Ahnenkette, die über das Indogermanentum, die europäischen Grundrassen bis hin zu den germanischen Stämmen und zum Deutschtum führt. Der Mensch wurde spätestens in der NS-Ideologie mit der *Rasse* gleichgesetzt, die Rasse mit dem Leben, das Leben mit der Geschichte, die Geschichte mit der Wirklichkeit, diese wiederum mit der Vorsehung und die Vorsehung wieder mit der Rasse.[30] Diese NS-Rassentheorie wird zwar heute überwiegend als unrealistisch abgelehnt, jedoch beharren die Anhänger auf dem Vorrang der weißen Rasse.[31]

Es bleibt aber die These, »Rasse ist ein wesentliches Gliederungsmerkmal der Menschheit«. Die Abhängigkeit beginnt in der Familie.

> »Die Familie ist als biologische und kulturelle Grundgemeinschaft die Lebenszelle von Volk und Staat. Sie bewahrt den einzelnen vor der Vereinsamung in der Masse und gewährt ihm sittlichen Halt und Geborgenheit. Ohne gesunde Familie gibt es kein gesundes Volk.«[32]

Volk und Rasse sind für den einzelnen vorgegebene Werte, denen er sich nicht ohne Schaden entziehen kann. Die Anerkennung des Rassenkampfes hat erhebliche Konsequenzen. Damit ist nicht nur eine positive Bewertung des Kampfes schlechthin verbunden, sondern Feindseligkeit und Aggressionsbereitschaft des Menschen werden auch als eine erblich erworbene Vorbedingung des »Überlebthabens« angesehen.[33] Friedlosigkeit und feindliche Haltung sind in den Augen der Anhänger des Rechtsextremismus etwas Natürliches. Diese Annahme hat bei der Definition des Begriffs der Nation und des Staates folgenschwere Auswirkungen (s. unten S. 109ff.).

Die sich darauf aufbauende Theorie von der »Ordnung für Gesellschaft, Volk, Nation und Staat« hängt von der Annahme eines bestimmten »Wesens des Menschen« ab. Wer sich dieser »Erkenntnis« verschließt, hat seine innere Bestimmung verloren und gerät in den »Rückgang und die Auflösung«.[34] Damit ist gleich eine Drohung verbunden!

Zusammenfassend erscheint der einzelne Mensch von Abhängigkeit und Vorherbestimmung geprägt. In einseitiger Anwendung der Vererbungslehren ist der Mensch von dem ihm angeborenen Urelement der *»Artkraft«*, dem ES des Menschentums, geformt. Diese Artkräfte ergeben sich aus der größeren Einheit, der »organischen Gemeinschaft«, im Gegensatz zur künstlichen Gesellschaft. Das Volk oder die Volksgemeinschaft als höchste Gemeinschaftsform, für die biologische Regeln gelten, ist aus dem ununterbrochenen Kampf der Rassen und ihren Unterarten entstanden. Die Rassenkämpfe sind demnach die entscheidenden Triebfedern der Geschichte.[35]

Es kann daher von einem biologischen Menschenbild gesprochen werden, bei dem der Mensch primär von der Evolution, den Rassen und Instinkten bestimmt wird.[36] Die Entfaltung des Menschen verläuft nach dem Gesetz der Anlage; darunter wird das »Menschentum mit der Ausstattung seiner Eigenheit und Ichkraft« verstanden. Auffällig ist in diesem Zusammenhang auch die Verwendung von biologischen Begriffen und Wörtern wie z. B. Volkskörper, Zersetzung, Gift, organisch, Ungeziefer u. ä.

Eine Variante ist die These vom *»biohumanistischen Weltbild«*, das mit einer sogenannten Gemeinschaftsethik verbunden wird. Der »neue Nationalismus« wird als eine Teilkraft der biohumanistischen Weltanschauung dargestellt, eine Konsequenz aus der ständigen Diskussion auf der Suche nach einer besseren Begründung. Hier erweist sie sich nicht mehr als mythisch, sondern bevölkerungspolitisch verklärt: Die Erhaltung der Familie und der Völker ist das Ziel, oberster Wert ist die Erhaltung des »überpersönlichen« Lebens.

Das Modell des Biotopschutzes soll auch auf den Menschen angewendet werden.

> »Das heißt: Schutz und Erhaltung der Vielfalt altgewachsener Arten, Lebensgemeinschaften und Lebensräume (von Völkern, Rassen und Kulturen), ohne die der Mensch als Kultur- und Gemeinschaftswesen sich nicht artspezifisch verwirklichen kann . . .«

Das Eintreten für die »biokulturelle Eigenart des Volkes« entspricht dem biologischen Menschenbild.[37]

In allen diesen Auffassungen wird eine Verpflichtung der einzelnen gegenüber der Gemeinschaft deutlich. Der Artkraft des Volkes müsse sich der einzelne verpflichten. Die bekannten Parolen wie »Du bist nichts, Dein Volk ist alles« oder »Gemeinnutz geht vor Eigennutz« oder »Recht ist, was dem Volke nützt«, sind eine Folge dieses Denkens. Wenn in diesen Kreisen vom *»Ganzen«* die Rede ist, dann sind die genannten Werte und Begriffe gemeint.

Diese rassenbiologische oder »organische« Betrachtung der Geschichte[38] ist die Basis oder der Ausgangspunkt für alle weiteren Vorstellungen und politischen Forderungen, die dem Rechtsextremismus erst seinen typischen Charakter verleihen. Sie ist gemeint, wenn von dem »lebensrichtigen Bild der Menschen und Völker« gesprochen wird.[39] Unter Berufung auf die »biologische Substanz« des Menschen läßt sich die NPD von der *»Lebensrichtigkeit«* (-wirklichkeit) leiten.

Woll hat zutreffend darauf hingewiesen, daß in der NS-Weltanschauung *»Rasse«* gleichbedeutend mit Natur und Leben war. In diesem Sinne beanspruchte der NS eine Philosophie des Lebens, also der Wirklichkeit zu sein.[40] Nur in dieser Hinsicht versteht sich auch die NPD, wenn sie von dem »lebensrichtigen Bild« spricht. Für die REP ist die »Erhaltung und Förderung des Bestandes des deutschen Volkes eine gemeinsame und über allen Interessen stehende Aufgabe«. Die Konsequenzen sind evident:

> »Wir stehen zu der Devise ›Gemeinnutz geht vor Eigennutz‹. Daß die

Nationalsozialisten diese Devise mißbraucht und dabei die Menschen weitgehend ihrer Freiheitsrechte beraubt haben, ändert nichts an ihrer Gültigkeit.«[41]

Die Überbetonung der Gemeinschaft *(Volksgemeinschaft)*, im Zweifelsfalle der Vorrang des Staates, der sich den Mantel des Gemeinwohls oder Gemeinsinns umhängt, geht auf die Vorstellung der Abhängigkeit des einzelnen von der Zugehörigkeit zum Volk zurück (vgl. S. 102 und S. 111f.). Darin ist ebenfalls das Prinzip der Ungleichheit enthalten, das sich aus den verschiedenen Menschenarten ergeben soll.

2. Die Nation als oberster Integrationswert

a) Ideologisierung des Nationalbewußtseins

Nationalegoismus

Wenn bisher nur allgemein vom Menschenbild im Zusammenhang mit Volk und Rasse einschließlich der behaupteten absoluten Abhängigkeit des einzelnen von bestimmten – fiktiven – Werten die Rede war, so geht es nunmehr um das transparent zu machende Wertsystem der rechtsextremen Bestrebungen.

Das so oft zitierte oder gar beschworene Nationalgefühl entsteht durch eine bewußte oder gewollte Zusammenfassung von bestimmten Merkmalen wie gleiche Sprache, Abstammung, Heimat (was ist das aber?), Kultur und Geschichte, die in der Lage sind, ein Zusammengehörigkeitsgefühl zu erzeugen. Die Anlässe können höchst unterschiedlich sein, mehr zufällig oder vorbereitet durch eine systematische Propaganda und Erziehung.

Wesentliche Grundlagen des Rechtsextremismus liegen in der allgemeinen Gefühlswelt, in Ethik und Moral.

Am Anfang steht das Heimatgefühl, das gerade in den letzten Jahren in der Bundesrepublik – aus welchen Gründen auch immer – neu belebt wird.

Es scheint ein (Nachhol-)Bedarf zu bestehen. Die Liebe und Vertrautheit zum Elternhaus, die Zuneigung zu den Freunden, zu einer vertrauten Umgebung, in der unbeschwerte Stunden verlebt wurden, alles dies wird nach einer gewissen Zeit verklärt. Einzelne Erfahrungen und Beziehungen zu Menschen können sich in heimatlichen Gefilden konkretisieren. Die Erinnerung an Eltern, Schule und Lehrer, an die Kindheit, in der Geborgenheit zumindest teilweise gewährt wurde, lassen vorwiegend

positive Einstellungen oder Gefühle aufkommen. Man erkennt, daß in der Jugend jedenfalls nicht *der* Ernst des Lebens in dem später erfahrenen Maße herrschte, weil Eltern oder andere Bezugspersonen ihn abwehrten oder milderten. Die Anhänger des Rechtsextremismus wollen es aber nicht bei diesen Erfahrungen bewenden lassen, sondern versuchen, das Heimatgefühl zu vertiefen und in ihr Wertsystem einzubauen.
Dazu treten rassenbiologische Vorstellungen von der Liebe zur eigenen Art und Rasse. Die *Kraft des Blutes* oder die angebliche Verbindung durch das »gleiche Blut«, die tatsächlich nur eine fiktive ist, bewirkt eine Abgrenzung gegenüber der Umwelt.
Es ist zunächst keineswegs auffällig, wenn gemeinsame Sprache, Dialekt und Kultur sowie Erleben und Geschichte ein Zusammengehörigkeitsgefühl erzeugen, das den Begriff der Nation prägt. Eine intensive oder übertriebene Pflege der deutschen Sprache und das Bedachtsein auf ihre »Reinheit« können erste Anzeichen für eine Absolutierung sein, die auf eine Ideologisierung des Nationalbewußtseins deutet. Es ist unstrittig, daß gemeinsame kulturelle Merkmale eine große Rolle in diesem Zusammenhang spielen. Gleiche Gewohnheiten, Gebräuche, Sitten und überlieferte Verhaltensweisen bilden einen gemeinsamen Kulturkreis. Gemeinsamkeiten in der Religion und ihrer Ausübung oder auch Sportereignisse (Boris Becker: »Ich spiele nur für Deutschland!«) oder Olympische Spiele können dazu beitragen, das Nationalgefühl zu wecken oder zu stärken. Unter der Überschrift »Deutsche an der Spitze« brachte die DNZ dafür ein klassisches Beispiel:

> »Mit 143 gewonnenen Medaillen – 102 für die mitteldeutsche Mannschaft, 40 für die Bundesdeutschen und eine für die eigentlich im Wintersport spezialisierten Österreicher –, deutsche Sportler mit Abstand die Erfolgreichsten der Olympiade, die Sowjetunion brachte es auf 132, die USA auf 94 Medaillen.«[42]

Anläßlich der Fußball-Weltmeisterschaft 1990 waren beim Empfang der deutschen Mannschaft in Frankfurt am Main noch nie so viele schwarz-rot-goldene Fahnen zu sehen. Die Befreiung der Passagiere der Lufthansa-Maschine »Landshut« in Mogadischu durch eine polizeiliche Einsatzgruppe des BGS – genannt GSG 9 – löste in den Medien und in der Öffentlichkeit ähnliche starke nationale Empfindungen aus.
An sich ist Nationalbewußtsein nichts Auffälliges. Es gibt sicherlich loyale Staatsbürger genug, denen ein solches nichts bedeutet. Das Nationalgefühl ist jedoch oft das Ergebnis gezielter Propaganda. Eine gefährliche Ideologisierung setzt dann ein, wenn Nationalegoismus geweckt wird, der die genannten Gemeinsamkeiten verabsolutiert.
»Wir sind wieder wer!« war ein Slogan aus der Werbewirtschaft der Banken. Er kann sich leicht zu einem politischen Sprengmittel entwickeln.

Außer der Aktivierung des Selbsterhaltungstriebs werden die Unterlegenheits- oder die latenten Minderwertigkeitsgefühle ausgenutzt, um in Abgrenzung zur Umwelt ein neues Überlegenheitsgefühl systematisch zu erzeugen. Nationale Überheblichkeit kann allerdings bei fast allen Völkern zu bestimmten Zeiten beobachtet werden. So auch in Deutschland. Aus dem »Menschentum« habe sich das »Volkstum« und daraus wieder das *»Deutschtum«* entwickelt. Alles, was deutscher Art entspricht, gilt als wertvoll oder positiv.
Kritiker hatten sich zu Lebzeiten von J. G. Fichte (1762-1814) über seine Deutschtümelei lustiggemacht, weil er Deutsch als die Ursprache bezeichnet hatte. Der Nationalismus hebt diese Gemeinsamkeiten zu selbständigen Werten an und weist ihnen bestimmte Aufgaben im Rahmen des rechtsextremen Wertsystems zu. Leisner[43] nennt den Nationalismus zutreffend die Basisideologie der »persönlichen Gewalt« des Führers, denn ohne diese Grundauffassungen sind die weiteren Merkmale der rechtsextremen Ideologie nicht denkbar.

Realitätsfremde Kulturleitbilder
In dem ständigen Bestreben, die eigene Art besser und damit höher einzustufen, mußte zwangsläufig ein bestimmtes Kulturbild entstehen.[44] Nach den schlüssigen Thesen von Erich Fromm[45], mit denen man sich auseinandersetzen sollte, führen die Lehren der Reformation nicht nur zur Freiheit des religiösen Denkens, sondern auch zu folgenschweren Auswirkungen auf die Bildung des autoritären Charakters bis in die Gegenwart hinein.
Nach Luther (1483-1546) ist der Mensch im Grunde böse und lasterhaft.[46] Nur wenn er sich erniedrige, könne sich Gottes Wille erfüllen und seine Gnade erreicht werden. Ohne die Hilfe Gottes sei der Mensch nicht imstande, Gutes zu vollbringen. Luthers Beziehung zu Gott war die einer vollendeten Untertänigkeit.
Luthers Ehrfurcht vor der Obrigkeit beeinflußte auch alle späteren politischen Ideologien. Die Lösung der Probleme sah er in dem Glauben an Gott als unzweifelbares, subjektives Erleben der eigenen Erlösung. Dieser Glaube forderte eine uneingeschränkte Unterwerfung, um neue Sicherheit zu gewinnen.
Die kritiklose Liebe zur Autorität und die Verachtung des Schwachen oder der Machtlosen sind entscheidende Merkmale des autoritären Charakters, der heute wieder relevant zu werden scheint.
Negative Wirkungen lösten seinerzeit auch die Lehren von Calvin (1509-1564) aus, auf die hier nicht näher eingegangen werden kann. Nur so viel ist zu sagen: Nach Calvins Lehre von der Vorherbestimmung (Prädestination), derzufolge Gott jemanden nicht nur für die Gnade bestimmt, son-

dern auch darüber entscheidet, wer zur ewigen Verdammnis ausgewählt worden ist, wird grundsätzlich die Gleichheit der Menschen bestritten.[47] Somit kann es keine Solidarität geben. Wer sich aber unausgesetzt anstrengt, nach Gottes Wort zu leben, gehört zu den Auserwählten.

Eine Parallele zeigt sich in der biologischen Geschichtsauffassung in der Abhängigkeit des einzelnen von der sogenannten Artkraft. Nur wer besonders tugendhaft und sittlich lebt, gehört dann zu dem Kreis der Geretteten. Wer etwas leistet, zählt zu den Privilegierten. Diese Tendenzen sind nicht mehr mit dem Gleichheitssatz zu vereinbaren. Die Tatsache, daß jemand zu einem puritanischen Leben befähigt ist, wird als Zeichen der Auserwähltheit betrachtet. Dem Willen kommt in diesem Zusammenhang eine große Bedeutung zu.

> »Durch den Willen gelangt der Nationalismus zur Nation, die politische Willensgemeinschaft als Nation Europa.«[48]

Dieser Stellenwert ist in den voluntaristischen Lehren, insbesondere in allen Spielarten des Faschismus, enthalten und kommt z. B. in den bekannten Parolen »Wille zum Sieg« oder »Wille zur Nation« zum Ausdruck oder auch im damaligen Motto des NS-Parteitags in Nürnberg »Triumph des Willens«.

Aus dieser Grundeinstellung entwickelte sich eine außergewöhnliche Neigung zu einem sittlichen Puritanismus.[49] Jede naturhafte sexuelle Äußerung wird in die Bereiche des Niedrigen abgedrängt. Dadurch seien Doppelmoral und ungezügelte Aggressivität entstanden. Jeden Mangel an Macht empfinden die Anhänger dieser Auffassung als Schwäche. Dies ist auch die Ursache für die Verachtung des Schwachen bei gleichzeitiger Askese, die sich vordergründig auch in übertriebener Sparsamkeit bis hin zum Geiz äußern kann. »Gelobt sei, was hart macht«, so und ähnlich lauteten die Parolen der NS-Zeit. Sie sind heute bei den Neonazis wieder zu vernehmen.

Die Betonung der Begriffe *»Ordnung«* und *»Sauberkeit«* findet hier ihre eigentliche Erklärung. Strenge Haltung erfordert ein »ordentliches« Leben, was mehr ist als nur ein geordnetes Leben. Diese Ordnung in allen Lebensbereichen hat eine übergreifende Funktion. Sauberkeit als Reinigung von Schmutz oder von Dingen, die nicht erwünscht sind, wird zur politischen Hygiene-Vorstellung. Sauber ist im übertragenen Sinne alles, was dem allgemeinen politischen Leitbild entspricht; unsauber dagegen alles, was prinzipiell oder nach der jeweiligen Lage diesen Vorstellungen zuwiderläuft.

Auch besteht offensichtlich zwischen »Sauberkeit und Ordnung« ein Zusammenhang. Heinrich Böll sagte hierzu treffend:

»Und was waren das für ordentliche Leute, die die Nazis ermöglichten. In Fechners Film über den Maidanek-Prozeß sah ich neulich ein Bild der

Ordentlichkeit, das mich schaudern machte: eine ältere Dame, gepflegt, lächelnd, in einer von Ordentlichkeit geradezu strotzenden Gefängniszelle; alles picobello, die Nippessachen, ihr Haar... wo sie doch nur ordnungsgemäß ihre Pflicht getan hatte...
Hinter welchen sauberen Gardinen in der Bundesrepublik werden die 30000 Kinder mißhandelt... ist auf die Ordentlichen Verlaß? Wieviel Unordnung aber kann sich hinter Ordentlichkeit verbergen?«[50]
Vorsicht ist also geboten, wenn »Ordnung« stark betont wird. Dieser Begriff kann ideologisch besetzt sein. In den rechtsextremen Vorstellungen hat er einen bestimmten Stellenwert.
Es handelt sich hier also um einen weiteren Schlüsselbegriff, der zu den festen Merkmalen gehört und dessen Bedeutung sich dem Außenstehenden erst aus dem Zusammenhang erschließt. Es ist daher stets zu fragen, welche Ordnung gemeint ist: im Sinne von ordentlich, übersichtlich, geordnet nach Sachgebieten, Regelungen nach der Ratio, oder ob darunter eine bestimmte Wertordnung in der Beziehung zwischen Volk und Volkstum, Volksgemeinschaft und Nation verstanden wird.[51] In dieser Ordnung herrscht immer das patriarchalische Prinzip. Wird die natürliche, väterliche Ordnung angetastet, führt dies zur Auflösung der Familie und schließlich zur Zersetzung des ganzen Volkes.
Das »echte« *Frauentum* verkörpert die »sanfte Herrin des trauten Heims«. Die Angriffe richten sich heute nicht mehr so stark und eindeutig gegen die »behoste, kettenrauchende, vor dem Fernsehschirm whiskykippende Partnerin«.[52] Trotz der weitgehenden Emanzipationsbestrebungen in der Gesellschaft, an denen die Anhänger des Rechtsextremismus auch nicht vorübergehen können, ist das alte Idealbild der deutschen Frau jedoch nicht ganz aus den Köpfen verschwunden. »Blond, gescheitelt, geknotet, im Wesen solid, bieder, flachhackig und im Ganzen etwas doof«[53], so erscheint in der einschlägigen Literatur die weibliche Gestalt. Heute richtet sich der Angriff mehr gegen die moderne »Unfrau«, die ihre »Bevorrechtung« durch die »sogenannte« Gleichberechtigung verloren hat. Diese Frau sei nur ein Zerrbild des Mannes.[54]

> »Es ist... der Frau gegeben, durch Wärme und Hingabe ein Klima der Geborgenheit zu schaffen, in welchem Familie und Kinder gedeihen können. Hier liegt die besondere und von keinem ›Hausmann‹ oder Kollektiv erfüllbare Berufung der Frau.«

So sehen die Republikaner die Stellung der Frau in unserer Gesellschaft.[55] Sexualität und Erotik nehmen hier widersprüchliche Positionen ein. Die Betonung des Körperlichen oder bestimmter körperlicher Merkmale (s. oben zum *Rassebewußtsein*) soll der Abgrenzung der eigenen Art dienen. Andererseits ist die Rede von der erotischen Anziehungskraft des Faschismus.[56]

Sexualität wurde stark tabuisiert; heute scheint eine stereotype Kampfansage gegen den Sex vorzuliegen, die aber in Wirklichkeit nur die Verteidigung der alten Tugendmuster darstellt. Die Anhänger des Rechtsextremismus wenden sich gegen größere Freiheiten in den Beziehungen der Geschlechter. Doch lassen sich Anklänge von Sinnlichkeit nicht übersehen.
Der männliche Körper gilt nach wie vor als Symbol für Kraft und Schönheit. Fragen und Probleme der Erotik und Sexualität werden bestimmt durch Werte wie Kraft und Vitalität, die aus dem allgemeinen Menschenbild stammen (s. oben S. 101 ff.).
Dieser Männertyp kommt dem allgemeinen Trend in unserer Gesellschaft entgegen. Gefragt ist in der Werbung der Konsumindustrie wieder der »saubere, deutsche Mann«: »Schlank, athletisch, groß gewachsen. Das nach hinten gestriegelte Blondhaar läßt freie Sicht auf die hohe Stirn, das markige Profil. Sein Blick schweift kühl in die Ferne.«[57] Das Bodenständige, die Natur, das Ursprüngliche werden dem »blutlosen, kränkelnden Rationalismus« gegenübergestellt. Am Ende der Kette – Arier, weiße Rasse, nordischer Mensch, nordischer Typ in Deutschland – steht heute noch als Ideal der bäuerliche, »erdliebende« Mensch. Diese vor Gesundheit strotzende Person galt seinerzeit als höchster Ausdruck der *Volksseele*.[58]
Warum gerade der bäuerliche Mensch, der oft in der Geschichte nicht gerade als klug, sondern eher als dümmlich herablassend betrachtet und behandelt wurde? Wie Woll hervorhebt[59], war die Landwirtschaft in der »Blut- und Boden-Ideologie« des NS ein zentraler Ausgangspunkt für weiterführende Überlegungen. Der mit der »Scholle ringende Mensch« entsprach so recht den Vorstellungen von Naturverbundenheit, körperlicher Arbeit und gesunder Ernährung. Hervorgehoben wurde die »typenbildende Kraft des Bauern«, der Bauer als »Hauptträger völkischer Gesundheit«. Im bäuerlichen Brauchtum offenbare sich die deutsche Seele.
Unterstützt wird diese Auffassung durch die allgemeine Auseinandersetzung auf dem Gebiet des Umweltschutzes. Dem Ruf zum Schutz der gequälten Natur folgen die Vertreter dieser Auffassungen gern, ja sie propagieren sogar die Rückkehr zu ihr. Doch dahinter verbergen sich die altbekannten Thesen zur ideologisch besetzten Schollenmystik und Agrarromantik. In bewußter Abgrenzung von krankmachender Stadt und gesundem Land, vom Negativen und Positiven, entstanden gezielt die bezeichnenden Dichotomien gesund – krank / sauber – schmutzig / Ordnung – Unordnung (Chaos)[60] / gut – böse / geartet, artgemäß – entartet / natürlich – künstlich / Kraft – Schwäche.
Gegen jeden Abweichler – oder »besser« Feind genannt – lassen sich un-

schwer diese Gegensätze anwenden und mehrfunktional zur Wirkung bringen.
Die Herausstellung des nordischen und bäuerlichen Menschen wird aus dem Prinzip des Rassenkampfes abgeleitet. Es wird behauptet, daß der Stärkere, weil Bessere, stets siege. Hier ist eine Tendenz zur Besinnung auf das Germanentum festzustellen, die besonders in den Schriften der Neonazis immer wieder auftaucht. Nicht ohne Grund heißt eine Publikation der FAP »Odin« (1987). Rechtsextreme Jugendgruppen benutzen heute wieder germanische Schriftzeichen (Runen), wie z. B. die Odalsrune, als Kennzeichen. Nach dem Vorbild des nordischen Menschen bildete sich ein bestimmtes Schönheitsideal heraus, dem heute noch in einschlägigen Kreisen nachgestrebt wird. Dem nordischen Menschen wurden bestimmte Eigenschaften zugeschrieben, so z. B., daß er als einziger fähig sei, wahre Kultur und echte Werte zu schaffen.[61] Von diesen Menschen unterscheide sich prinzipiell der Jude, der nur materiell orientiert und vom Schmarotzertum geprägt sei. Die Aufgabe des nordischen Menschen sei daher die Beseitigung der Juden.
So verbanden sich bestimmte äußere Persönlichkeitsmerkmale des nordischen Mannes wie Kraft, Härte, Ausdauer, Durchsetzungsvermögen, Kameradschaft[62] mit blond, blauäugig, schlank, groß, muskulös, sportlich, jung, zu einer konkreten Vorstellung, die als typische männliche Erscheinung propagiert wurde. Diese Entwicklung war nichts anderes als ein Männlichkeitswahn. Demzufolge hatte die Frau als Gehilfin im Hintergrund zu stehen.
Diese Vorstellungen wurden in den Plastiken von Arno Breker und Josef Thorak ins Bild gesetzt. Heute finden sich wieder Aufkleber (der FAP) mit der Aufschrift

»Nordland erwache – für den Stolz der nordischen Rasse«.

Die muskelstrotzenden Bronzeplastiken von Breker vor dem Eingang der NS-Reichskanzlei repräsentierten das äußerliche Idealbild des nordischen Menschen. Die Exponenten dieser Auffassung waren und sind deshalb selber nicht gerade anspornende Vorbilder: Propagandaminister Goebbels hatte einen verkrüppelten Fuß, war schmächtig und ein dunkler Typ; Reichsmarschall Göring litt unter Fettleibigkeit und Putzsucht; die Gauleiter Streicher und Sauckel waren häßlich und abstoßend. Als sich Goebbels wieder einmal über die Juden aufregte, rief vor 1933 ein Versammlungsteilnehmer: »Sie sehen auch nicht gerade besonders aus.«[63] Offensichtlich liegt hier eine Kompensation von Minderwertigkeitskomplexen vor.
Rudolph[64] kommt nach der Betrachtung der Vorläufer rechtsextremer Bestrebungen zu dem Ergebnis: Fast alle der hier dargestellten Personen haben unter dem Gefühl der persönlichen Unzulänglichkeit, der Frustra-

tion oder gar unter körperlichen Gebrechen gelitten. Schwedhelm[65] spricht von neurotischen Zügen, gescheiterten Laufbahnen, sexueller Abartigkeit, Selbstmordneigungen, Tendenzen zum Pathologischen. Dies ist sicherlich eine von mehreren Erklärungen für das auffällige Eintreten für Kraft und Stärke.

Die nackte Schönheit der Frauenakte in der NS-Zeit war ebenfalls nicht funktionslos. In dem ihr zugewiesenen Bereich wurde die Frau eher geschützt. Das faschistische Ideal war die Umwandlung sexueller Energien in eine spirituelle Kraft zum Wohle der Volksgemeinschaft.[66] Man appellierte an archaische Sehnsüchte, an elementare, im Prozeß der Zivilisation durchgesetzte Triebversagungen. In Rassenkult und Gewaltmythos sollen sexuelle Phantasien freigesetzt werden. Nicht Negierung der Sexualität, sondern »diszipliniertes« Sexualverhalten war gefragt. Durch die Betonung des vollkommenen männlichen Körpers führt diese Tendenz in die Nähe der Homoerotik. Dies stand im Hintergrund des angeblichen Röhm-Putsches, den Hitler 1934 zum Anlaß genommen hat, politische Rivalen und Gegner auszuschalten und zu ermorden.

Paul Friedländer sieht in dieser speziellen Haltung gegenüber der Sexualität eine große, mehr nostalgische Kraft: eine heftige Sehnsucht nach dem Vergangenen. Der NS schaue zurück auf die verlorene Welt der Prämoderne.[67]

Die organisierten und elitären Männergruppen der NS-Zeit, wie auch heute in geringerem Maße bei den Neonazis, bringen vielfach homoerotische Neigungen mit sich.[68] Es wird aber eine Grenze gezogen zum »funktionslosen unmännlichen Mann«, der den Bestand von Ehe und Familie in Frage stellen könnte. Hier überschneiden sich zwei Kreise der primären Aufgaben: die Männlichkeit als ein bestimmtes Schönheitsideal und das Kämpferische durch Pose.

Sendungsbewußtsein (s. oben S. 96f.) ist originär Folge des elitären Denkens. Das sich durch die Ideologisierung des Nationalbewußtseins ergebende Menschenbild als Gruppennorm erzeugt Überlegenheitsgefühle, die zum Elitedenken führen. Der »besondere Auftrag« der Gruppe muß nach außen hin nachgewiesen werden. Leitbilder haben den Zweck, die notwendige Zuversicht und Hoffnung auf die künftige Entwicklung zu vermitteln. So wird ein geschichtlicher Auftrag konstruiert.[69] Die Anhänger des Rechtsextremismus weisen sich selber eine besondere Rolle in der Gesellschaft, im Volke, zu. Auf diese Weise können tagespolitische Forderungen auf eine höhere Ebene gehoben werden, sie gelten dann als Vollzug des »Auftrags«.

Ein wesentliches Propagandamittel zur Verdeutlichung und Durchsetzung des Menschenbildes ist die »Pflege« der deutschen Sprache. Wenn solche Erklärungen oder Forderungen nach Reinhaltung der Sprache aufgestellt werden, dann ist stets Vorsicht geboten. Alles, was fremd ist, wird geächtet, verdeutscht oder eingedeutscht. Deutsch sein heißt, deutsch sprechen und damit ein Bekenntnis zum Deutschtum ablegen[70] (Deutsche Sprache – Mutterlaut). Die Eindeutschung kann zu skurrilen Ergebnissen führen; die Ersetzung des Begriffs »Redakteur« durch »Schriftleiter« bzw. »Hauptschriftleiter« erscheint noch annehmbar.

Das Sendungsbewußtsein kommt in der Identifikation mit den »Lebensinteressen des deutschen Volkes« zur Geltung. Um welche Interessen es sich jeweils konkret handelt und wer mit welchen Maßstäben die Kompetenz dafür besitzt, wird meistens nicht erwähnt.

Die Anhänger des Rechtsextremismus betrachten sich als die einzigen legitimen Vertreter des Volkes und als »Sprachrohr der Nation«. So können diejenigen, von denen sie angegriffen werden, als Verräter am Volk abqualifiziert werden.[71]

Wer sich als Träger einer bestimmten geschichtlichen Rolle fühlt, kann leichter als andere weitergehende Ziele anvisieren. Der damalige Vorsitzende der NPD, von Thadden, erklärte einmal, daß die »nationale Opposition einen geschichtlichen Auftrag zu erfüllen« hätte, dessen Maßstäbe »weit über jedes Parteigezänk hinaus« gingen. Sie sei das »Sammelbecken der Wiedergeburt der deutschen Nation«[72] (vgl. oben, S. 95f.).

Wenn dieser Drang und der angebliche Auftrag über die Landesgrenzen reichen, kann von imperialistischen Bestrebungen gesprochen werden.[73] Blind gegenüber realen Machtkonstellationen werden Wunschvorstellungen in angebliche Rechtspositionen gekleidet, die in Wirklichkeit alte geopolitische Forderungen sind. Aus der Besiedelung des gleichen »Raumes«, der Geschichte und der kulturellen Entwicklung entstand die These vom *»Volk ohne Raum«* (sogenanntes Raumdenken).

Die *»Gesetze des Lebensraums«* sind jedoch nichts anderes als die ständige Agitation gegen die »raumfremden Mächte«, wie sie u. a. von der NPD seit 1965 betrieben worden ist:

> »Deutschland hat Anspruch auf die Gebiete, in denen das deutsche Volk seit Jahrhunderten gewachsen ist.«[74]

Der Begriff des »Raumes« hat schon immer eine Rolle gespielt. Der besondere »Erdraum« stehe in enger Beziehung zur »Gemeinschaft« und bilde einen einheitlichen Organismus. Aus der Mittellage in Europa, das nach den Vorstellungen der Anhänger des Rechtsextremismus am Ural endet, wird der besondere geopolitische Auftrag hergeleitet. Auch heute ist wieder eine Diskussion darüber entstanden, ob nicht die Politik Hitlers aus dieser Mittellage begründet werden müsse.

Das Recht des »Raumes« kann – so gesehen – einen fast grundrechtsähn-

lichen Charakter annehmen. Die letzten Begründungen waren in der NS-Zeit die *»Vorsehung«* und das »Schicksal«.[75]
Heute wird dieses Verlangen als ein »Ausdruck eines der Urtriebe alles Lebendigen, nämlich die Entfaltung und Behauptung im Raume« bezeichnet.[76] Parolen wie »Treue zum Reich« und das »Reich als Mythos« sollten außer der Raumdarstellung auch alte Vorstellungen vom vergangenen Glanz eines Reiches aller Deutschen wiederbeleben.
Das Sendungsbewußtsein muß von einer entschlossenen Haltung getragen werden.

> »Kämpfer sein auch im Glauben an eine Sache, und wenn alle sagen, daß sie falsch sei, weiter handeln. Das bringt den Sieg, den Sieg, der dem gehört, der härter ist.«[77]

Hier wird die Verbindung mit der Propaganda erkennbar: Für Diskussionen bleibt kein Platz. Das Wort »Fanatismus« erscheint nicht unpassend. Ideologie verlangt nach Aktivitäten.

b) Die Verteidigung der »völkischen« Substanz gegen »artfremde« Einflüsse

Der Kampf ums Dasein

Um die Ziele zu erreichen, die sich aus dem biologischen Menschenbild als Wertsystem ergeben, bedarf es bestimmter Anstrengungen und Vorkehrungen. Die eigene Position nicht nur erhalten, sondern verbessern. Sie darf nicht durch »fremde« Einflüsse verwässert oder wirkungslos gemacht werden. Die »gewachsene Volksordnung« ist zu bewahren und zu beschützen.[78]
Die Forderung nach »Reinerhaltung der Rasse« ist eine Konsequenz aus dem biologischen Menschenbild. Sie wird heute aus taktischen Gründen meistens nur in verdeckter Form vertreten. Aus der Parole des »Rassenkampfes« wird das wesentliche Prinzip des Kämpferischen oder des Kampfes zu einem selbständigen Wert erhoben mit dem Ziel, alle Kräfte zur Abwehr zu mobilisieren und diese ständig in Bewegung zu halten – eine Erklärung für den Inhalt des Begriffs *»Bewegung«*.
Aggression wird zur Notwendigkeit. Mitscherlich[79] hat deshalb Begriffe wie *»Herrenrasse«* oder *»nationale Ehre«* als aggressionsweckende Symbole bezeichnet. Wie oben schon ausgeführt, hat der »Tüchtigste«, weil der Stärkste, die Aufgabe, sich im Kampf ums Dasein durchzusetzen, wie es Hermann Langbein zutreffend formuliert hat.[80]
Die voluntaristischen Lehren vom »Kampf ums Dasein« liefern den Vorwand, um ständig kämpferische Aktivitäten zu entfalten. Die Anbetung der Werte wie Kraft und Stärke gehört zum Prinzip des Kampfes. Der

harte Mann steht im Vordergrund. Neue Ansätze lassen sich z. B. in den »Science-fiction«-Serien erkennen: die Utopie als Sehnsucht nach starken Männern. Die Gestalt des Perry Rhodan bezeichnet Robert Jungk als den Hitler des Weltraumzeitalters:

»Für die Sehnsucht nach den Fernen,
für den Aufbruch nach den Sternen,
für das Abenteuer Zukunft:
Unser Mann im All.

Einer mußte der erste sein,
der den Menschheitstraum erfüllt.
Und es konnte nur der Beste sein,
unter Besten ausgewählt.

Er hatte Mut und Verstand,
seine Kraft versagte nie,
er war schnell und gewandt,
ein Universalgenie.

Von Männern verehrt,
von Frauen begehrt,
doch von keinem beneidet –
unser Mann im All ...«[81]

Die betonte Männlichkeit soll die Kraft erzeugen und den Sieg herbeiführen, dagegen werden alle als weiblich angesehenen Merkmale oder Eigenschaften als weibisch abgelehnt (z. B. Gespräch, Liberalismus, Demokratie). Weibliche Dominanz in den kindlichen Phasen könne Charaktere hervorbringen, die meinen, Angst ließe sich durch betont männliche Eigenschaften überwinden. Es kann sich so auch verdrängte Sexualität neutralisieren.[82]

Der Mensch ist dieser Auffassung zufolge zur »Hingabe an das Ganze« verpflichtet. Damit wird die Feindseligkeit zu erblich erworbener Bedingung des Überlebens gemacht und die Friedlosigkeit zu normalem Verhalten erklärt.[83] Kriege sind danach völlig »normale« Erscheinungen im Leben der Völker. Der Mensch überwindet kulturell (!) seine biologische Art, wenn er Kriege führt. Krieg ist nach Eibl-Eibesfeldt[84] die »kulturelle Abschließung in Kontrastbetonung zu anderen«, sie »brachte viel Leid in die Welt, führte aber zu kultureller und rassischer Vielfalt!« Der Mensch muß also auf den Kampf vorbereitet werden. Wesentliches Merkmal für den bevorstehenden Kampf ist die *Härte* im Verhalten gegen sich selbst und seine Umgebung. Parolen wie »Gelobt sei, was hart macht« oder »Schicke mir Feinde Mann um Mann, Kampf hält die Kräfte rege«, zeigen, was damit gemeint ist.

»Hart sein, ist ein Ideal... Hart sein um des Lebens willen, um ein Kämpfer zu sein, um einst Sieger zu sein.«[85]

Bestimmte Belastungen müssen ausgehalten werden, um zu bestehen.

> »Hunger ertragen, Durst leiden, auf der bloßen Erde liegen können, im Kampf nicht nachgeben, nie, nimmer und wenn alles aussichtslos erscheint. Dem Gegner noch die leergeschossene Pistole ins Gesicht schleudern, ihm an den Hals fahren, ohne Rücksicht auf sich selbst, ihn noch mitnehmen, wenn man selbst schon draufgehen muß.«[86]

Das ist die Mentalität, die für den Ernstfall vorbereitet werden soll. Mit letzter physischer Kraftanstrengung im Kampf, der siegreich enden muß, sollen die Ziele angestrebt und erreicht werden. Im Vordergrund steht der persönliche, physische Einsatz, weniger die geistige Leistung und Leitung, die einem ohnehin abgenommen wird. Die führenden Anhänger des Rechtsextremismus wissen, daß ihre politischen Ziele nicht ohne Gewalt und Aggression zu verwirklichen sind.

Die kriegerische Auseinandersetzung ist danach die »höchste Steigerung des menschlichen Lebens« oder die Fortsetzung der Politik mit anderen Mitteln. Mitscherlich[87] bemerkt dazu, daß nur ein psychologisch unaufgeklärter Kopf dies formulieren könne. Krieg sei – ganz im Gegenteil – immer mit einem partiellen Außerkraftsetzen des Gewissens verknüpft. – Von dem einzelnen wird also Hingabe und Opferbereitschaft verlangt. Befehl und Gehorsam sind die Treibmittel und damit Instrumente zum bedingungslosen Einsatz im Kampf (s. unten S. 173f.).

Die Grausamkeiten des Krieges und das menschliche Elend werden nie wahrheitsgetreu beschrieben, weil keinesfalls eine abschreckende Wirkung entstehen darf. Die Pazifisten sind die ärgsten Gegner, sie sind gewissermaßen außer Kontrolle geraten.

In der Vorbereitung auf den künftigen Kampf und Krieg spielt der Sport als »Leibesertüchtigung« oder »Leibeserziehung« eine große Rolle *(Wehrertüchtigung)*. Abgesehen von dem bestimmten äußeren Leitbild des arischen Menschen, besteht die Aufgabe des Sports darin, die körperliche Einsatzfähigkeit für die Nah- und Fernziele sicherzustellen und die militärischen Aufgaben zu unterstützen. Das Körperliche und damit auch der Sport haben absoluten Vorrang. Dies ist zwar heute nicht mehr so deutlich wie in der NS-Zeit zu erkennen, doch zeigt es sich immer dann, wenn intensiv über dieses Thema diskutiert wird.

Der alte lateinische Satz von Juvenal »mens sana in corpore sano« wird dahingehend abgewandelt, daß in einem gesunden Körper nur ein gesunder Geist wohnen könne. Die Olympischen Spiele 1936 in Berlin dienten dem NS-Regime nicht nur zur Werbung, sondern auch zur Selbstdarstellung des »neuen« Menschen. Was heute die wenigsten wissen: Das Jugendlager, die Olympiaglocke, die Entzündung des olympischen Feuers, der Fackellauf und die Parole: »Ich rufe die Jugend der Welt!« stammen von dem NS-Regime.[88]

Carl Diem soll die These vertreten haben: »Sport ist freiwilliges Soldatentum.« Nicht ohne Grund waren bei den Olympischen Spielen von 1936 deutliche Tendenzen von Totenkult und Opferwillen zu erkennen. Diem, der damalige Leiter des deutschen olympischen Komitees, soll während des Krieges Durchhalteparolen vertreten haben wie z. B.: »Krieg war immer Erfüllung des Mannestums.«[89] Der deutsche Sport als eine »Heerschar der Leibestüchtigen«?

Für die Anhänger des Rechtsextremismus ist und war Sport immer eine vormilitärische Ausbildung, wie sie in den Zwittergebilden der sogenannten *Wehrsportgruppen* (WSG) praktiziert wird. Es ist bei den amtlichen Stellen bisher leider nicht genau bekannt, wieviel junge Männer sich im Laufe der letzten Jahre den verschiedenen Wehrsportgruppen angeschlossen haben. Vorbild war sicherlich die berüchtigte »Wehrsportgruppe Hoffmann« (WSG), die 1980 durch den BMI als verfassungsfeindlich verboten worden ist.

Die Übungen haben einen eindeutigen militärischen Bezug, sie dienen der Vorbereitung von militärischen Einsätzen.[90] Es gibt Uniformen, Rangabzeichen, Befehlsstrukturen und ein »Manifest der Bewegung zur Verwirklichung der Radikal Pragmatischen Sozial-Hierarchie«. Ulrich Chaussy verweist darauf, daß zur Zeit des 1980 während des Münchener Oktoberfestes verübten Sprengstoffanschlages durch den mutmaßlichen Täter Gundolf Köhler, der bei der Detonation ums Leben kam, Angehörige der ehemaligen WSG-Hoffmann in einem Konvoi von mehreren ausgesonderten Militär-Fahrzeugen bei Schwarzbach die bayerisch-österreichische Grenze nach Jugoslawien passieren wollten.

Der Trend zur Organisation von paramilitärischen Gruppen ist immer wieder zu erkennen. Der Parlamentarische Untersuchungsausschuß des Hessischen Landtages[91] kam schon 1970 folgerichtig zu dem Schluß, daß die »NPD auf Bundesebene einen ›Ordnungsdienst‹ mit paramilitärischem Charakter aufbauen wollte, der sowohl als Saalschutzdienst bei Versammlungen als auch als Leibwächtergruppe für den NPD-Vorsitzenden und andere Führungskräfte der Partei dienen sollte. Lediglich Personalmangel und organisatorische Schwächen haben dies verhindert«.

Ein weiteres Beispiel: Die »Europäische Befreiungsfront« (EBF), die am 20. Mai 1970 von der Polizei in Nordrhein-Westfalen ausgehoben wurde, hatte geplant, mit Waffengewalt Anschläge gegen bestimmte de-

mokratische Politiker zu verüben. Außer einem militärischen Aufbauplan konnten zahlreiche Waffen sichergestellt werden.
Diese Militanz geht u. a. auf die NS-Zeit zurück. In Hitlers »Mein Kampf« heißt es:

> »Der völkische Staat hat in dieser Erkenntnis seine gesamte Erziehungsarbeit in erster Linie nicht auf das Einpumpen bloßen Wissens einzustellen, sondern auf das Heranzüchten kerngesunder Körper. Erst in zweiter Linie kommt dann die Ausbildung der geistigen Fähigkeiten. Hier aber wieder an der Spitze die Entwicklung des Charakters, besonders die Förderung der Willens- und Entschlußkraft, verbunden mit der Erziehung zur Verantwortungsfreudigkeit, und erst als letztes die wissenschaftliche Schulung!«[92]

Diese Reihenfolge und Bewertung sind heute noch von erheblicher Bedeutung, wenn wir auf Sachverhalte stoßen, die Aktivitäten rechtsextremer Bestrebungen nicht ausschließen. Bei Behörden, insbesondere der Polizei, ist gelegentlich gegenüber jungen Neonazis eine Unsicherheit und Verharmlosung dieser Vorfälle festzustellen, weil die Befragten oder Zeugen kaum oder nur lückenhaft die NS-Ideologie kennen. Das ist aber oft nicht entscheidend. »Nach der körperlichen Tauglichkeit kommt die Charaktertauglichkeit mit Betonung der Treue und Aufopferungsbereitschaft, und darauf folgt die Ausbildung der Willenskraft und entschlossener Verantwortung. Erst dann folgt die wissenschaftliche Erziehung.«[93] Gemeint ist die Beschäftigung mit der Ideologie und ihrer Zielsetzung, die erst in zweiter Linie – mit den erwähnten Unsicherheiten als unausbleibliche Folge – stattfindet.
Besonders bei jungen Anhängern oder Mitgliedern von locker gegliederten oder kaum organisierten Gruppen ist das Stadium der »Erziehung« in diesem Sinne erst am Anfang. Daher gehen die Fragen nach der Ideologie und dem Bekenntnis zum Rechtsextremismus fehl. Sie können keinen Aufschluß über die tatsächliche Zugehörigkeit geben. Dies wird von den zuständigen Behörden sehr oft verkannt; denn hier wird umgekehrt nach Merkmalen oder Verhaltensweisen gesucht, die noch gar nicht übernommen sind, aus Gründen des Lebensalters oder der kurzen Zeit der Beteiligung. Wenn solche Hinweise auftauchen, sind sie im gesamten Umfeld und Kontext zu überprüfen und ergänzende Fragen bzw. Nachforschungen anzustellen.
Demgegenüber hört man immer wieder Meinungen wie: »Ach, laßt doch die Jungen mit ihren Abenteuerspielen! Das haben wir doch früher auch gemacht, laßt ihnen ihre Lagerfeuer-Romantik, die Geländespiele und Schießübungen wie bei jedem Schützenverein.« Wer so reagiert, hat die Erziehungsmuster, die sich nach 1945 in diesem Bereich kaum verändert haben, nicht erkannt.

Der Primat des Körperlichen trat in allen seinen Konsequenzen (Schutz der Rasse, Verteidigung der eigenen Art) zum Vorschein. Koch[94] erwähnt noch, daß sich Hitler besonders für das Boxen interessiert hat. Daher rührt wohl auch die Förderung Max Schmelings. Der Boxer Weller begeisterte sich noch in einer Talkshow im Jahre 1988 für die Thesen Hitlers, soweit es den Sport betraf.

Der Stellenwert des Sports zeigt sich auch im NPD-Programm (IX Nr. 3):

> »Eine verantwortungsvolle Staatsführung muß ihre besondere Aufmerksamkeit auf die Heranbildung körperlich gesunder Staatsbürger richten. Deshalb: Verstärkter Ausbau von Sportstätten, vermehrte Ausbildung von Sportlehrern... Verstärkung des Sportunterrichts in allen Schulen...«

Hitler führte anfangs eine Vereinigung »vaterländischer Verbände«, die sich »Kampfbund« (Fascio di combattimento) nannten.[95] Die NPD bezeichnet sich, nicht ohne Grund, als eine »politische Kampfgemeinschaft«. Die Voraussetzungen für einen erfolgreichen Kampf bzw. Krieg werden systematisch geschaffen. Die Jugend muß angeleitet und dafür begeistert werden. Ihre Erziehung ist ganz auf das Militärische konzentriert. *Kampf* als Lebensprinzip, gekoppelt mit dem Willen zum Sieg, bewirkt eine ständige Abwehrhaltung gegenüber »artfremden« Einflüssen. Das Gesetz von Befehl und Gehorsam, absolute Disziplin und Opferbereitschaft sind die Voraussetzungen für die Mythisierung des Soldaten zum *Soldatentum*.

Dieser Kult des Kriegerischen führt zwangsläufig zu einer *Heldenverehrung* (Heroismus), wobei die betonte Frontkameradschaft und der »Heldentod« eine starke Bindungswirkung zu entfalten vermögen. Davon zehrten noch z. B. die inzwischen aufgelösten Traditionsvereinigungen der Angehörigen der ehemaligen Waffen-SS (HIAG).

Nach Koch[96] haben die beiden Weltkriege eine »Schützengraben-Aristokratie« geschaffen. Das Fronterlebnis im Schützengraben galt als starke, verbindende Kraft. Er verkörperte Einsatz und Selbstaufopferung und stets allgegenwärtige Todesgefahr. Der Soldat hatte dort besondere Aufgaben zu erfüllen. So finden wir folgende Formulierung:

> »Der Soldat als Träger des Kampfes muß wissen, wohin und wozu er gehört, und wofür er kämpft, das gilt wie in ›alten Zeiten‹ auch heute noch. Er braucht Zeichen und Symbole, um die er sich sammelt und mit denen er sich identifizieren kann; sie werden damit zur baren Erscheinung einer Idee, für die er nicht nur kämpft, sondern auch im letzten stirbt.«[97]

Damit keine abschreckende oder ablehnende Wirkung entsteht, enthalten die einschlägigen Berichte nur so viel vom Leiden und Sterben der

menschlichen Kreatur, als notwendig erscheint, um diesen behaupteten höheren Sinn zu unterstreichen. Die Opfer sind selbstverständlich alle Helden; sie müssen in einem verklärenden Licht stehen, auch um den Schmerz der Angehörigen zu kanalisieren.
Während des Zweiten Weltkriegs ließen viele Angehörige der Gefallenen in die Todesanzeigen »in stolzer Trauer« schreiben. Das Sterben folgt schließlich nach einem großen »Heilsplan der Geschichte«.[98]
Ernst Jünger, die schillernde Figur im rechtsextremen Vorfeld, Goethe-Preisträger der Stadt Frankfurt am Main (verliehen 1982 durch die damalige CDU-Stadtführung), sprach in diesem Zusammenhang von der »Heiligkeit des Opfers«. Was soll daran heilig sein, wenn Menschen unter unsäglichen Qualen sterben, ihr Körper zerfetzt wird und ihr Tod überdies noch sinnlos ist: Sie sterben für eine menschenfeindliche Idee.
Die NS-Machthaber errichteten Denkmäler mit der Inschrift: »Ewig ist der Toten Tatenruhm.«[99] Miliband fiel auf, daß hier selbst die Toten noch in den Dienst der Systeme gestellt werden, für die sie starben, um sie nachträglich legitimieren zu helfen.[100] Es existiert seit Jahrzehnten eine umfangreiche »Literatur« über den Krieg, die Kriegsereignisse und Schlachten bis hin zur mystischen Verklärung hochstilisiert. Der Pabel-Verlag in Rastatt wirft seit Jahren die sogenannten »Landser-Hefte« in erheblicher Auflage auf den Markt. Die Helden dieser Kriegsgeschichten sind allesamt Idealisten! »Der Leser darf nicht zurückbleiben mit Bedenken, er muß mitgerissen werden.«[101]
Welche Einstellung sich hinter den vorwiegend anonym bleibenden Autoren verbirgt, zeigt ein aufschlußreicher Leserbrief eines solchen Autoren, der sich gegen seinen Kritiker wandte:

> »Herr Kühn und ich haben etwas gemeinsam. Ich an der Front und er in den Windeln... Wir Jagdflieger der Jahre 1944 und 1945 waren nicht politisch. Wir hatten keine Zeit, und wenn die Zeit einmal da war, keine Lust, darüber nachzudenken... Wir mußten und wollten fliegen, mußten abschießen, um das Leid unserer Bevölkerung, so gut es ging, zu mildern.«[102]

Der Soldat starb, fiel wie ein aufrechter Mann; anders dürfen diese »Berichte« nicht lauten, sonst verderben sie das gesamte heldische Konzept. Im Kern all dieser Überlegungen steht eine Männlichkeit, die durch Härte, Stärke, Muskeln, Aggressivität und Ausdauer charakterisiert ist. – Schon in den dreißiger Jahren spielte die Kriegsliteratur eine große Rolle. Sie diente der absoluten Verherrlichung des Krieges, wie Koch zutreffend berichtet.[103] Berühmte und viel gelesene Autoren waren damals Beumelburg, Jünger, Zöberlein, Schauwecker, Grimm, Dwinger u. a. Sie schilderten das »wahre Fronterlebnis«. Der Mythos von Langemarck, wo junge Soldaten hingeschlachtet wurden, wirkt bis heute noch nach.

Die Vertreter des Rechtsextremismus sehen heute den Soldaten so:

»Das Ansehen und die Ehre des deutschen Soldaten sind unter strafrechtlichen Schutz zu stellen. Wer Leistungen und Leiden der Frontgeneration leugnet oder verächtlich macht, versündigt sich am Andenken der Gefallenen, berührt die Menschenwürde der Überlebenden und nimmt jungen Bundeswehrsoldaten die zur Erfüllung unabdingbare Motivation... Wir wenden uns gegen jede Diskriminierung und Entrechtung der Frontsoldaten, insbesondere Waffen-SS, und gegen jede Schmähung ihrer Gefallenen.«[104]

Verständlicherweise ist die Bundeswehr nicht nur Zielobjekt, sondern sie fühlt sich zum Teil selbst nicht unangenehm berührt. Perdelwitz[105] hatte schon seinerzeit einige Vorkommnisse in der Bundeswehr festgestellt und untersucht. Äußerungen von Offizieren ließen auf eine antisemitische und antidemokratische Grundhaltung schließen. Besonders gern diffamierten sie linke Politiker. Daß sich diese Haltung oder Sympathie für bestimmte Formen des Kampfes um das Dasein bis in Spitzenpositionen der Bundeswehr feststellen läßt, zeigen folgende Vorfälle: Am 1. November 1976 sah sich der Bundesverteidigungsminister Leber (SPD) gezwungen, den Generalleutnant Walter Krupinski und seinen Stellvertreter, Generalmajor Karl-Heinz Franke, zu entlassen. Sie hatten einen Besuch des früheren Obersten Rudel im Oktober 1976 anläßlich eines sogenannten Traditionstreffens in einer Bundeswehrkaserne nicht nur gebilligt, sondern auch verteidigt. Rudel war nach 1945 auf zahlreichen Veranstaltungen von rechtsextremen Organisationen und Parteien als Redner aufgetreten. Die Verbindungen bestanden schon in der Zeit vor 1945: Krupinski war als damaliger Oberleutnant der Luftwaffe gelegentlich bei Rudel mitgeflogen. Beide Generale hatten gegenüber Journalisten erklärt, solange »Linksextremisten und Kommunisten, die früher in Moskau waren, wie Herbert Wehner, im Bundestag sitzen«, dürfe man die Teilnahme Rudels an solchen Veranstaltungen nicht beanstanden.[106]

Eine wichtige Konsequenz aus der permanenten Abwehrhaltung nach außen ist die Bevölkerungspolitik. Es soll die »Substanz« nicht nur erhalten, sondern vermehrt werden. Die Anhänger des Rechtsextremismus beklagen seit Jahrzehnten den angeblichen statistischen Geburtenrückgang. Dieser wird mit der Warnung vor der »Überfremdung durch Ausländer« in Verbindung gebracht.

»Wo Völker keine Kinder mehr haben wollen, rücken gesunde Völker mit gebärwilligen Frauen nach, um die entstehenden Leerräume auszufüllen.«[107]

Zur Behebung dieses Notstandes wird eine »Strategie des entschlossenen Handelns« vorgeschlagen:

»Die Tagesordnung der Zukunft ist nicht die bestmögliche Anpassungsstrategie an das Verdämmern des deutschen Volkes, sondern aktive Strategie entschlossenen Handelns für eine lebendige Zukunft dieses Volkes in unseren Kindern.«[108]

Nicht so undurchsichtig und teilweise verdeckt ist die Forderung im Parteiprogramm der DVU-Liste D 1987 formuliert:

»Für das Überleben des deutschen Volkes, gegen die legale Abtreibung, zur Sicherung der Renten.«

Und im Heidelberger Manifest heißt es dazu u. a.:

»Allein lebensvolle und intakte deutsche Familien können unser Volk für die Zukunft erhalten. Nur eigene Kinder sind die alleinige Grundlage der deutschen und europäischen Zukunft.«[109]

Von der Politisierung der Fremdenfurcht zur Ausländerfeindlichkeit

Ein weiteres Mittel zur permanenten Verteidigung der »völkischen Substanz« gegen »artfremde Einflüsse« und zur Aktivierung kollektiver Aggressionstriebe ist die Politisierung der latenten Fremdenfurcht.

Das biologische Menschenbild mit den aufgeführten Wesensmerkmalen (s. oben S. 101 ff.), insbesondere mit den Begriffen wie »Volk« und »Volkstum«, entstand angeblich aus ständigen Rassenkämpfen und zwingt zu seiner Verteidigung. Das setzt eine klare Abgrenzung gegenüber anderen, nicht »arteigenen oder artgerechten Völkern« voraus, eine Frontstellung gegenüber allem »Fremden«. Damit erhält der Begriff *»fremd«* eine spezifisch ideologische Qualität, die ihn zu einem Schlüsselbegriff in dem rassenbiologischen Denksystem werden läßt.

Harmlos und zunächst korrekt wird an die herkömmliche Urangst des Menschen vor dem Fremden angeknüpft. Es handelt sich um Scheu, Vorsicht, Mißtrauen vor etwas Unbekanntem, nicht Vertrautem, das nicht sofort erkennbar oder durchschaubar ist und als eine mögliche Gefahr für den Betrachter angesehen wird. Die Angst vor dem Fremden ist also eine reaktive Verhaltensweise zum Schutz der eigenen Existenz.

Der Streit, ob diese Tatsache genetisch festgelegt ist oder angelernt wurde, könnte an sich eine akademische Frage bleiben, wenn nicht die Konsequenzen daraus von außerordentlich weitreichender Bedeutung wären; denn im Falle des Nachweises der Vererbung müssen alle sich daraus ergebenden Handlungsweisen nicht nur verstehbar, sondern auch gerechtfertigt werden, da sie grundsätzlich nicht veränderbar sind.

Ernst Albrecht, ehemaliger Niedersächsischer Ministerpräsident (CDU), erklärte am 17. Februar 1989 im Niedersächsischen Landtag: »Schon die Verhaltensforscher sagen uns, daß die Ängste vor den Fremden dem Menschen wie fast allen Lebewesen seit Millionen Jahren mitgegeben

sind... Wir sind deshalb gut beraten, den Zuzug von Ausländern von außerhalb der Europäischen Gemeinschaft auf das Maß zu begrenzen, das unser Volk seelisch verkraftet.«[110]
Der Lorenz-Schüler Eibl-Eibesfeldt[111] hat seine Thesen über die Vererbung bisher keinesfalls überzeugend darlegen können. Für seine Behauptung, daß die Fremdenfurcht bereits im Menschen angelegt ist, bleibt er den letzten Beweis schuldig. Claus Heinrich Meyer[112] hat versucht, den Hintergrund dieser biologischen Auffassungen über das Zusammenleben der Menschen aufzuhellen. Er bezichtigt unwidersprochen Eibl-Eibesfeldt, Mitverfasser des zitierten Heidelberger Manifests von 1981/82 zu sein.
Gegen die Anlagebedingtheit bzw. Vererbung der Angst spricht auch die Tatsache, daß Reaktionen der Bezugspersonen von Kleinkindern sich sofort auf diese übertragen. Das ist oft der Grund dafür, daß bereits Kinder gegenüber Fremden ablehnend reagieren. Selbst wenn man die Erfahrung berücksichtigt, daß alles Unbekannte zuerst einmal feindlich wirkt, so lassen sich doch die Ängste vor Experimenten auch wieder auf Lernprozesse zurückführen.[113]
Die elementare Fremdenfurcht enthält im Grunde alle Bestandteile, die eine gezielte und zielgerichtete Fremdenfeindlichkeit begünstigen. Die Tiefenpsychologie und die Psychoanalyse sprechen vom autoritären Charakter als bevorzugtes Objekt der Ansprache und als Träger von Vorurteilen; es wird auf allen Ebenen mit dem Begriff »fremd« (s. oben S. 47) versucht, Einfluß zu gewinnen.[114]
Ausgehend von der Behauptung, es gebe kein wirklich selbständiges, unabhängiges Wesen des Menschen, sondern ein »unbewußtes Vorwissen«, wird die »Feststellung«, daß etwas »fremd« ist, in das psychologische System von Es – Ich – Über-Ich eingebaut. Frei nach Sigmund Freud ist im Es, das die Triebstruktur des Menschen repräsentiert, die Fremdenfurcht enthalten und nicht, wie anzunehmen wäre, im Ich (mit seinen Erinnerungen, Erfahrungen, Gefühlen). Das Ich muß sich mit der Realität »auseinandersetzen« und wird dabei durch das Über-Ich (durch moralische Regeln, Vorschriften, Verbote) beeinflußt.
Die Vorurteilsforschung[115] lehrt nun, daß soziale Vorurteile (als starre, vorgefaßte Urteile), auch Stereotypen oder xenophobische Ressentiments[116] genannt, bedeuten, daß der Fremde nicht nur mit Mißtrauen betrachtet wird, sondern von Fall zu Fall auch als Feind. Im Ich (der Gesamtheit der Denkvorgänge und Affekte) konkretisieren sich das Selbstwertgefühl und die sozialen Ängste.
Vorurteile dienen der Stabilisierung der eigenen Wertvorstellungen. Es gibt eine allgemeine Vorurteilsbereitschaft, d. h. die Neigung oder Tendenz zum autoritären Charakter, der zum festen Bestandteil, zur Voraus-

setzung rechtsextremer Ideologie gehört. Es handelt sich nach Adorno und Fromm[117] um ein sogenanntes Syndrom in der Persönlichkeitsstruktur, das vorwiegend bei den Anhängern rechtsextremer Bestrebungen anzutreffen ist.
Von dem im Spandauer Gefängnis 1987 verstorbenen Rudolf Heß, einem der treuesten und gehorsamsten Anhänger Hitlers, seinem Stellvertreter, wird berichtet, daß er eine »unsichere, verwirrte Erscheinung« (Goebbels) gewesen sein soll, die stets Halt brauchte.[118] Er hatte von Jugend an eine unstillbare Sehnsucht nach Vorbildern und Ersatzvätern, nach Verehrung und Unterwerfung.
Menschen mit einem schwach entwickelten Ego neigen dazu, ihr unsicheres Selbstwertgefühl durch Abgrenzung und Aggressivität gegen risikolos angreifbare Gruppen oder Personen zu kompensieren. Dies zeigt sich immer wieder z. B. bei der Ausländerfeindlichkeit.
Es besteht also ein enger Zusammenhang zwischen der inneren Verfassung und dem Verhalten gegenüber den Mitmenschen. Vorurteile bestehen meist aus einem ganzen Bündel von einzelnen Vorbehalten. Das Vorurteil kann auch als Alibi für das schwache Ich dienen. Mit der Erniedrigung des Fremden folgt die eigene Erhöhung oder Aufwertung, was sich auch auf das Gruppengefühl positiv auswirkt.
Vorurteile haben meistens mehrere Aufgaben zugleich zu erfüllen. Sie stärken die Aggressionsbereitschaft und lenken sie auf eine bestimmte Zielgruppe (z. B. auf Kommunisten, Juden, Zigeuner, Ausländer, Türken, Gastarbeiter)[119]; außerdem wird auf diese Weise eine scheinbare Erklärung von politischen und gesellschaftlichen Problemen und Konflikten angeboten. Im wirtschaftlichen Bereich dienen Vorurteile dazu, die Feindgruppe aus der Konkurrenz auszuschalten. Und im politischen Bereich wird die Macht der eigenen Gruppe durch die Integrationskraft der Vorurteile gestärkt. Auf der gesellschaftlichen Ebene geht es darum, Vorteile zu erlangen und die eigene Kultur zu stärken.
Vorurteile entstehen immer, wenn statt kritischer Reflexion, die oft schmerzhaft ist, Verdrängung stattfindet. Diese Erkenntnis stellen die Anhänger des Rechtsextremismus bewußt und gewollt in den Dienst ihrer Agitation. Hier wird das Vorurteil gegen alle Fremden aktiviert, verstärkt und auf eine bestimmte »Feind-Gruppierung« übertragen. Wenn es sich um Minderheiten wie z. B. Farbige oder Türken handelt, so spielen vordergründig die äußeren Unterschiede wie Hautfarbe, Haarfarbe und Tracht eine dominierende Rolle. Das Abweichende und damit Andersartige wird je nach Bedarf als schlecht und negativ hingestellt. Der Fremde, so z. B. früher der »Fremdarbeiter«, dem ohnehin schon durch Vorurteil Mißtrauen und Ablehnung entgegengebracht werden, kann zu einem Feind stilisiert werden, da von äußeren Merkmalen auf innere

Eigenschaften geschlossen wird. Hier setzen die Verfechter des Rechtsextremismus gezielt das oben beschriebene biologische Menschenbild ein, um nach der Abgrenzung die Feindmarkierung (sichtbare Haßobjekte) zu zeigen.

Der Begriff *»fremd«* erweitert sich auf alle Bereiche des Lebens oder Zusammenlebens, sofern eine Abgrenzung nötig erscheint und andersartige Sachverhalte als negativ, schädlich und bekämpfenswert dargestellt werden sollen. So wird ständig gegen die wirtschaftliche, politische und kulturelle »Überfremdung« polemisiert. Das erste Programm der NPD begann mit dem Satz:

> »Fremde Gewalt lastet auf dem geteilten Deutschland – Freiheit erstreben alle Völker der Erde, die gleichfalls fremden Mächten unterworfen sind.«

Es heißt, fremde Einflüsse würden auf eine Massengesellschaft treffen, die auf ihren selbständigen Gestaltungswillen verzichtet hätte. Die Folge sei eine durchdringende Verfremdung deutscher und europäischer Werte und Lebensformen. In der Vorbemerkung des am 12. November 1967 in Hannover verkündeten NPD-Programms erscheint das Wort »fremd« vierzehnmal allein oder in Verbindung mit anderen Worten, wie z. B. »Fremdherrschaft«.

Durch die Politisierung der Fremdenfurcht entstehen *Intoleranz* und latente *Gewaltbereitschaft*. Sie sind die Mittel für den Einsatz dieser Verhaltensweisen gegenüber dem Fremden, und zwar allgemein und grundsätzlich. Es bedarf keiner näheren Erklärung, daß durch die Politisierung und ihren Einbau in die Ideologie durch die Verwendung von Feindmarkierungen ein Klima der Intoleranz und Unduldsamkeit entsteht. Hier gibt es kaum Übergänge, sondern fast nur ein Entweder-Oder. Der politische Gegner ist der Feind der eigenen Gruppe. Er gehört zur out-group. Mit Hilfe dieser Dichotomien werden alle negativen oder unangenehmen Eigenschaften gesammelt und dem anderen, dem Fremden, vorgehalten.[120] Aggressionen und Haßgefühle, die subtil geschürt oder sonstwie geweckt werden, bilden die Voraussetzung für Aktionen. Sie sind so eine dauernde Quelle für Ausschreitungen aller Art gegenüber Minderheiten, die, je nach Aktualität, als Haßobjekte gekennzeichnet worden sind. Die permanente Verteidigungshaltung löst immer wieder derartige Verhaltensweisen aus.

Zur Senkung der Hemmschwelle für Aktionen gegen den politischen Gegner werden z. B. Sauberkeitsvorstellungen im Zusammenhang mit der Schädlingsbekämpfung auf die mißliebigen Personengruppen projiziert. Die Ausrottung von Ungeziefer und pflanzlichem Unkraut wurde erstmals vom NS auf Menschen bezogen.[121]

Intoleranz tut sich schnell mit Haß und Grausamkeit zusammen. Nicht-

konforme Minderheiten in der Bevölkerung verspüren als erste diese Bestrebungen. Haßgefühle richteten sich eine Zeitlang gegen Studenten, Farbige und Gammler. In diese Zeit fiel die Tötung eines Jugendlichen in Konstanz, nachdem zuvor ein NPD-Stadtverordneter im Bürgerausschuß zu Maßnahmen gegen das Gammlerunwesen aufgerufen hatte.[122]
In der Folgezeit waren dann wieder die Gastarbeiter, Ausländer, Linke, Homosexuelle, Amerikaner oder Angehörige der damaligen APO (außerparlamentarische Opposition) betroffen, die kein Geringerer als der verstorbene F. J. Strauß in einem Telegramm 1969 an den Bayerischen Ministerpräsidenten anläßlich einer Demonstration in Bamberg folgendermaßen beschrieb:

> »Diese Leute... benehmen sich wie Tiere, für die die Anwendung der für Menschen gemachten Gesetze nicht möglich ist.«

Die Folgen dieses Schürens von Aggressionen haben sich in unterschiedlichen Formen und Aussagen gezeigt. Hier besteht wieder ein enger Zusammenhang zwischen der Propaganda und der Ideologie (vgl. oben S. 37ff.).
Bereits im Jahre 1970 mußte sich die Staatsanwaltschaft damit befassen, daß sich z. B. im Raum Augsburg mehrere Gastwirte geweigert hatten, Ausländer zu bedienen.[123] Der Bombenanschlag während des Münchener Oktoberfestes im September 1980 ist nach den Ermittlungen auf die Zuspitzung des politischen Klimas durch rechtsextreme Denkvorstellungen zurückzuführen.[124]
Die aus dem Freund-Feind-Denken resultierende Sündenbock-Theorie ermöglicht es, die Welt scheinbar durchschaubar zu machen. Die auffällige Neigung zu Konspirations- und Verschwörertheorien ist nur eine Folge der allgemeinen und grundsätzlichen Frontstellung. Die Schuld für größere Mißstände oder Krisen wird gern anonymen Mächten angelastet wie z. B. der »jüdischen Bankiers- und Weltverschwörung« oder der »5. Kolonne des Weltbolschewismus«. Dieser Glaube soll die eigene Unfähigkeit überdecken, die Einsicht in die wahren Zusammenhänge blokkieren und verhindern, die Wirklichkeit zu verstehen.
Die Auswahl der Antisymbole in Gestalt von Personen, Gruppen oder Institutionen ist verschieden und von der jeweiligen politischen Lage abhängig.[125] Die Austauschbarkeit und der Wechsel der Zielrichtung lassen sich deutlich in der jeweiligen Propaganda erkennen. In den letzten Jahren häuften sich die Schändungen von jüdischen Friedhöfen, die Anschläge auf Unterkünfte von Asylbewerbern und Gewalttaten gegen Ausländer.
Ängste und Feindmarkierungen stehen in engem Zusammenhang mit dem jeweiligen Menschenbild. Die Ängste vor Verlust des Arbeitsplatzes oder der beruflichen Existenz korrelieren mit der Ausländerfeindlich-

keit, gelegentlich auch mit antisemitischen Vorurteilen (s. unten S. 137); die Angst vor der »roten Gefahr« wird genährt von einem kräftigen und dauerhaften Antimarxismus, -kommunismus, -sozialismus in der Bundesrepublik Deutschland (s. unten S. 155ff.).
Typisches Merkmal der rechtsextremen Bestrebungen ist die Erwartung einer permanenten Bedrohung. Die immer wieder beschworene Krise wirkt auf Dauer tatsächlich bedrohlich. Nach einer repräsentativen Erhebung im Sommer 1989 ergab die Selbsteinschätzung der Republikaner-Wähler u. a. folgendes: Außer dem Kampf-, Sieges- und Dominanzwillen zeigte sich der Argwohn, »fortwährend vor Übervorteilung, Ausnutzung oder Bedrohung durch Gegner, Fremde oder Randgruppen auf der Hut« sein zu müssen.[126]

c) Folgen des aggressionsverstärkten Menschenbildes

Rassismus

Das rassenbiologische Menschenbild mit seinen typischen Merkmalen wie Kampf als Lebensprinzip, Abhängigkeit des einzelnen von der Volksgemeinschaft, Artkraft und Volkstum sowie die Politisierung der Fremdenfurcht zu Haßgefühlen mit Hilfe der Vorurteilsmechanismen und der Aufforderung zur permanenten Verteidigung der eigenen »Art« führen geradewegs in den Rassismus.[127]
Darunter wird eine Einteilung und Bewertung der Menschen nach Volksgruppen und Rassen verstanden. Diese Bewertung fällt unterschiedlich aus, in jedem Fall aber mit einem negativen Ergebnis für die »anderen, fremden Rassen«. Die offiziellen Definitionen sind verschieden, so z. B. als ein »Verhalten, mit dem ethnische oder rassische Gruppen benachteiligt und unterdrückt werden; pseudowissenschaftliche Theorien sollen die angebliche Ungleichwertigkeit ideologisch absichern«.[128]
Rassismus ist definiert »als Gesamtheit der Theorien und politischen Lehren, die nach Maßgabe einer anthropologischen Klassifizierung der menschlichen Erdbevölkerung in Menschenrassen Zusammenhänge zwischen Körpertypen und Kulturentwicklung behaupten und dabei versuchen, kulturelle Fähigkeiten und Entwicklungslinien der menschlichen Geschichte auf biologische Ursachen zurückzuführen... Der Rassismus liefert innenpolitisch die Begründung für Diskriminierungen.«[129]
Ein älteres Sammelwerk spricht von einem »Schlagwort«, das für eine »Haltung« steht, »bei der Menschen einer Rasse die Angehörigen anderer Rassen als minderwertig ansehen, damit ist regelmäßig der Glaube an die Überlegenheit der eigenen Rasse oder ethnischen Gruppe verbunden«.[130]

Wie schon oben dargestellt, führt das biologische Menschenbild mit dem sogenannten Artdenken zwangsläufig zu einer wertenden Differenzierung nach menschlichen Gruppierungen, die allerdings mehr oder minder grob nach allgemeinen äußeren Merkmalen ausfällt. Bereits bei der Fremdenfeindlichkeit zeigte sich, daß Menschen anderer Hautfarbe oder nur aus anderen Ländern mit anderer Sprache und Kultur nach ihrer äußeren Gestalt bewertet werden. Die schon früh zu beobachtende Antipathie gegen ausländische Arbeiter in der Bundesrepublik beruht zu einem wesentlichen Teil auf diesen rassistischen Vorstellungen, wie noch zu erörtern ist.

> »Wer kann es eigentlich verantworten, Hunderttausende – die in ganz anderen Klimazonen und Lebensbereichen zu existieren gewohnt sind – aus ihrem Lebensbereich auszuwurzeln und in ganz andere Bedingungen zu zwingen?«[131]

Hier wird unterstellt, daß diejenigen, die gleiche oder ähnliche körperliche Merkmale haben, auch in ihrem seelischen und geistigen Verhalten sowie in ihren Befähigungen gleich sind – eine völlig unwissenschaftliche Annahme. Die Polen mußten während des letzten Krieges in Deutschland sichtbar ein »P« auf der Kleidung tragen. Damit sollte u. a. dokumentiert werden, daß es sich um Menschen handelt, die minderwertig waren und einer »niedrigen« Rasse angehörten. Himmler beauftragte 1943 SS-Ärzte unter Leitung von Professor Hirth, Straßburg, Schädelvermessungen an 115 Häftlingen vorzunehmen, um die Rassentheorie zu stützen. Die Häftlinge wurden später in Auschwitz ermordet.[132] In einem Schreiben der damaligen Reichsuniversität Straßburg hieß es u. a.:

> »In den jüdisch-bolschewistischen Kommissaren, die ein widerliches, aber charakteristisches Untermenschentum verkörpern, haben wir die Möglichkeit, ein greifbares wissenschaftliches Dokument zu erwerben, indem wir uns ihre Schädel sichern.«[133]

Demgegenüber war an die Aufzucht von »hohen Frauen« und an die *»Umvolkung* wertvoller Blutsträger aus slawischen Völkern zugunsten des Germanentums« gedacht. Heute noch ist in rechtsextremen Kreisen die Rede von den *»Teilgestaltigen«* und *»Vollgestaltigen«*, wobei die letzteren die Wertvollen sind, nämlich die Anhänger des Rechtsextremismus.

Hier werden gern die Lehren der fragwürdigen Eugenik eingesetzt, insbesondere bei der aufkommenden Genforschung, die nicht etwa eine Erfindung des NS-Regimes ist. Sie basieren auf den Rassenlehren der Vergangenheit, die ihren schlimmsten Wirkungskreis während der NS-Gewaltherrschaft gefunden hatten. Dieser Rassismus ist eine Folge der pseudowissenschaftlichen Theorien des sogenannten Sozialdarwinismus und bestimmter kulturphilosophischer Thesen, die ungeprüft auf das Zusammenleben der Menschen angewendet werden. Die Gefahren der Manipulation des Menschen durch die Genetik sind wieder höchst aktuell geworden.[134]

Kommentar

Ausgangspunkt waren die Thesen von Charles Darwin (1809-1882), niedergelegt in seinen Büchern »Die Entstehung der Arten durch natürliche Zuchtauswahl« oder »Die Erhaltung der begünstigten Rassen im Kampf ums Dasein«. Ernst Klee[135] weist darauf hin, daß es sich hier um die Ergebnisse der Versuche mit Stechpalmen, Stiefmütterchen, Purzeltauben und Misteldrosseln 1859 in London handelte. Der deutsche Zoologe Ernst Haeckel (1834-1919) wandte jene Regeln auf die Völkergeschichte an. Die Anhänger dieser Irrlehren, Sozialdarwinisten genannt, übertrugen ohne Not die Selektionstheorie auf die Menschen, bezeichneten die Todesstrafe als »künstliche Auslese« und nahmen Bezug auf die Spartaner, die ihre schwächlichen Kinder töteten. Auf Alfred Ploetz (1860-1940) geht der Ausdruck *»Rassenhygiene«* zurück. Im Jahre 1904 gründete er die »Gesellschaft für Rassenhygiene«. Damit waren bereits wesentliche Grundlagen für die Rassenlehren des NS geschaffen.

Der entscheidende Durchbruch zur Stützung der Auslese- und Vernichtungsideologie gelang zwei seinerzeit angesehenen Wissenschaftlern: Alfred Hoche, Professor für Psychiatrie in Freiburg, und Karl Binding (1841-1920), Strafrechtler, der über 40 Jahre in Leipzig als Vertreter des Rechtspositivismus lehrte.[136] Ihnen wird der Begriff des »lebensunwerten Lebens« zugeschrieben. Der Mensch wird hier nach seiner Nützlichkeit beurteilt (Nutzwert, Rentabilitätsgedanke). Von Hoche stammen die Begriffe *»Ballastexistenzen«* und »geistig Tote«.[137] Es wurde unterschieden in »aktive Schädlinge« (Verbrecher) und »passive Schädlinge« (Geisteskranke). Die Tötung dieser Menschen ist danach eine »sozialhygienische Maßnahme« mit dem Ziel der »Ausmerze aller Volksschädlinge«.

Die dem zugrundeliegenden Rassentheorien stammen zu einem wesentlichen Teil von dem Grafen Gobineau.[138] Er erhielt Bestätigung, als der Industrielle Friedrich Krupp in einem Preisausschreiben die Bedeutung der Rassentheorie für die innenpolitische Entwicklung unterstrich.

Die Ärzte Alfred Ploetz, Wilhelm Schallmeyer und Ludwig Wollmann formten diese Irrlehren zu einer »rassenhygienischen Lehre« mit dem Ziel, daß die Fortpflanzung der »Erbtüchtigen« begünstigt, die der »Untüchtigen« verhindert werden sollte.[139]

Die NS-Machthaber konnten daher fordern, den »Volkskörper von Erbkrankheiten, Mißbildungen und Verbrecheranlagen« gleichermaßen und unterschiedslos zu reinigen.[140] In der NS-Zeit wurde der Begriff des *»Minderwertigen«* je nach Bedarf erweitert. Von den körperlich und geistig »Minderwertigen« bis zu den *»Gemeinschaftsunfähigen«* war es nur ein kleiner Schritt. In einem Merkblatt des »Rassenpolitischen Amtes« heißt es zu diesem Begriff:

»Gemeinschaftsunfähig sind Personen, die auf Grund einer anlagebedingten und daher nicht besserungsfähigen Geisteshaltung nicht in der Lage sind, den Mindestanforderungen der Volksgemeinschaft an ihr persönliches, soziales und völkisches Verhalten zu genügen... Gemeinschaftsunfähig ist also, wer 1. infolge verbrecherischer, staatsfeindlicher und querulatorischer Neigungen fortgesetzt mit den Strafgesetzen der Polizei und anderen Behörden in Konflikt gerät; oder 2. wer arbeitsscheu ist...«[141]

Die Folge war damals, daß der Stammbaum der Familie den Christbaum an Bedeutung zu übertreffen drohte. Eine tiefe Verunsicherung hielt damals Einzug in deutschen Familien, ganz zu schweigen von der Angst, nicht »astrein« zu sein oder gar als betroffen eingestuft zu werden.
Auch nach 1945 richtete sich der Kampf gegen »Minderwertige«, während die weiße Rasse, insbesondere die nordische, nach wie vor als die wertvollere angesehen wird. Sie müsse sich gegen die »farbige Weltrevolution« verteidigen. So gesehen steht auf der einen Seite der (blonde) »Übermensch«, auf der anderen der *Untermensch*, das Menschentier. Nicht ohne Grund findet die Apartheid-Politik in Südafrika in rechtsextremen Kreisen und in Europa ihre Anhänger. Die Politik der Rassenintegration in den USA wird selbstverständlich verurteilt, die Bürgerrechtsgesetze stoßen auf Ablehnung. Die instinktive Ablehnung der »Andersrassigen« entspreche dem natürlichen Bedürfnis, die eigene Mentalität ungehindert durch eine fremde zu entfalten. Es habe sich von jeher als verhängnisvoll erwiesen, wenn in diese natürlichen Gegebenheiten Wertungen hineingetragen würden, die, emotional aufgeladen, allerorten zu Diffamierungen und Gewalttätigkeiten bis zu Mord und Ausrottung führten.[142]
Heute sind wieder Stimmen zu hören, die eindeutig auf Rassismus setzen:

»Wir wollen weder eine multirassische noch eine multikulturelle Gesellschaft werden, sondern das Recht der Deutschen auf nationale und kulturelle Identität.«[143]

»Um den Erhalt des deutschen Volkes und Blutes zu sichern, müßte jede deutsche Frau durchschnittlich vier Kinder gebären – Abtreibung ist Mord.«[144]

Aus dem Kreis der Neonazis ist folgendes verbreitet worden:

»Diese Erkenntnis, daß der Mensch nur als Teil einer natürlichen Gemeinschaft von Menschen gleichen Blutes, gleicher Sprache, Kultur und Geschichte menschlich ist und nur in dieser zu sich selber finden und seine Fähigkeiten voll entfalten kann, bezeichnen wir als biologischen Humanismus..., ist Teil der nationalsozialistischen Lebensanschauung...«[145]

Zum Umweltschutz gehöre auch die *Rassenhygiene*. Das ist eine Feststellung, die Aufmerksamkeit verdient; denn hier versuchen die Anhänger des Rechtsextremismus, in ihrem biologischen Denken Anschluß an die Umweltpolitik zu gewinnen. Volksgesundheit ohne Rassenhygiene sei nach dieser Auffassung unvorstellbar:

> »Die Erbkrankheiten auszurotten, die Geburt von Mischlingen, Erbkranken, körperlich und geistig verkrüppelten Kindern zu verhindern, ist die erste Aufgabe der Rassenhygiene (negative Eugenik).«
>
> »...die Verhinderung von Rassenmischungen und von erbkrankem Nachwuchs... befreit uns vom Anblick jener Karikaturen des Menschen, die beispielsweise durch die Sorgenkind-Serie geistern – eine Sendung, die durch ihre Verharmlosung und Verniedlichung der langfristigen Erbschäden in der Volksgemeinschaft schon beinahe kriminell zu nennen ist!«[146]

Die Verknüpfung mit den aktuellen Fragen des Umweltschutzes und der Rassenideologie sieht z. B. so aus:

> »Erst wenn Umweltschutz und Rassenhygiene gleichermaßen beherzigt werden, können wir unser Ziel erreichen: ein freies, einiges, stolzes und gesundes Volk in einer sauberen und gesunden Umwelt.«[147]

Charakteristisch ist auch die ständige Klage, daß das deutsche Volk bald untergehen werde, weil zuwenig Kinder heranwüchsen. »Geht das deutsche Volk unter?«[148] lautet eine Schlagzeile. Die Ursachen seien das »Abtreibungsunrecht« und das »Hereinholen von jährlich Hunderttausenden Ausländern«. Günstig beeinflußt werde die deutsche Bevölkerungsbilanz durch den verstärkten Zustrom von Aussiedlern, d. h. von Deutschen von außerhalb, ohne den der deutsche Charakter untergepflügt werden würde.

Die »Deutsche National-Zeitung«[149] stellte lobend das Buch »Die Endlösung der deutschen Frage« vor als eine »Totalattacke auf den Nerv der Einwanderungs- und Überfremdungsextremisten«; es sei ein notwendiges Buch, das die Überfremdungsmethoden enthülle.

Nicht weit davon entfernt stehen die Professoren, die 1981 das sog. Heidelberger Manifest unterzeichnet haben. Darin heißt es u. a.:

> »Völker sind (biologisch und kybernetisch) lebende Systeme höherer Ordnung mit voneinander verschiedenen Systemeigenschaften, die genetisch und durch Traditionen weitergegeben werden.« (s. S. 105)

Einige Vertreter der alten Rassenlehren unter Hitler, wie die Hochschullehrer Frhr. von Verschuer und Heinrich Schade, konnten nach 1945 ungeschoren in Westdeutschland wieder zu Amt und Würden kommen. Verschuer war von 1952 bis 1956 Vorsitzender der Deutschen Gesellschaft für Anthropologie, Schade erhielt 1951 einen Lehrstuhl für Genetik und publizierte weiter im alten Sinne. Für ihn ist nach wie vor die nordische Rasse Träger der abendländischen Kultur. Er war einer der Erstunterzeichner des Heidelberger Manifests und Verfasser des Aufsatzes »Genosuizid – Volksselbstmord«.[150] Am Mainzer Universitätsinstitut für Anthropologie gab es nach 1945 Direktoren, die maßgeblich die NS-Rassenlehren vertreten hatten.[151]

Kommentar

Im Gegensatz zu allen rassistischen Bestrebungen und ihren Begründungen steht die 13-Punkte-Erklärung der UNESCO, die einstimmig von 22 Biologen und Anthropologen auf einer Arbeitskonferenz 1964 angenommen wurde:

> »Alle heute lebenden Menschen gehören der gleichen Art an, dem homo sapiens, und sind von gleicher Abstammung...
>
> Reine Rassen existieren nicht in der Spezies Mensch... Es ist niemals bewiesen worden, daß Mischbildungen biologische Nachteile für die Menschheit insgesamt haben. Im Gegenteil trägt es bei zu der Erhaltung der biologischen Bindungen von Menschengruppen und damit zur Einheit der Spezies in ihrer Verschiedenartigkeit...«[152]

Die Vorstellung von überlegenen bzw. unterlegenen Menschenrassen und der Glaube an die Vererbbarkeit von angeblich charakteristischen Merkmalen werden durch keine ernsthafte wissenschaftliche Theorie bestätigt.

Trotz dieser Erkenntnisse erhalten die rassistischen Bestrebungen durch die moderne Entwicklung auf dem Gebiet der Gentechnik neuen Auftrieb. Einsichtige Wissenschaftler haben bereits vor Jahrzehnten gewarnt, da die erwünschten Erbfaktoren an sich unbekannt bleiben, ihre erbliche Vorherrschaft fraglich erscheint und das genetische Risiko zu hoch ist.[153] Der Weg zum Übermenschen in Gestalt einer gelenkten Entwicklung hat viele Forscher beschäftigt, auch solche, die nicht ohne weiteres im Bereich des Rechtsextremismus anzusiedeln sind.[154]

Welche Eigenschaften wertvoll sind, welche Werte und Normen künftig gelten sollen, sind keine Fragen der Genetik, sondern politische und moralische. Unabsehbare Konsequenzen würden sich bei einer »Produktion« von Menschen ergeben. Hier würde den Rassisten Tür und Tor geöffnet, wenn nicht eine strenge Kontrolle mit einer generellen Begrenzung gewährleistet ist. Die Forschung heute will ausschließlich dem einzelnen Menschen helfen, so heißt es, doch müssen erhebliche Zweifel angemeldet werden, ob diese Motive auch immer ausschlaggebend sind.

Der damalige Bundesforschungsminister von Bülow (SPD) räumte ein, daß gentherapeutische Experimente denkbar seien. Die Zentrale Kommission für biologische Sicherheit prüfe allerdings solche Eingriffe unter ethischen Gesichtspunkten.[155] Die Neodarwinisten fassen den Menschen im wesentlichen nur als ein molekulares System auf und behandeln ihn gewissermaßen als Zuchttier.

Kommentar

Nach dem Abschlußbericht der Enquete-Kommission »Chancen und Risiken der Gentechnologie« steht fest, daß sich die nach Gesetzmäßigkeiten voranschreitende Entwicklung der Natur mit Hilfe der Gentechnik manipulieren läßt. Die Natur wird aber nicht als Wert an sich, sondern unter dem Gesichtspunkt ihrer Nutzung betrachtet. Es kommt also auf das Abwägen zwischen wirtschaftlichen Interessen und dem Schutz der Natur und des Menschen an.
Bei dem Problem, ob es erlaubt werden solle, zur Behandlung von Erbkrankheiten in die menschlichen Keimbahnen einzugreifen, vertritt ein Teil der Ausschußmitglieder die Ansicht, daß dieser Eingriff in das menschliche Erbgut nicht der Menschenzüchtung diene, weil er sich am Gesunden messe. Gentechnik soll also dazu dienen, Fehler der Natur wieder auszugleichen. Die Kommission lehnte ausdrücklich die Keimbahntherapie ab, für den Menschen soll das Maß des Gesunden gelten, für die Natur das des Nutzens.[156]

Der Soziologe Ulrich Beck[157] warnt eindringlich vor den großen Gefahren. »Die Erfolge der Fortpflanzungsmedizin und Humangenetik ermöglichen eine Art ›Biopolitik‹: die gentechnische Gestaltung von Subjektivität und Gesellschaft.« Beck sieht in der Abstraktheit des Labors, im Umgang mit der chemischen Banalität der Substanzen die Gefahr, daß die Grenzen zwischen Tod und Leben beliebig verschoben werden könnten. Diese abstrakte »Reagenzglas-Eugenik« unterlaufe die Rassendiskriminierung und Tötung präventivtechnisch, sie könne auf den leisen Sohlen der Gesundheitsvorsorge und mit dem wissenschaftlichen Segen der Gen-Beratung schon heute ihren Siegeszug antreten. Mit dem scheinbar neutralen Etikett »erbbiologische Mängel« könnten auch die bekannten Vorstellungen vom »lebenswerten« und »lebensunwerten« Leben wieder mobilisiert oder aktualisiert, vor allem aber wieder gesellschaftsfähig werden. Damit wäre dann die Belastung mit den entsprechenden Ereignissen während der NS-Zeit abgestreift.

Der traditionelle religiöse Haß der Christen auf die Juden hatte sich in Deutschland seit Anfang des 19. Jahrhunderts zu einem immer schärfer sich artikulierenden politischen *Antisemitismus* entwickelt.[158] Dieser war von einem biologischen Menschenbild, unterstützt von politisiertem Fremdenhaß, getragen und von der Abwehr kollektiver Minderwertigkeitsgefühle geprägt.
Man kann den Antisemitismus als Epochenproblem der deutschen Geschichte ansehen.[159] Die Unfähigkeit zur gesellschaftlichen Reform und

die Verteidigung überlebter Privilegien mündeten in ein Feindbild, das den »Juden« übergestülpt wurde.

In den letzten Jahren kann man wieder Parolen wie »Juda verrecke«, »Deutschland erwache« an öffentlichen Gebäuden, Schulen oder sonstigen Häuserwänden lesen.[160] Zerstörungen auf jüdischen Friedhöfen in der Bundesrepublik sind keine Seltenheit mehr. Unbekannte Täter besprühten in der Nacht zum 21. August 1985 auf einem jüdischen Friedhof in Frankfurt am Main 59 Gräber mit Parolen wie

> »Wir gehen über Leichen NSDAP«,
> »Juda verrecke, 6 Millionen sind nicht genug«,
> »Alle Juden rein«.

Wie oben schon bei den Propagandamethoden erwähnt (s. S. 42ff.), richten sich die Angriffe auch wieder gegen Menschen, die dem jüdischen Glauben angehören und sich zur jüdischen Kultur bekennen. Diese Menschen werden diffamiert, für unwert gehalten, mißachtet, kurz, ihre Menschenwürde wird angetastet. Vielfach wird auch zu Aktivitäten gegen die Juden aufgefordert. Vorwiegend werden Einzelpersonen angegriffen und verunglimpft:

> »Sollte Herr Galinski sein Verhalten nicht einmal selbstkritisch überprüfen? Sollte es ihm entgangen sein, daß nicht wenigen seiner Glaubensgenossen die ständigen Schuldzuweisungen auf die Nerven gehen?«[161]

Über den »demütigenden Berliner Eiferer« sagte Schönhuber in Berlin:

> »Ich mag Herrn Galinski nicht mögen müssen«,[162]

und zum Fall Werner Nachmann meinte Schönhuber:

> »Es darf nicht länger der Deckel über diese stinkende Brühe gehalten werden, da sonst bald der Zentralrat der Juden als fünfte Besatzungsmacht gilt.«[163]

Ein anderes Beispiel:

> »Vergiß einen Augenblick das Waldsterben! Tu etwas gegen die Parasiten, die unsere Völker aufeinander hetzen, die uns die Pille, die Abtreibung, die Rassenvermischung, den Alkoholmißbrauch, Drogen, Pornos, Aids und Massenvernichtungsbomben bescheren ...«[164]

Den Juden werden alle Schlechtigkeiten und negativen Verhaltensweisen zugetraut bzw. vorgeworfen. Sie gelten als die Inkarnation des Bösen. Aus einem anderen rechtsextremen Flugblatt:

> »Hinter den Brillengläsern funkeln zwei Verbrecheraugen, und um die wulstigen Lippen spielt ein Grinsen«,

so wird ein als Jude gekennzeichneter Arzt beschrieben, der die Tür zum Sprechzimmer für eine »arisch« aussehende Patientin öffnet.

Das Symbol der Bundesrepublik, der Bundesadler, wird als »Zionsadler«

bezeichnet, der die »totale Unterwerfung der Bundesrepublik unter die zionistische Diktatur« symbolisiere. Alles, was irgendwie einen negativen Anstrich hat, wird, je nach Aktualität, mit den Juden in Verbindung gebracht. Das Würfelspiel »Mensch ärgere Dich nicht« wurde in »Jude ärgere Dich nicht« abgewandelt und 1982 an jüdische Einrichtungen, Redaktionen und öffentliche Stellen versandt. Gewinner des Spiels ist, wer möglichst viele Juden in die Gaskammern gebracht hat.[165]

Außer dem Vorwurf, an einer Weltverschwörung beteiligt zu sein, werden die Juden immer wieder mit dem Kommunismus, früher Bolschewismus, in Verbindung gebracht. Mit Hilfe des verbreiteten Antikommunismus sollen die Juden getroffen werden.

> »Man sollte nicht vergessen, daß der Kommunismus von Karl Marx, einem Juden, ins Leben gerufen wurde und die russische Revolution von amerikanischen, zionistischen Juden finanziert worden ist und daß von den 620 ursprünglichen Mitgliedern der revolutionären Kommunistischen Partei Rußlands über 500 Juden waren einschließlich Trotzki.«[166]

Die Juden hätten keine Nationalität, ihr einziges Ziel sei es, die bestehende Ordnung für ihre eigenen Zwecke zu unterwandern und zu zerstören.[167] Die russische revolutionäre Bewegung sei ausschließlich von jüdisch-kapitalistischen Kreisen unterstützt worden.

Eine Polemik gegen den Dichter Heinrich Heine darf in diesem Zusammenhang nicht fehlen:

> »Heine ist Jude, und da Lyrik noch mehr als jede andere dichterische Gattung Ausdruck des Nationalcharakters und der Volksseele ist, so kann Heine unmöglich der größte deutsche Lyriker nach oder mit Goethe sein.«[168]

Die alten Vorstellungen und Parolen über den »ewigen Juden« – »Wer vom Juden frißt, der stirbt«, seinerzeit von den NS-Organen »Der Stürmer«, »Schwarzes Korps« und »Völkischer Beobachter« verbreitet – sind heute noch oder schon wieder in ähnlichen Wendungen präsent. So heißt es z. B., die Judenfrage sei eine Rassenfrage. Und in Wiesbaden konnte man wieder die Parole lesen:

> »Kauft nicht bei Juden.«[169]

Der Landrat des Schwalm-Eder-Kreises mußte sich dafür entschuldigen, daß in dem Jahrbuch des Kreises für 1988 unter der Rubrik »Für die gute Laune« eine Geschichte aus der Umgebung des Dorfes Oberaula abgedruckt war, die eine Verunglimpfung eines jüdischen Bürgers zum Gegenstand hatte. Es wird von einem Trompeter berichtet, der einem Juden Geld schuldete. In seinem Haus will er den Juden zum Tanzen zwingen. Da sich der Jude weigert, greift er zum Gewehr und droht ihn zu erschießen. In seiner Angst quittiert der Jude nicht nur die unbezahlte Rechnung, sondern ist auch bereit zu tanzen, »daß ihm der Angstschweiß auf der Stirn zusammenlief«.[170] In Oberaula trafen sich ehemalige Angehörige der Waffen-SS zu einem Kameradschaftstreffen!

Der latente Antisemitismus kann sich in sehr unterschiedlichen, getarnten Formulierungen verbergen oder in bloßen Andeutungen zeigen, z. B. in der Polemik gegen die Wiedergutmachung oder gegen die Entwicklungshilfe:

> »Wir zahlen auf fremdes Geheiß in ferne Länder Milliarden, die weder deutschen noch europäischen Interessen dienen.«[171]

Mit falschen Millionenzahlen von KZ-Opfern würden Milliarden von DM an Wiedergutmachungszahlungen erpreßt.

In der Außenpolitik ergreifen die Vertreter des Rechtsextremismus fast geschlossen für die Araber Partei und einseitig gegen den Staat Israel. Hinter der Flagge des Antizionismus verbirgt sich jedoch in Wirklichkeit der altbekannte Antisemitismus.

Gegen die Schlagzeile »Verbrecherstaat Israel«[172] mußte 1969 die Bundesregierung, vertreten durch den damaligen Innenminister Ernst Benda (CDU), ein Verfahren nach Art. 18 GG beim Bundesverfassungsgericht anstrengen. Bezeichnend ist, daß der Verbotsantrag zurückgewiesen wurde.

Wegen ihrer großen Bedeutung sind einige Bemerkungen über die Entstehung und Entwicklung des Antisemitismus notwendig. Der Antisemitismus ist nicht erst von der NS-Ideologie entdeckt oder gar erfunden worden. Spuren und Vorläufer führen weit in die Geschichte zurück.

Der religiöse Antisemitismus entwickelte sich bereits im 4. Jahrhundert, als das Christentum unter Konstantin zur Staatsreligion erhoben wurde. Der Staat machte, wie Raul Hilberg dargelegt hat, Kirchenpolitik.[173] Es war die »Pflicht der Rechtgläubigen, die Ungläubigen vor dem Schicksal des ewigen Höllenfeuers zu bewahren. Die Juden weigerten sich, diesen Glauben anzunehmen.« Der sich allmählich verstärkende Druck der Kirche führte zu Verboten von interkonfessionellen Ehen, gemeinsamem Wohnen und dem Ausschluß von Juden aus öffentlichen Ämtern. Nach dem Scheitern dieser Bekehrungsversuche wurden die Juden ganz besonders verdächtigt.

Hilberg verweist sodann wohl zu Recht auf die folgenreiche Rolle Luthers in der Bewertung der Juden (»Von den Juden und ihren Lügen«, 1542): Das jüdische Volk sei blind, Gott hätte »es mit Wahnsinn und Blindheit« geschlagen. Der Zorn Gottes werde über sie kommen. Die Folgen waren Konversion und Vertreibung. Hilberg vergleicht die kanonischen Maßnahmen mit denen der Nationalsozialisten, die sich schon damals bis in die Begrifflichkeit hinein glichen.[174] Luthers Bild von den Juden wirkte verhängnisvoll. Es hieß fortan, sie wollten die Welt beherrschen, seien

Erzverbrecher, Mörder von Christen und Todfeinde des gesamten Christentums. Herbert A. Sallen[175] bestätigt diese Erkenntnis über die religiösen Wurzeln des Antisemitismus, die auch heute noch vorhanden sind. Die Juden gelten nach wie vor als Gottesmörder, weil sie Jesus ans Kreuz haben schlagen lassen. Sie müßten daher eine Kollektivschuld tragen (»sein Blut komme über uns«), seien von »teuflischer Wesensart« (Leugnung des Messias, daher keine Vergebung) und stünden unter ewiger Verfolgung. Alle positiven menschlichen Eigenschaften werden daher negativ gedeutet, z. B.: Fleiß wird zu Raffgier, Anpassungsbemühungen zu subversiver Angleichung, Nächstenliebe zu kalter Berechnung.

Erst im Zeitalter der späteren Aufklärung änderte sich die Situation der Juden. Und ab 1871 erfolgte schließlich auch die formale rechtliche Gleichstellung. In dem sich sodann entwickelnden wirtschaftlichen Antisemitismus formierte sich der Protest gegen die aufkommenden Wirtschaftskrisen: Die soziale Frage wurde taktisch mit der Judenfrage verknüpft, was zu Angriffen gegen die wohlhabenden Juden vor allem in den Städten führte.

Die Agitation des Hofpredigers Stoecker und des Historikers Treitschke gegen die Juden (»Die Juden sind unser Unglück«) führte zu irrationalen Ängsten, die noch durch den biologischen Antisemitismus (Rassismus) erheblich verstärkt wurden.[176]

Es hieß damals: Gute und schlechte Eigenschaften seien das genetische Produkt physischer Eigenarten. Hilberg zitiert dazu den Reichstagsabgeordneten Ahlwahrdt mit seiner Rede am 6. März 1895:

> »Die Juden sind in der Tat Raubtiere. Ein Jude, der in Deutschland geboren ist, ist noch lange kein Deutscher, er ist immer noch Jude.«[177]

In rassischer Hinsicht wurden die Juden wie folgt von entsprechenden Wissenschaftlern beschrieben:

> »Bei allen Verschiedenheiten, aber bei aller Beimengung von Blut europäischer Rassen treten die kennzeichnenden Merkmale des jüdischen Volkes immer wieder hervor:
> Die Judennase, die mit ihrem kolbenartigen unteren Ende und den fleischigen, hochgezogenen Flügeln das Sechs-Profil zeigt und die mehr aus dem Gesicht hängt als springt...
> Dem jüdischen Volkstypus entspricht eine jüdische Volksseele. Dazu gehört in erster Linie die Abneigung gegen körperliche Arbeit.«[178]

Der NS-Justizminister Thierack schrieb an Hitler u. a.:

> »Eine Volljüdin hat nach der Geburt eines Kindes ihre Muttermilch an eine Kinderärztin verkauft und verschwiegen, daß sie Jüdin ist. Mit der Milch wurden deutschblütige Säuglinge einer Kinderklinik genährt.

Die Beschuldigte wird wegen Betruges angeklagt. Die Abnehmer der Milch sind geschädigt, weil die Muttermilch einer Jüdin nicht als Kindernahrung gelten kann. Das unverschämte Verhalten der Beschuldigten ist auch eine Beleidigung.«[179]

Hitler soll in seinen letzten Lebenstagen über die »jüdische Rasse« erklärt haben, sie sei vor allem eine Gemeinschaft des Geistes.

»Gewiß und zweifellos habe ›jeder Jude in seinen Adern einige Tropfen dessen, was wir spezifisch jüdisches Blut nennen‹, denn ›anders wäre bei ihnen die Beständigkeit gewisser körperlicher Merkmale nicht zu erklären, die nur ihnen eigen sind... ihre vorspringende Nase mit den vom Laster gezeichneten Nüstern‹. Doch allemal sei ›geistige Rasse... härter und dauerhafter... als natürliche Rasse‹.«[180]

Damit war und ist für die Anhänger des Rechtsextremismus neuer Zündstoff gelegt worden.

Die Nazis haben den Antisemitismus nicht erfunden, sondern sie haben ihn aus Texten zusammengebaut, die bis ins 16. Jahrhundert zurückreichen. Mit der »Endlösung der Judenfrage« jedoch sind sie Erfinder der bürokratisch vorbereiteten Vernichtung der Juden geworden. Lanzmann[181] bezieht sich hier mit Recht auf Hilberg, der diesen fabrikmäßigen Vernichtungsprozeß als das Ergebnis einer Folge von kleinen Schritten betrachtet, die in logischer Ordnung zueinander gestanden haben.

Empfehlung

Abgesehen von zahlreichen Hinweisen über die Vorbereitung der damaligen Judenvernichtung liegt ein Protokoll über die sogenannte Wannsee-Konferenz vom 20. Januar 1942 in Berlin vor. An diesem Treffen beteiligten sich, wie bereits erwähnt, Staatssekretäre der wichtigen NS-Ministerien und führende Parteifunktionäre unter der Leitung von SS-Obergruppenführer Reinhard Heydrich, Chef des damaligen Reichssicherheitshauptamtes.[182]

Die völlige Entkleidung des Wortes »Jude« von allen menschlichen Bezügen konnte Lanzmann durch seine Befragungen aufspüren. Polen, die seinerzeit von den Nazis gezwungen wurden, einen Teil der bei Sobibor umgebrachten Juden wieder auszugraben, um die Leichen zur Spurenbeseitigung zu verbrennen, sagten aus:

»Die Deutschen hätten sogar gesagt, daß es verboten war, die Worte ›Toter‹ oder ›Opfer‹ auszusprechen; sie wären nichts als Holzklötze, nichts als Scheiße. Es hätte überhaupt keine Bedeutung, es wäre ein Nichts. Sie zwangen uns, von den Leichen zu sagen, daß es Figuren seien, das heißt Marionetten, Puppen oder Lappen.«[183]

Nach Lanzmanns Nachforschungen sollen allein dort bei Sobibor über 90000 ermordete Menschen verscharrt gewesen sein.

Für eine kritische Aufarbeitung sind die Texte in Lanzmanns »Shoah«-Buch als Arbeitsmaterial zu empfehlen. Er hat mit deutschen Beteiligten diskutiert oder sie nur befragt, wie z. B. Franz S., einen ehemaligen SS-Unterscharführer in Treblinka.[184] Zur Bewertung ist auch das in »Shoah« zitierte Schreiben des Reichssicherheitshauptamtes (RSHA) vom 5. Juni 1942 heranzuziehen[185] sowie das Gespräch mit Walter St., der früher Chef des Fahrplanwesens bei der Generaldirektion der Ostbahn in Warschau gewesen war (Referat 33: »Sonderzüge«).[186]

Der Antisemitismus war ein wesentliches Merkmal des Rassismus und damit ein Kernstück der NS-Rassenideologie. Triebfeder des heutigen Rechtsextremismus ist u. a. wieder ein Rassismus, der oft eine aggressive Juden- und Ausländerfeindschaft einschließt.[187]

Eine Folge des rassisch-biologischen Menschenbildes der rechtsextremen Bestrebungen ist die heute wieder zu beobachtende *Ausländerfeindlichkeit.* Es konnte allerdings bisher nicht mit genügender Sicherheit festgestellt werden, daß jede ablehnende Haltung gegenüber Ausländern auf diesen Kern zurückzuführen ist. Sie kann auch aus persönlichen Erfahrungen oder durch Vorurteile ohne politischen Hintergrund auftreten.
Die Erscheinungsformen und Inhalte der ausländerfeindlichen Haltung sind unterschiedlich. Stets werden jedoch Ausländer generell abgelehnt, teils mit vorgeschobenen rationalen Begründungen, teils in offener Feindschaft, wie dies etwa vom Antisemitismus bekannt ist.

> »Der Einfall fremdländischer Elemente in unser Land wird immer schlimmer: Kamen erst Türken und Kanaken, so stürmen heute Tamilen und Neger das deutsche Land.«[188]

Die ständigen Angriffe gegen hier lebende Ausländer gehören zum festen Repertoire rechtsextremer Gruppen und Parteien. »Ausländer sind Gäste. Dieses schließt Familienzusammenführung und Sozialleistungsansprüche aus«, heißt es im REP-Programm von 1987/88. Im Programm der NSDAP stand schon ähnliches:

> »Wer nicht Staatsbürger ist, soll nur als Gast in Deutschland leben und muß unter Fremdengesetzgebung stehen.«

Derartige Regelungen sind nicht vereinbar mit den Vorschriften der Art. 6 und 20 Abs. 1 GG.
Die größte rechtsextreme Wochenzeitung, die »Deutsche National-Zeitung« (DNZ) in München, wendet sich in fast jeder Ausgabe gegen die Ausländer schlechthin. Mit der Schlagzeile

> »So lügen die Überfremder... die Einwanderungs- und Integrationsextremisten blasen zum Sturmangriff... Deutschland soll total überfremdet werden«,[189]

versuchte der Verleger und Herausgeber Frey für die von ihm gegründete »Initiative für Ausländerbegrenzung« (IfA) zu werben. Seine »Meinungsumfragen« erbrachten, daß 96% der Einsender die Zahl der Ausländer zu begrenzen wünsche, 94% würden für Rückkehrmaßnahmen eintreten.[190] Wie immer sollen Ängste geweckt werden:

»Abgesehen von den Belastungen für unsere wirtschaftliche Leistungsfähigkeit muß ein verstärkter Zuzug zu verstärkter Rassenmischung führen, was angesichts der damit verbundenen vermehrten Krankheitshäufigkeit (Schizophrenie, Tuberkulose...) vom anthropologischen Standpunkt abzulehnen ist.«[191]

Deutlicher steht es in der Monatszeitschrift »Nation Europa« (NE):

»Sagen Sie ruhig laut und deutlich, daß uns die Europäer näherstehen als die Massen aus Afrika und Asien, die außer ihrer kaninchenhaften Vermehrung zu jeder anderen Leistung offenbar unfähig sind.«[192]

Von den rechtsextremen Gruppen und Einzelpersonen gehen seit Jahren verstärkte Angriffe gegen Ausländer im Bundesgebiet aus (s. oben S. 45ff.). Sie wenden sich gegen die »kulturelle *Überfremdung*« und »biologische *Zersetzung* des Volkes«, gegen die »wirtschaftlichen und sozialen Belastungen in Milliardenhöhe«.[193]

Die REP sorgen sich um die »heraufziehende Überfremdung«. Das deutsche Volk zu erhalten, heiße vor allem, dieses für seine Nachkommen vor Überfremdung zu schützen.[194] Die von der NPD initiierte »Bürgerinitiative Ausländerstopp« konnte anfangs einen größeren Zulauf erzielen (nach eigenen Angaben über 52000 Unterschriften vorwiegend in NRW).[195] Bei der Kommunalwahl in Schleswig-Holstein 1982 errang die NPD mit ihren Parolen durchschnittlich über 3,7% der Stimmen.

Einen sicherlich größeren, aber nicht genau meßbaren Einfluß haben Vereinigungen, die scheinbar mit wissenschaftlichem Anstrich und angeblicher Sachkenntnis mehr oder minder offen rassistische und ausländerfeindliche Stellungnahmen und Parolen verbreiten. Aufsehen erregte etwa der »Schutzbund für das deutsche Volk« durch sein *»Heidelberger Manifest«* von 1981.[196] Hier war die Rede von der »Unterwanderung des deutschen Volkes durch Zuzug von Ausländern und ihren Familien... Vor der Überfremdung unserer Sprache, unserer Kultur und unseres Volkstums« wurde gewarnt. Dieser Verein ließ in der FAZ zur Bundestagswahl am 6. März 1983 eine Anzeige veröffentlichen, die mit folgendem Satz beginnt:

»Der größte Schaden, der heute unserem Volk droht, ist die Entstehung einer Fremdbevölkerung in Deutschland.«[197]

Der als rechtsextrem eingestufte Verlag »Hohe Warte« (82396 Pähl) versandte im Bundesgebiet eine Broschüre mit dem Titel »Ausländerintegration ist Völkermord«. Der Verfasser ist ein ehemaliger Polizeibeamter des gehobenen Dienstes in Stuttgart. [198] Darin steht u. a.:

»Jede Integrationspolitik führt zur Zerstörung der Eigenart der Völker, zur Entwurzelung und seelischen Schädigung der Menschen und zur Völkervernichtung... zu Rassenkämpfen und zu einer immer mehr ansteigenden Kriminalität und damit zur Selbstzerstörung.«

Der Verfasser dieser Hetzschrift nimmt Bezug auf einen Leserbrief von Prof. Helmut Schröcke in der FAZ, der u. a. geschrieben hatte:

»Völker sind (kybernetisch und biologisch) lebende Systeme höherer Ordnung...«[199]

Fast wortgleich steht der Satz in dem genannten »Heidelberger Manifest«, das 15 Professoren, unter ihnen Schröcke und der ehemalige Bundesminister Oberländer, unterzeichnet hatten.[200]

Eine andere akademische Stimme:

»An die Stelle des historisch gewachsenen... deutschen Teilstaats tritt eine ethnisch-religiöse Multikultur, ein Flickenteppich von Sprachen, Religionen und Völkern ohne einigende Kraft und Idee, etwa dem Libanon vergleichbar. Dies ist der Zeitpunkt, wo die Traditionen endgültig abreißen, wo eine Kultur auslöscht wie ein Licht, wie Konrad Lorenz gesagt hat.«[201]

Oder deutlicher:

»Unsere Heimat verliert durch die Masseneinwanderung von Asiaten, Afrikanern und Orientalen immer mehr ihr deutsches Gesicht, und auch die widerliche Selbstbesudelung durch die vom Feind kontrollierten Medien will einfach nicht enden.«[202]

Bevorzugt werden in diesem Zusammenhang bevölkerungspolitische Thesen aufgestellt: Zu den »Todsünden unserer Zeit« gehöre die »Aushöhlung« des § 218 StGB (Abtreibung) und die »Überschwemmung durch Angehörige fremder Völker«.[203]

Schärfer und aggressiver sind die Aussagen aus dem neonazistischen Umfeld, so z. B. in einem Flugblatt der NSDAP/AO, hergestellt in den USA, mit dem Titel »NS-Kampfruf«:

»Ausländer raus – Eine Kanakenwelle nach der anderen überflutet die Bundesrepublik Deutschland.«

Diese Parolen bleiben nicht folgenlos. Wie oben schon dargestellt (vgl. S. 45 ff.), sind die Angriffe beleidigend und diffamierend. Die Zahl der rassistischen Schmierereien hat sich in den letzten Jahren in der Bundesrepublik erhöht. Opfer auch von Gewalttätigkeiten sind in erster Linie Türken und Asylbewerber. Hier zeigt sich wieder der Zusammenhang mit dem rechtsextremen Menschenbild: Es wird vorwiegend nach den äußeren Merkmalen generalisierend geurteilt. Die Türken sind nicht nur die größte Ausländergruppe, sondern bieten – ähnlich wie bei den Juden – gewisse körperliche Merkmale an, die zur Markierung als Feindgruppe herhalten müssen und als Kennzeichen der »Andersartigkeit« angeprangert werden. »Türken raus, Ausländer raus, Tod den Türken« und »Deutschland den Deutschen«[204], so lauten die Parolen.

»Ich mag die Türken, aber ich mag sie am meisten in der Türkei selber.«[205]

Mit Parolen wie »Nie wird über Deutschland die grüne Fahne des Islam wehen!« oder »Wir sind nicht das Sozialamt des Mittelmeerraumes«[206] wird Stimmung gegen die Ausländer gemacht.

Zur Probe auf das Exempel hatte sich der Schriftsteller Günter Wallraff[207] als Türke Ali getarnt und dabei sehr unangenehme Erfahrungen gemacht. Er beklagt die Menschenverachtung in unserem Land. Ihm seien, wie er schrieb, »... Einblicke in die Borniertheit und Eiseskälte einer Gesellschaft (eröffnet worden), die sich für so gescheit, souverän, endgültig und gerecht hält«.

»Keine deutsche Kneipe braucht ein Schild ›Ausländer unerwünscht‹! Wenn ich, Ali, ein Wirtshaus betrat, wurde ich meistens ignoriert. Ich konnte einfach nichts bestellen.«[208]

Wallraff berichtet aus eigener Erfahrung, daß die Türken als größte Gruppe der in Deutschland lebenden Ausländer überwiegend die Drecksarbeit erledigen müssen, wenn sie Geld verdienen wollen. Dabei sind Erniedrigungen am Arbeitsplatz und Parolen wie z. B. »Lieber ein SS-Schwein als eine Türkensau«[209] keine Seltenheit. Diese Situation nutzen einige Unternehmer aus, um Türken als sogenannte Leiharbeiter unter nicht vertretbaren Bedingungen zu beschäftigen. Diesen Typ beschreibt Wallraff so:

»Er ist in seiner kriminellen Energie und Phantasie eher mittlerer Durchschnitt. Nichts wäre falscher, als ihn zu dämonisieren. Er ist einer von zigtausend Erfüllungsgehilfen und Nutznießern der grenzenlosen Ausbeutung und Menschenverachtung.«[210]

Im Prinzip sind nicht allzu weit davon entfernt die Haftpflichtversicherer, die einen sogenannten Türkentarif forderten. Bei einem Test sprachen Türken bei 63 Versicherungen vor. Von 33 erhielten die angeblichen Antragsteller eine Absage. Nur drei Gesellschaften waren bereit, ohne Einschränkungen normale Tarife anzubieten. Nach Pressemeldungen[211] sollten Griechen 20%, Jugoslawen 23% und Türken 50% mehr als deutsche Versicherungsnehmer bezahlen. Die Staatsangehörigkeit – so hieß es – sei ein subjektives Risikoelement.

In der rechtsextremen Monatszeitschrift »Nation und Europa« (NE), die in einer Auflage von etwa 10000 Exemplaren herauskommt, gibt es seit einiger Zeit eine Rubrik, die »Nachrichten von der Überfremdungsfront« heißt.[212]

Daß diese Parolen und Stellungnahmen einen Aufforderungseffekt haben, beweisen die wiederholten Ausschreitungen im gesamten Bundesgebiet. Mitglieder der »Deutschen Aktionsgruppe« verübten 1980 Sprengstoffanschläge auf Ausländerunterkünfte von Lörrach bis

Hamburg, es gab zwei Tote und zahlreiche Verletzte. Anstifter war der ehemalige Rechtsanwalt Manfred Roeder, der zu einer Freiheitsstrafe verurteilt wurde. Nach vorzeitiger Entlassung aus der Strafhaft am 12. Februar 1990 betätigte er sich wieder in der rechtsextremen »Deutschen Bürgerinitiative« (DBI).[213]

Kommentar

Am 24. Juni 1982 erschoß der Dachdecker Helmut Oxner in Nürnberg zwei farbige Amerikaner und verletzte zwei andere Ausländer schwer. Er rief am Eingang einer Diskothek den erschrockenen Passanten zu: »Ich schieße nur auf Türken«, erschoß anschließend einen weiteren Ausländer und schließlich bei Eintreffen der Polizei sich selbst.[214]

Der Reporter Gerhard Kromschröder arbeitete mehrere Wochen als »Hilfsarbeiter aus Anatolien« in Frankfurt am Main. Er mußte in dieser Zeit höchst Unerfreuliches erleben, weil er wie ein Türke aussah. In einigen Gaststätten wurde er nicht bedient und statt dessen aufgefordert, das Lokal zu verlassen. Es kam nicht nur zu Beleidigungen, sondern auch zu Handgreiflichkeiten.[215] Der damalige SPD-Vorsitzende und Friedensnobelpreisträger Willy Brandt war von seinem Bericht »berührt und beeindruckt«. Die Schilderung zeige plastisch, wie weit wir von einem menschlichen Zusammenleben entfernt sind.[216]

Diese Erfahrungen decken sich mit Erlebnissen, die Wallraff, als Türke Ali verkleidet, machen mußte: »Wo immer Ali auftaucht, schlägt ihm mal offen, mal verdeckt Ausländerfeindlichkeit entgegen, ein Stück Apartheid in der Bundesrepublik.«[217]

Jugendliche Skinheads erschlugen in Hamburg den 26jährigen Türken Avci auf der Straße.[218]

Nicht nur gegen die Türken, sondern auch gegen Asylbewerber sind die ausländerfeindlichen Angriffe gerichtet. Sie beginnen bereits bei den Bezeichnungen wie Asylanten, Scheinasylanten, Wirtschaftsasylanten, wobei zu berücksichtigen ist, daß in der Umgangssprache die Endsilbe -ant einen vorwiegend negativen Klang hat (Intrigant, Vigilant, Spekulant, Simulant, Sympathisant; vgl. weitere Beispiele oben S. 45 ff.).

Die Asylsuchenden werden der Kriminalität verdächtigt. Damit wird dieser Personenkreis von Anfang an in ein ungünstiges Licht gerückt.[219] Es heißt, die »erschreckende Asylantenkriminalität« stelle die Polizei vor unlösbare Probleme. Dies sei insbesondere im bundesdeutschen Rauschgifthandel der Fall, der weitgehend von Ausländern kontrolliert werde.[220]

In einer anonymen Zuschrift an den Hessischen Minister des Innern vom November 1988 heißt es u. a.:

»Strömt herbei, ihr Völkerscharen,
aus der großen weiten Welt,
und laßt euch in Deutschland nieder,
wann und wo es euch gefällt.

Sagt ›Asyl‹ und alle Türen
tun sich wie durch Zauberhand
auf zu den verfluchten Deutschen,
Wunder- und Schlaraffenland...«

Der bayerische Innenminister Edmund Stoiber konnte sich von dieser Tendenz nicht freimachen. Er warnte vor einer Asylpolitik, durch die in Deutschland eine »multinationale Gesellschaft entsteht, durchraßt und durchmischt«.[221]
Es wird dabei oft behauptet, daß Farbige, Türken und Menschen aus Südostasien die Bundesrepublik stürmten. Das ist nicht der Fall. Die Statistiken[222] belegen dies.

Kommentar
Allein aus den damaligen kommunistisch regierten Staaten kamen im Monat Oktober 1988 3607 Personen = 34% aller Asylbewerber in die Bundesrepublik, dabei stehen bis heute an erster Stelle die Herkunftsländer Jugoslawien, Rumänien und Polen. Im Oktober 1991 wurden 33570 (Januar 1992: 31021) Asylbewerber registriert. Auch hier ist wieder die gleiche Tendenz zu beobachten: Der größte Anteil entfällt auf die Flüchtlinge aus den östlichen Ländern. Die Zahl der Aussiedler aus Polen und der früheren UdSSR ist fast doppelt so groß wie die der gesamten Asylbewerber.[223]

Die allgemeine Behauptung, Ausländer verübten mehr kriminelle Handlungen als Deutsche, ist unzutreffend. Kostede[224] kritisiert nachdrücklich die Angaben über die Ausländer in der Polizeilichen Kriminalstatistik für 1991. Mangels Differenzierung fördere sie Vorurteile und verstärke die Ausländerfeindlichkeit, das gilt auch für 1992.
Strafrechtler mahnten 1988 auf der Jahrestagung des Bundeskriminalamtes zu einem differenzierten Umgang mit der Kriminalstatistik. Die Professoren Michael Walter und Bernhard Villmow wandten sich entschieden gegen die herrschende Auffassung, vertreten von Staatssekretär im BMI, Spranger (CSU), der Anstieg der Ausländerkriminalität sei besorgniserregend.
In den Zahlen über die ausländische Wohnbevölkerung sind auch Touristen, Angehörige der Stationierungsstreitkräfte und solche Ausländer enthalten, die sich hier illegal aufhalten oder nur auf der »Durchreise«

befinden.[225] Nach Angaben von Kruse haben seit 1953 mehr als eine Million Ausländer in der Bundesrepublik um Asyl nachgesucht, von denen nur 150000 Asyl erhalten haben. Niemand führe eine Statistik darüber, wie viele Asylsuchende das Land vor, während oder nach Abschluß des Verfahrens wieder verlassen hätten.[226]

Die offizielle Haltung gegenüber der Ausländerfeindlichkeit ist eher vorsichtig und differenziert. Die damalige Bundesbeauftragte für Ausländerfragen, Liselotte Funcke, sah keine derartige Bestrebung in der Bundesrepublik, lediglich Vorbehalte auf beiden Seiten.[227] Sie räumte jedoch ein, daß die Wohnungssituation für Ausländer schlecht ist. Zur Arbeitsmarktlage teilte sie mit, daß den etwa 1,9 Millionen arbeitslosen deutschen Arbeitnehmern (darunter etwa 800000 Angestellte) 260000 arbeitslose Ausländer gegenüberstünden, die vornehmlich aus den Bergbau- und Gießereiberufen stammten. Daß Ausländer den Deutschen die Arbeitsplätze wegnähmen, davon könne keine Rede sein.

Die Bundesregierung kritisierte den Begriff »Ausländerfeindlichkeit« als zu pauschal. Man solle besser zwischen »Fremdenfeindlichkeit« und »allgemeinen Vorbehalten gegenüber Ausländern« unterscheiden. Die »auf Rassismus und übersteigertem Nationalismus basierende Fremdenfeindlichkeit« sei »nur bei einem verschwindend geringen Teil der Bevölkerung anzutreffen«.[228] In der Bundestagsdebatte vom 25. Dezember 1986[229], in der warnende Erklärungen des Europäischen Parlaments und anderer europäischer Gremien beraten wurden, spielten alle Parteien, mit Ausnahme der GRÜNEN, die Ausländerproblematik herunter. Dies entspricht jedoch keinesfalls der politischen und gesellschaftlichen Wirklichkeit.

Auch in der ehemaligen DDR gab es in den letzten Jahren ausländerfeindliche Einstellungen.[230]

Schließlich sei noch auf ein Problem aus dem Bereich der inneren Sicherheit als Beispiel dafür hingewiesen, wie zählebig sich rassistische Vorstellungen halten und wie von äußeren Merkmalen auf innere Werte von Menschen geschlossen wird: Die Sinti und Roma protestieren immer wieder gegen ihre generelle Stigmatisierung. Die Kennzeichnungen in der Datenverarbeitung mit »ZN« (Zigeuner) oder »HWAO« (häufig wechselnder Aufenthaltsort) oder »LFD« (Landfahrer) müsse als eine Art von Rassenferndiagnose angesehen werden. Sie fordern daher, diese Einteilung nach ethnischen Unterschieden zu unterlassen.[231] Er läßt sich in der Tat nicht ausschließen, daß heute noch die Arbeiten der berüchtigten »Rassenhygienischen Forschungsstelle« im damaligen Reichsgesundheitsamt in Berlin, die etwa 20000 »gutachterliche Äußerungen« über die Sinti und Roma verfaßt hatte, auf die öffentliche Meinung wirken.[232] Die »Rassenforscher« hatten damals u. a. Gesichter, Augen, Nasen und

Ohren sowie einzelne Menschen und ganze Familien fotografiert, um ihre Theorien beweisen zu können.

Ablehnung des politischen Rationalismus

Das festgefügte Menschenbild rechtsextremer Kreise, ihre Einstellung zum Mitmenschen und ihre Beschreibung der Position des einzelnen gegenüber dem Staat führt zu einer grundsätzlichen Ablehnung aller rational erklärbaren politischen Wertvorstellungen oder Prinzipien. Diese irrationale Vorstellung wird durch die beschriebene Freund-Feind-Haltung bestärkt. Daraus folgt eine rigide Abwehr aller abweichenden Ideologien oder Leitbilder.

Jaschke[233] spricht in diesem Zusammenhang zutreffend von einer »fundamentalen Opposition gegen die rationalistische, emanzipative Denk- und Lebensform«. Allgemein behaupten die Vertreter des Rechtsextremismus, daß die Ablehnung des Irrationalismus zur völligen Rücksichtslosigkeit jeder Werte und zur »Fratze des hohen Denkens« führe.[234] Der Rationalismus habe in seiner Maßlosigkeit und Bindungslosigkeit ein System hervorgebracht, das heute zur Selbstvernichtung des Menschen führe; denn in der totalen Technosphäre werde der Mensch sich selbst entfremdet.[235]

Eine der typischen Erscheinungsformen gegen den Rationalismus ist neben der antiliberalen Grundhaltung die aus dem biologischen Menschenbild sich zwangsläufig ergebende These von der *Ungleichheit*[236] der Menschen. Die allgemeine politische und rechtliche Forderung nach Gleichheit für alle Menschen wird als unrealistisch und unvereinbar mit den biologischen Eigenheiten der Menschenrassen abgelehnt. Mögen die jeweiligen Angriffe gegen das Gleichheitsprinzip noch so plausibel erscheinen, dahinter verbirgt sich regelmäßig der starre Hinweis auf die biologische Ungleichheit der Menschen.[237] Die rationale Gleichheitsforderung sei nicht mit den geistig-charakterlichen Verschiedenheiten zu vereinbaren. Daher sei ein gleiches Gewicht in der politischen Verantwortung nicht zu vertreten. Anrich spricht vom »Chaos des Individualismus« und wendet sich daher gegen jede bevorrechtigte Stellung des einzelnen.[238]

Vor über hundert Jahren schrieben bereits preußische Staatsbeamte bei der Ermittlung kommunistischer Aktivitäten:

> »Die natürlichen Eigenschaften unseres Menschengeschlechts haben von jeher die Erscheinung hervorgerufen, daß nicht alle Menschen zu gleichen irdischen Genüssen berufen sind, der eine ist von der Natur mit hohen Gaben des Geistes ausgestattet, der andere wird von glücklichen Umständen begünstigt. Der eine ist bei einer einfachen Lebens-

weise glücklich und zufrieden, der andere murrt, obwohl er im Überfluß schwelgt. Der eine wird mit einem robusten, kräftigen Körperbau geboren, den anderen trifft das Unglück einer zerrütteten Gesundheit oder er kommt als Krüppel auf die Erde.

Alle Bemühungen, diese natürlichen Unterschiede zu zersetzen und aufzuheben, erscheinen als leere Theorien.«[239]

Immer wieder ist der Rückschluß vom Äußeren des Menschen auf seine inneren, insbesondere geistigen Qualitäten festzustellen. Der demokratische Gedanke wird daher besonders gern angegriffen. So werden Demokraten als »Umerzieher« verächtlich gemacht. Der Begriff »re-education« geht von englischen Bestrebungen aus, demokratisches Denken unmittelbar nach dem Zweiten Weltkrieg im Bewußtsein der Deutschen zu verankern.

Die Anhänger des Rechtsextremismus sprechen von einer »volkspädagogisch erwünschten Umerziehung« als »entfremdender Zeitgeist«, gegen den Widerstand geleistet werden müsse.[240] Nach Anrich zerstört diese »Fehlordnung den Menschen in seiner inneren Ganzheit«, der Mensch sei einer ausgeklügelten, mit brutaler Macht erzwungenen Beeinflussung ausgesetzt.[241]

Liberale Positionen, die für die Freiheit des einzelnen, für seine Freiheitsrechte gegenüber dem Staat eintreten, werden als »Liberal-Extremisten« herabgesetzt, diese seien die »Gefährlichsten unter den Extremisten«. So habe sich der Liberalismus der F. D. P. wie ein Krebsgeschwür in die CDU/CSU hineingefressen und greife immer weiter um sich.[242] Der Liberalismus trage die Hauptschuld an Aids, der steigenden Kriminalität und dem Zerfall der Familie.[243]

Die Meinungs- und Pressefreiheit wird heftig angegriffen und soll mindestens eingeschränkt werden. Der Grundsatz der Freiheit (Art. 5 GG) mit allen Konsequenzen ist den Rechtsextremen ein Dorn im Auge. Jede politische Aufklärungsarbeit wird kritisiert und abgelehnt. Das Grundrecht der Meinungsfreiheit soll durch die »Würde des Volkes« eingeschränkt werden, fordert das REP-Programm. »Wenn wir an der Macht sind, wird es ›Kennzeichen D‹ nicht mehr geben«, drohte Schönhuber.[244]

Die Presse- und Rundfunkfreiheit wollen die REP durch die »Schaffung partei- und gruppenunabhängiger Kontrollorgane« überwachen lassen.[245]

Hier besteht eine enge Verbindung zu den Propagandamethoden (s. oben S. 32 f.), die Krise zu schüren und der freien Presse »Einschüchterung und Verschmutzung der geistigen Umwelt« vorzuwerfen (REP-Programm Nr. 13).

Im NSDAP-Programm von 1920 (Nr. 23) heißt es dazu:

»Wir fordern den gesetzlichen Kampf gegen die bewußte politische Lüge und ihre Verbreitung durch die Presse. Zeitungen, die gegen das Gemeinwohl verstoßen, sind zu verbieten.«

Die politische Bildung basiert wie die Aufklärung auf dem Grundsatz der Meinungs- und Pressefreiheit; neben dem Prinzip der freien Entfaltung der Persönlichkeit gilt es, die demokratischen Verhältnisse in Staat und Gesellschaft zu festigen. Das obengenannte Menschenbild des Rechtsextremismus steht dem entgegen. Ein völlig anderer Volksbegriff wird im Zusammenhang mit der Demokratie als Prinzip verwendet. Nicht Aufklärung, sondern Indoktrination heißt die Parole.

Die Pädagogischen Hochschulen und die entsprechenden Fakultäten der Universitäten entwickelten sich zu »Hochburgen der deutschen Selbstverleugnung und Selbstbezichtigung«. Geißlern und Flagellanten gleich, zögen sie aus, um den Schülern den Stempel der deutschen Niederlage, der Schuld, der negativ privilegierten Nation aufzudrücken.[246] Wie Jaschke[247] formuliert, gilt die Demokratie als eine ›widernatürliche‹ Form der Interessenartikulation, weil sie dem organischen Denken zuwiderläuft.

Das Propagandamittel der puristischen Überforderung der Demokratie findet hier ihre letzte Begründung. Die liberale Demokratie sei unrealistisch und müsse durch die Übernahme völkischer Vorstellungen zur »echten« oder »wahren« Demokratie weiterentwickelt werden.

Das Volk werde nur als Addition der einzelnen Individuen aufgefaßt, Volkssouveränität stamme nicht mehr aus der »Hoheit des Volkstums und der Volksgemeinschaft«, die mit der Menge verwechselt werde. Hier offenbart sich auch die tiefe Aversion gegen jedwede rationale Auseinandersetzung, gegen Diskussionen und die Austragung von Konflikten nach festgesetzten Spielregeln.

Demokratie als Herrschaft des Volkes über sich selbst unter der Voraussetzung materieller Gleichstellung ist in den Augen der Rechtsextremen der eigentliche Stein des Anstoßes. Es handele sich dabei um eine formale oder Quantitätsdemokratie im Sinne von mechanischer Gleichheit.[248] Das Gleichheitsprinzip wird demgegenüber radikal abgelehnt.[249] Nicht der Glaube an die Vernunft als politischer Minimalkonsens, sondern das biologische Menschenbild bildet das entscheidende Kredo.

Freiheit und Gleichheit werden uminterpretiert. Die demokratischen Rechte sollen nur für loyale Bürger gelten, Ausländer fallen nicht darunter, sie werden nach dem Programm der REP von allen Sozialleistungen ausgeschlossen. Weiter fordert die REP: Die Berufsfreiheit, die im Grundgesetz verankert ist, soll durch ein »Recht auf Arbeit mit einer Pflicht zur Arbeit« ersetzt werden. Für die Frauen soll ein »soziales Pflichtjahr« eingeführt werden. Überhaupt sollen für die Frauen, die eine

besondere Stellung in der Gesellschaft einnähmen, nicht die gleichen Rechte gelten wie für Männer: Ihre eigentliche Aufgabe liege in der Familie, erst in zweiter Linie stehe ihre Berufstätigkeit.
Die Aufklärung über Nationalismus und Faschismus sowie das Eintreten für die parlamentarische Demokratie bezeichnet Anrich als »Fortsetzung des Krieges nach der Kapitulation durch wohldurchdachte Umerziehung«. Die »inneren Sehnen« seien den Deutschen durchschnitten worden. Die NDP wendet sich gegen den »inneren Verfall und die Bestechlichkeit der Volksvertretungen«, die nicht Parteiinteressen, sondern dem ganzen Volk zu dienen haben, wie es im Programm von 1973 heißt.
Das biologische Menschenbild der Rechtsextremen führt weiterhin zu einem *Antipluralismus*. Die Toleranz gegenüber dem grundsätzlich gleichwertigen Mit- und Nebeneinander von Organisationen und Verbänden in der Gesellschaft wird als »unrichtig« und gefährlich kritisiert. Sie verstelle den Menschen den Ausweg aus der Krise.[250] Pluralismus wird als Ideologie gebrandmarkt, die die Hierarchie in Frage stelle. Er sei eine »Perversion der natürlich-organischen Verbindungen in die künstlich-funktionellen Kollektive«.[251] So wendet sich die NPD gegen den »verfassungswidrigen Machtanspruch gesellschaftlicher Gruppen, der den Staat zur Beute pluralistischer Gruppeninteressen werden läßt«.[252] Der Pluralismus sei ein System, in dem das Volksbewußtsein und der Begriff der Nation entwertet würden. Ihre Vertreter werden als »Vernunft-Idioten« oder »tatsachenblinde Fortsetzer der Aufklärung« abqualifiziert. Der Liberalismus habe nur einen »Viertelstaat« zuwege gebracht; daher fordern die Anhänger des Rechtsextremismus die Schaffung der »vollen« Demokratie. Der liberale Glaube an den Sieg der Vernunft in der permanenten politischen Auseinandersetzung widerspricht dem völkischen Menschenbild.
Die Lösung der angeblich anstehenden Probleme suchen die Aktivisten des Rechtsextremismus in ihrem irrationalen Wertesystem. Geistfeindliche Tendenzen sind die Folge, die sich in Ausfällen gegen die Intellektuellen manifestieren. Die Bezeichnung »Intellektuelle« galt in der NS-Zeit als ein Schimpfwort. Heute werden sie als »wertblinde, einseitige Verstandesmenschen« abgelehnt.[253] An die Stelle von »vernünftig« wird »lebendig« gesetzt. Wer allein die Ratio gelten lasse, nehme das »formende Gehäuse« für den Inhalt. Bei der Agitation (s. oben S. 27ff.) gegen demokratische Politiker werden auch die Vertreter des politischen Liberalismus nicht verschont. Sie seien für die »Ideologie der Linken« die »liberalbürgerlichen Steigbügelhalter«. Der in »Selbstsucht, Bequemlichkeit und Feigheit entartete Liberalismus« schütze und erhalte die Freiheit der Menschen nicht.[254]
Jedwede Liberalisierung bewirke Aufweichung und zerstöre die Rechts-

und Wertordnung, was zum Untergang des demokratischen Rechtsstaats führe.[255] Konsequent wird jede liberale Maßnahme oder Stellungnahme besonders im Bereich des Strafrechts und im Strafvollzug heftig angegriffen. Bemerkenswerte Tatsachen wie diese, daß 1984 bundesweit nur 1,6 % der Häftlinge vom Hafturlaub nicht mehr in die Strafanstalt zurückgekehrt sind, finden in rechtsextremen Publikationen keine Beachtung.[256]
Geistfeindliche Haltungen sind nichts Neues, sie existierten schon lange vor 1933. Franke[257] hat nachgewiesen, daß sich die »ideologische Kette von Antisemitismus und Antiliberalismus verlängert in das Motiv des kleinbürgerlichen Antiintellektualismus und Antimodernismus«.
Ludwig Klages (1872–1956), einer der Wegbereiter des Rechtsextremismus, beschwerte sich seinerzeit über die »Lebensfeindlichkeit des Geistes« und bezeichnete den »Geist als Widersacher der Seele«.[258] Aus dieser Einstellung heraus ist auch die verbreitete Fortschrittsfeindlichkeit zu erklären. In ihr liegt auch die Ursache für die latente Distanz gegenüber volkswirtschaftlichem Denken begründet. Es bestehen erhebliche Unsicherheiten in der Bewertung von ökonomischen Vorgängen. Eine durchdachte, praxisnahe Wirtschaftskonzeption ist nicht entwickelt worden. Für den Rechtsextremismus ist die Wirtschaft mit ihren komplizierten Strukturen und Abläufen nur eine sekundäre Angelegenheit. Die diffus-idealistische Betrachtung der Lebenszusammenhänge besetzt modernes Wirtschaften eher negativ; es wird zwar für notwendig, aber nicht für ausschlaggebend gehalten. Der Liberalismus in der Wirtschaft wird heftig kritisiert. Für die Dauermisere etwa des Mittelstandes werden jedoch weniger die wirtschaftlichen Strukturen und Zwänge verantwortlich gemacht, als vielmehr die kulturellen und politischen.
Antidemokratisches Denken ist auch als einer der Gründe für den seit 1945 zunehmend sich verbreitenden Antiamerikanismus anzusehen. Die Ursachen und Anlässe sind zwar komplex, doch konzentrieren sich die Angriffe immer wieder auf die Tatsache, daß die USA neben Großbritannien als die Ursprungsländer von Demokratie und Freiheitsrechten gelten. Die Erinnerung an das entscheidende Eingreifen der Vereinigten Staaten in beide Weltkriege[259] sowie an die Integrationspolitik gegenüber Einwanderern bewirken starke Antihaltungen, die bis zum Vorwurf der »Überfremdung« der deutschen Sprache reichen.

Darüber hinaus kennzeichnet die Anhänger des Rechtsextremismus ein im Kern emotionaler, unreflektierter und militanter *Antimarxismus* (-sozialismus/-kommunismus), der einen Schwerpunkt in Ideologie und Agitation bildet. Seine negative Darstellung wird aus dem Gegensatz zum Nationalismus konstruiert und mit der These »Geist gegen Materie« be-

gründet. Die Verteidigung des deutschen philosophischen Idealismus zwingt bereits in diese Richtung.
In der politischen Praxis wird dann bei jeder Gelegenheit vor den drohenden Gefahren des Kommunismus oder Bolschewismus gewarnt. Dieses Agitationsmuster ist nicht neu. Schon in den zwanziger Jahren wurde der Antikommunismus systematisch von konservativen Kreisen gepflegt. Nach 1945 war der Antikommunismus bald wieder gesellschaftsfähig: Im Grunde genommen »ist der Russe schlecht«, wie es Margarete Mitscherlich kurz und bündig formulierte.[260] Die Folge: Sämtliche indirekten Kontakte und offiziellen Verhandlungen mit Ostblockstaaten wurden erst einmal negativ bewertet.

> »Der Vertrag mit der Bundesrepublik Deutschland ist als Vorreiter der Büchsenöffner, mit dem die Pandorabüchse des Unheils geöffnet werden soll.«[261]

Der Vertrag mit Polen sei eine »politische Kapitulation vor dem Weltkommunismus, ein ebenso feiger wie gemeiner Anschlag«.[262] Die deutschen Politiker, die für einen Ausgleich mit dem Ostblock eintraten und dort verhandelten, seien eine »Sühnekarawane volksfremder Figuren«, die »eine rote Sühnewallfahrt« unternähmen. Auf dem Kongreß der rechtsextremen »Aktion Widerstand« am 31. Oktober 1970 in Würzburg riefen die Teilnehmer skandierend:

> »Fegt ihn weg, den roten Dreck, morgen ist die Mauer weg!«[263]

So blieben die Bemühungen Gorbatschows fast ohne Eindruck; an seiner Glaubwürdigkeit und an seinen echten Absichten wurde erheblich gezweifelt.
Innenpolitisch findet eine differenzierte Beurteilung von linken Bestrebungen nicht statt: »Wir schlichten Wähler aber bleiben bei der Feststellung: Rot bleibt Rot.«[264] Als Folge der pauschalen Abwertung aller gesellschaftskritischen Gruppen werden diese Bestrebungen, so sie nur einen Hauch von sozialistischen Gedanken vertreten, als staatsfeindlich gebrandmarkt. Der Kommunismus/Sozialismus wird als absolut negativ, freiheitsfeindlich und menschenunwürdig dargestellt, während seine Angreifer sich als wahre Moralisten und Freunde des Staates anpreisen.

> »Der Sozialismus der Marxisten hat den Arbeitern nicht ihre Ketten genommen, sondern ihnen vielmehr schwerste Ketten auferlegt. Deshalb bekämpft die NPD kompromißlos den menschenfeindlichen Marxismus.«[265]

Beliebtes Angriffsziel sind die Gewerkschaften. Hier zeigt sich einmal mehr die Mehrfunktionalität der Propaganda. Es ist die Rede von der »Gewerkschaftsdiktatur«, der »Überpartei«[266] oder dem »roten Staat im Staate«.[267] Bei dem »Demokratisierungsrummel« des DGB gehe es nicht um soziale Gerechtigkeit, sondern um die Macht im Staat. Der Mensch

werde zur »manipulierten Nebensache omnipotenter Herrschaftsansprüche der DGB-Bosse degradiert«. Die DGB-Bonzen hätten ein »linksradikales Politsyndikat« errichtet.[268] Antidemokratische und antipluralistische Stellungnahmen sowie solche aus dem Komplex »Revolutionsfurcht und Sozialistenhaß«, wie Helga Grebing bemerkt,[269] vermengen sich, um den »Linken« insgesamt eins auszuwischen.
Antisemitische Vorurteile, verbunden mit der altbekannten Tendenz zu Verschwörungstheorien (»internationales Judentum, jüdisch-bolschewistische Weltherrschaft«), sollen den Antikommunismus/-sozialismus noch verstärken (vgl. S. 40f., S. 130 und 139).
So ist es nur konsequent, wenn aus der Sicht etwa der REP künftig die Gewerkschaften nicht mehr ihre sozialpolitische Rolle spielen sollen:

> »Der moderne Staat... soll geschaffen werden durch Zusammenarbeit mit den Gewerkschaften, welche in parteipolitischer Neutralität ihre Tätigkeit auf das Wohl der Arbeitenden und das Gedeihen ihrer Arbeitsstätten beschränken und den Preis der Arbeit im Sinne des gesamten volkswirtschaftlichen Vorteils behandeln...«[270]

Sie sollen nach dem Willen der NPD in die »Leistungsgemeinschaft aller Arbeitenden zur Überwindung des Klassenkampfes« eingebettet sein, d. h., ihrer bisherigen Position vollends entkleidet werden. Das Vorbild hierfür liefert eine Verordnung über die »Deutsche Arbeitsfront« aus dem Jahre 1934:

> »Bildung einer wirklichen Volks- und Leistungsgemeinschaft aller Deutschen.«[271]

Vertreter der Gewerkschaften, der damaligen außerparlamentarischen Opposition, der Friedensbewegung, der Antikernkraftbewegung, der sogenannten heimatlosen Linken, der SPD bis hin zu den linksextremen Gruppen werden in einen Topf geworfen. Der Feind steht in Deutschland traditionsgemäß links! Daher können es sich die Agitatoren des Rechtsextremismus leichtmachen: Die Anhänger linker Theorien seien in Wahrheit die »Vorhut der Bolschewisten« und damit die »Abräumkommandos aller Ordnung«.[272]
Früher sind die Gegner des Nationalismus als »Kosmopoliten« bezeichnet worden, heute werden sie als *»Internationalisten«* oder *»Weltleftisten«* verächtlich gemacht. Das »Anbeten des Internationalismus« habe Eigenart und Charakter der Nation verkommen lassen. Zu welchen grotesken Ergebnissen diese Haltung führen kann, zeigt der Fall des Byzantinistik-Professors Rubin, der drei Tage vor der Landtagswahl in Schleswig-Holstein im April 1971 seine Entführung durch »Linksradikale« vortäuschte, um die Stimmung zu beeinflussen. »Bild am Sonntag« druckte die Schlagzeile: »48 Stunden bis zur Hinrichtung – aber die Staatsanwaltschaft bleibt hart.« Rubin, der NPD nahestehend, war 1963 mit einem Fall-

schirm über England abgesprungen, um für die Freilassung des »Führer-Stellvertreters« Rudolf Heß zu demonstrieren.

Das vom Bundesminister des Innern 1983 in einer Auflage von 250000 Exemplaren herausgegebene Faltblatt »Instrumente und Wege kommunistischer Einwirkung auf die Protestbewegung in der Bundesrepublik Deutschland zur Verhinderung der NATO-Nachrüstung«[273] diente nicht gerade zur Aufklärung über die wirklichen Gefahren, sondern eher der Verstärkung *latenter antikommunistischer* Vorurteile. Mit einer graphischen Darstellung sollte darin die angebliche Steuerung *aller* Protestgruppen (wie z. B. DGB-Jugend, DIE GRÜNEN und christliche Gruppen) durch die KPdSU nachgewiesen werden. Auch schon früher ist mehrfach versucht worden, die sogenannte Marktwirtschaft in den zu schützenden Verfassungskern mit einzubeziehen.[274] Danach stünde jeder Kritiker der Wirtschaft im Verdacht, verfassungsfeindlich zu sein.

Besonders irreführend ist die im Zusammenhang mit der Diskussion um die kritischen »Rahmenrichtlinien für Gesellschaftslehre« von Helmut Schoeck vertretene Theorie des Neides, in der der Linken als Handlungsmotiv Neid auf die Besitzenden unterstellt wird. F. J. Strauß griff sie auf und sprach gern von der »sozialistischen Philosophie des Neides«.[275]

Die Parole »Freiheit statt Sozialismus« war und ist auch in konservativen Kreisen verbreitet. Damit soll bestimmten Parteien und Vereinigungen der Stempel der Verfassungsfeindlichkeit aufgedrückt werden. Als 1974 eine Kirchenschändung in Fulda bekannt wurde, soll ein Pfarrer erklärt haben:

> »Die Anzeichen mehren sich, daß bald die christlichen Kirchen in Flammen stehen.«

Und zu den ermittelnden Beamten soll er gesagt haben, es handele sich um

> »Sozialistenschweine, die mit dem Pack gemeinsame Sache machen.«

Tatsächlich hatte ein 22jähriger katholischer Bauarbeiter aus persönlichen Motiven den Anschlag auf die Kirche verübt.

Ein klassisches Merkmal des Antikommunismus ist seine Ausweitung auf Zielgruppen, die mit dem Kommunismus unmittelbar nichts zu tun haben, wie z. B. auf die SPD und ihre Organisationen. Ihnen wird gern die Schuld an Ausschreitungen bei Demonstrationen gegeben. Anläßlich der Entführung von Peter Lorenz, des Vorsitzenden der Berliner CDU, im Februar 1975 warfen konservative Kreise der SPD vor, schuld an diesem politischen Klima zu sein,[276] es herrsche ein kommunistischer Sumpf in West-Berlin. »Gewisse kirchliche Kreise um Bischof Scharf« lieferten ein Beispiel für den Zusammenhang zwischen »Untergrund und institutioneller Oberfläche«.

Gesellschaftskritiker sprechen deshalb in Hinblick auf den emotionalen Antikommunismus von einer offiziellen staatsbürgerlichen Haltung, die bis in die demokratische Mitte reiche[277] und zeitweilig die Bedeutung einer Art von »Staatsreligion« habe. Göttinger Studenten skandierten daher provokativ:

> »Ein Kopf aus Holz,
> ein Knüppel aus Gummi,
> das ist die totale Uni.«
>
> »Wenn du anderer Meinung bist,
> bist du gleich ein Terrorist!«[278]

Eine andere Variante des Antikommunismus ist die Gleichsetzung mit dem Nationalsozialismus, um aus der Verdachtszone des Rechtsextremismus herauszukommen.

> »Die Nationalsozialisten haben die Juden getötet, und die internationalen Sozialisten töteten ungeborenes Leben. Das, was in unserem Volk passiert, ist exakt der Weg zurück nach Auschwitz.«[279]

Das Signal zu derartigen Äußerungen gab der damalige Generalsekretär der CSU, Edmund Stoiber, auf dem Parteitag am 28. September 1979 mit seinen Ausführungen zum »Verhältnis von Sozialismus und Nationalismus«, die er in einem Beitrag für die Wochenzeitung »Die Zeit« verdeutlichte.[280]

Selbst rechtsextreme terroristische Aktionen werden gern mit der Frage »Wem nützt dies?« auf das Konto »Moskau« gebucht. Aus dem Verfahren gegen den ehemaligen Abteilungsleiter im Bayerischen Innenministerium, Langemann, der für Fragen des Verfassungsschutzes in Bayern zuständig war, ist von Ulrich Chaussy überliefert worden:

> »In der Nacht nach dem Oktoberfest-Attentat hat der Herr Ministerpräsident gegenüber den Medien sinngemäß erklärt, daß dieses Attentat von den ›Braunen‹, die aus dem Osten bezahlt würden, unternommen worden sei. Diese These mußte nachträglich bewiesen werden.«[281]

Der nachrichtendienstliche Verfassungsschutz konnte jedoch keinen derartigen Beweis erbringen.

Eine problematische Rolle spielt in diesem Zusammenhang die sogenannte *Totalitarismus-Theorie*. Der Historiker Jürgen Kocka[282] hat überzeugend dargelegt, daß diese Theorie »Systeme zusammenrückt, die sich nach sozialökonomischen Entstehungsbedingungen, Klassenbasis und sozialen Folgen scharf unterscheiden. Die gesamten Forschungsergebnisse sprechen eindeutig dagegen, Nationalsozialismus und Sozialismus als nah benachbart zu sehen.«[283]

Bezeichnend ist das Bemühen der Anhänger dieser Theorie, alle denkbaren und möglichen Einzelheiten eines NS-Sozialismus zu belegen. Man kann aber dieses Problem nicht anhand der Analyse von Einzelerscheinungen klären. Dies gilt auch für die kleine Gruppierung um die Brüder Strasser,[284] deren Widersprüchlichkeit und verwirrende Gedanken nur den alten konservativen Hang zur Synthese erkennen lassen. Vielmehr geht es um eine Gesamtbeurteilung und Berücksichtigung der grundsätzlich verschiedenen ideologischen Standpunkte von Nationalismus und Kommunismus. »Antibürgerlichkeit« und »Privilegien-Feindlichkeit«, sofern dies überhaupt für beide zutrifft, haben auch gar nichts miteinander zu tun, sie sind im Zweifel stets mehr Form als Inhalt, mehr Folgen als unverzichtbares Merkmal. So sind und waren Marxismus und Nationalismus völlig unterschiedliche, diametral entgegengesetzte Auffassungen.[285]

Kommentar

Diese Bestrebungen gegen den Liberalismus bezeichnete man als sogenannten Nationalbolschewismus.[286] Er hat keine einheitliche neue Ideologie hervorgebracht, sondern nur Konspiration und Taktik bei vorübergehender Zusammenarbeit. Der Sachkenner Louis Dupeux spricht von einem »Nebensystem der konservativen Revolution«.[287] Tatsächlich überwogen die rechtsextremen Merkmale und Zielsetzungen als »reinste und härteste Form des deutschen Nationalismus, der äußerste Grad der konservativen Revolution«.[288] Das Streben nach der »wahren Volksgemeinschaft« war ein Frontalangriff auf die Klassengesellschaft. Ernst Niekisch ließ sich von Stalin wegen seines »unbedingten Willens zum Staat« beeindrucken. Ernst Jünger, der ebenso wie Hans von Hentig zeitweilig zu den Fürsprechern gehörte, sah in der Nation weniger den letzten, höchsten Wert als vielmehr ein Mittel zum Zweck.[289]

Auch die gemeinsame Erklärung der Politiker Franz Josef Strauß, Edmund Stoiber und Friedrich Zimmermann beweist nur die Oberflächlichkeit ihrer Kenntnisse über diesen Streit: Im Nationalsozialismus hätten starke sozialistische Grundideen gesteckt; NS und Sozialismus seien beide kollektivistische Ordnungsformen, was der Abschluß des Hitler-Stalin-Paktes hinreichend bewiesen habe.[290] Die These vom Sozial-Faschismus (die auf Stalin gemünzt ist) und die Totalitarismus-Theorie haben nach Eugen Kogon dazu beigetragen, überhaupt derart unsinnige Thesen (wie oben) aufzustellen oder sie wider eigene Erkenntnis zu verbreiten.[291]
Demonstrierende junge Menschen wurden hemmungslos als »Brüllhaufen linker Rowdybanden« bezeichnet, sie seien die besten Schüler von Joseph Goebbels, die besten Anhänger Heinrich Himmlers gewesen, die

besten Nazis, die es je gegeben hätte – so Strauß auf einer Kundgebung in Essen.[292] In einer »persönlichen Stellungnahme« nannte Stoiber den »eigentlichen Ausgangspunkt« seiner Überlegungen:

> »In Übereinstimmung mit der jüngeren Totalitarismus-Forschung habe ich Parallelentwicklungen konstatiert zwischen sozialistischen und faschistischen Regimen...«[293]

Stoiber ließ sich nicht davon abbringen, daß eine »vielfach belegbare programmatische Identität dieser Ideologien« bestehe.

Das rassenbiologisch geprägte Menschenbild widerspricht aber der Grundannahme des Marxismus, das Sein bestimme das Bewußtsein mit allen Konsequenzen. Die Träger und Repräsentanten des Kapitalismus und in seiner militanten Form der Imperialismus haben kein Interesse daran, die Ausbeutung des Menschen und seine zunehmende Entfremdung zur Arbeit in den Strukturen und Abläufen offenzulegen, die teilweise berechtigten Angriffe tatenlos hinzunehmen oder gar die Vorwürfe zu bestätigen. Jede die Produktion und den Absatz störende Handlung wird als feindlich angesehen und entsprechend verfolgt. Der Feind stehe daher in Deutschland stets links. Die rechtsextremen Bestrebungen erhalten hier eine einflußreiche ideologische Hilfe.

Kocka sieht folgerichtig eine Gemeinsamkeit in den faschistischen Bewegungen: »...ihre antisozialistische, antimarxistische, antikommunistische Stoßrichtung und ihre antibolschewistische Kampfideologie«[294]. Dahinter verberge sich die Grundannahme, daß nicht alle wesentlichen Lebensvorgänge mit den Mitteln der Vernunft (ratio) erfaßt und erklärt werden können. Hier schimmere wieder der deutsche Idealismus hindurch, der bestimmte kategorische Maßstäbe verteidige, nach denen die Welt zu beurteilen sei. Bezeichnend ist, daß Adolf Eichmann in seinem Jerusalemer Strafprozeß immer wieder beteuert hat, er habe stets als Idealist gehandelt und seine Pflichten erfüllt. Gerd Kalow[295] bezeichnet daher den Idealismus als die deutsche Ersatzreligion.

Das rassenbiologische Menschenbild, die besondere Geschichtsbetrachtung und ein individualisierter Begriff der Nation bilden die geistige Basis des Nationalismus. Dieser zu einem Integralwert erhobene Begriff[296] soll die biologische Geschichtsinterpretation mit dem rechtsextremen kulturellen Leitbild und der sich daraus ergebenden Staatsform (s. unten S. 183) zur Deckung bringen.

Es handelt sich demnach nicht nur um das »Bewußtwerden des Eigenwertes des Volkes« oder um die »gefühlsmäßige Bejahung seiner Existenz als selbständige konkrete Ganzheit durch einen Akt des Selbstbewußtseins und des Willens« (oder wie immer auch diese oder ähnliche Definitionen lauten mögen), sondern um einen wesentlichen idologischen Begriff und damit um einen Schlüssel zum Verständnis der Weltanschauung des deutschen Nationalismus.[297] Nation und Vaterland bilden danach eine Einheit, die von allen Bürgern den höchsten Einsatz verlangen kann.

II. Der Staat als organische Handlungsform der Nation

1. Streben nach absoluter Staatsautorität

a) Übernahme politisch-konservativer Grundhaltungen

Nicht nur aus taktischen Erwägungen, sondern überwiegend aus Gründen politisch-weltanschaulicher Übereinstimmung übernehmen die Anhänger des Rechtsextremismus im Prinzip fast alle politisch-konservativen Grundhaltungen und verwenden sie im konkreten Sinne in der aktuellen Politik. Zumindest aber werden diese Lehren nicht abgelehnt oder gar bekämpft. Das innenpolitische Klima in der Bundesrepublik Deutschland kommt dieser Strategie entgegen. Spätestens seit 1972 ist in der Bundesrepublik zu beobachten, daß der »Staat« wieder als ein Selbstwert angesehen wird und die Überbetonung alles Staatlichen zunimmt.
Gustav Heinemann[1] warnte anläßlich der Verleihung des Lessing-Preises davor, den Staat als Inbegriff von auszuübender Gewalt anzusehen. Alfred Grosser[2] fragte in der Pauls-Kirche die anwesenden Politiker und Staatsvertreter: »Huldigen nicht manche Bürger der Bundesrepublik dem Staat mehr als dem Recht und verstehen sie die freiheitliche demokratische Grundordnung als eine Abwandlung der staatlichen Ordnung?«
Das Streben nach einem starken Staat ist in vielfältigen Erscheinungsformen, in unterschiedlichem Gewand und Inhalt zu beobachten, gelegentlich auch in getarnter Weise. Es äußert sich z. B. in der Bezeichnung »Wiederkehr des christlichen Staats«[3] oder »Rechtsstaats«, wobei der Akzent mehr auf »Staat« als auf »Recht« liegt. Wenn der Verleger Axel Springer[4] erklärte: »Wir brauchen mehr Staat, und zwar Staat aus einer inneren, echten Autorität heraus«, so entsprach diese Forderung den Wünschen des alten politischen Konservatismus und einem breiten Lebensgefühl in unserer Gesellschaft.
Ralf Dahrendorf[5] beklagte schon immer einen »Hang zur Formierung, zur Schaffung autoritärer Verhältnisse aus Angst, aus Bequemlichkeit« unter Hinweis auf die »formierte Gesellschaft« nach Rüdiger Altmann. Die Quellen für die ständige Überbetonung der Bedeutung des Staates und seiner »Ordnungskräfte« sind wiederum bei den Vertretern des unseligen deutschen philosophischen Idealismus zu suchen.[6] Seit Ende der sechziger Jahre ist ein allgemeiner Trend nach »mehr Staat« zu beobachten, d.h., die Staatsautorität soll mehr Geltung erhalten. Diese Tendenz

kommt den rechtsextremen Bestrebungen sehr entgegen. Anstelle von »Demokratie« wird gerne »Staat« gesetzt. Martin Greiffenhagen sieht diesen Trend so: Der Staat wird als ein »Etwas angesehen, das, getrennt von Volkssouveränität, Parteien und Parlamenten, vor ihnen existiert, mit eigenem Willen, eigener Sittlichkeit und Würde«.[7]

Nach dem Programm der REP von 1987 haben Staatsräson und Gemeinwohl Vorrang vor Parteiräson und Gruppeninteressen. Von einer rechtsstaatlichen Demokratie ist daher nur selten die Rede, dafür vorwiegend vom »demokratischen Rechtsstaat«. Greiffenhagen verweist zu Recht darauf, daß schon Ende der fünfziger Jahre die »politische Rechte sich bemühte, eine Theorie zu entwickeln, welche die Identität von Verfassung und Verfassungsfeindlichkeit untermauert«, wie z. B. durch Rüdiger Altmann (»formierte Gesellschaft«), Arnold Gehlen mit seiner Theorie der Kristallisation und Ernst Forsthoff mit der Theorie der demokratischen Elitenherrschaft. Greiffenhagen sieht aber darin nicht eine Rückkehr zum Faschismus, allenfalls zur Ära Metternich, da nicht eine Mobilisierung der Massen, sondern eine lähmende Apathie, Ruhe als erste Bürgerpflicht, gefordert wird. Doch sind die Übergänge fließend.

Wie oben schon angedeutet, werden nicht nur aus taktischen Gründen, sondern auch wegen innerer Gemeinsamkeiten zunächst fast alle konservativen Wertvorstellungen übernommen, die sich primär auf das persönliche Verhalten beziehen. Sie sollen das Verhältnis des einzelnen zum Staat oder zum »Ganzen« entsprechend beeinflussen. So hieß es seitens der NPD: »Es ist der Geist, der die Soldaten früherer Generationen zur Hingabe für Volk und Vaterland befähigte.«[8]

Das sind die Vorstellungen der sogenannten Konservativen Revolution. Als Grundwerte kommen in Betracht: Fleiß, Zuverlässigkeit, Aufrichtigkeit, Standfestigkeit, also Sekundärtugenden, die gern von den Verteidigern des Kapitalismus gefordert werden. Wer sich dem Zeitgeist widersetzt, sei eben nicht ein Reaktionär, sondern konservativ und revolutionär.

Jaschke weist zutreffend darauf hin, daß konservative Sekundärtugenden wie Familiensinn, Pflichtgefühl, Ordnung und Sauberkeit radikalisiert und in obrigkeitsstaatliche, vordemokratische, autoritäre Ordnungskonzepte eingebunden werden.[9] Bei der vielzitierten Brücke nach rechts handelt es sich in Wirklichkeit um eine Verzahnung von Rechtsextremismus und politischem Konservatismus.[10]

> »Die NPD ist konservativ. Sie kämpft nachdrücklich für die Erhaltung zeitlos gültiger Wertvorstellungen, die im Volke nach wie vor tief verwurzelt sind.«[11]

Funke spricht in diesem Zusammenhang[12] von einem offensiven Werte- und Struktur-Konservatismus aus Autoritätsgläubigkeit, Bodenständig-

keit und völkischem Denken, das nicht nur übernommen, sondern hier gerade verstärkt wird. Die Prinzipien der Autorität und Freiheit werden nur in Beziehung zur Ordnung gesehen, die die Freiheit begrenzt.
Eine wesentliche Voraussetzung hat der sogenannte Legitimismus als Teil des politischen Konservatismus geschaffen. Darunter wird die Trias von Königstum (Herrscherhaus), Beamtentum und Heer als die »tragenden Säulen« des Staates verstanden. Mit der NS-Zeit trat an die Stelle des Monarchen der »Führer an der Spitze seiner Partei«.[13] Bereits vorher hatte der Reichspräsident, der vom Volke unmittelbar gewählt wurde, eine relativ starke Stellung innegehabt. Heute gibt es lediglich Betrebungen, das »Erbe Preußens« fortzusetzen.
Durch den romantischen Historismus als dem ergänzenden Teil des Konservatismus – Erinnerung an die »große Vergangenheit« bis ins Mittelalter, Vertiefung des Gemüts und Widerstreben gegen die moderne Entwicklung – bildete sich eine Art von Gegenideologie zum Liberalismus heraus. Die Vorstellungen der konservativen Revolution liegen in der Nähe der vitalistischen Philosophie- und Soziallehren (Nietzsche, Bergson, Heidegger, Karl Barth, Gogarten und Carl Schmitt).[14] Auch Hegels Staatsphilosophie trägt autoritären Charakter: Der Staat wird von ihnen als die Wirklichkeit der sittlichen Idee verstanden.[15]
Inwieweit haben die Gedanken des sogenannten Neokonservatismus beim Rechtsextremismus Pate gestanden?
Nach Helmut Dubiel[16] handelt es sich nicht um eine neue Theorie, sondern um ein politisches Paradigma, in dem kulturelle Grundvorstellungen, sozialphilosophische Menschenbilder, sozialwissenschaftliche Theoriestücke und empirische Beschreibungen zu politischen Argumenten verdichtet werden. Zutreffend bemerkt Dubiel weiter, daß dieser Konservatismus nicht neu im Sinne von bisher noch nicht dagewesenen Einsichten ist. Der »neue« Konservatismus mobilisierte lediglich Argumente aus der Soziobiologie und Humangenetik, Bereiche, die heute und in Zukunft große Bedeutung gewinnen und alte, in der NS-Ideologie liegende Vorstellungen wieder reaktivieren werden. Diese Richtung wird hin und wieder auch als neuer Nationalismus bezeichnet, der, auf Emotionen gestützt, eine Art von »neuer Religiosität« darstelle. Den gesellschaftlichen Problemen wie Massenarbeitslosigkeit, Umweltfragen und Abrüstung werden die sittlichen Werte und inneren Bindungen gegenübergestellt. Also im Prinzip nichts Neues!
Die Stärkung der staatlichen Gewalt und die Festigung der Staatsräson erscheinen als geeignete Mittel, alle innenpolitischen Probleme zu lösen. »Nur ein starker Staat kann unsere Freiheit schützen«, so formulierte es seinerzeit der NPD-Parteivorstand[17] kurz und bündig. Nach dem Willen der REP stehen Staatsräson und Gemeinwohl an der Spitze.

Die Folgen in der politischen Praxis sind bekannt: Die Forderungen lauten unverändert

Ruhe und Ordnung,
Ruhe ist die erste Bürgerpflicht,
Ordnung und Sauberkeit,
Sicherheit und Ordnung,
Sicherheit geht vor Datenschutz!

Wie schon angedeutet, ist eine ganz bestimmte »Ordnung«, nämlich im Sinne des bekannten Menschenbildes und seiner Tugenden, für die Staatsauffassung verbindlich. Ausgehend von dem Begriff der Ordnung im Sinne des Geordnetseins, der Übersicht und Klarheit als anzustrebendem allgemeinen positiven Zustand, ist hier inhaltlich die Sittenordnung des Rechtsextremismus zu verstehen. Ebenso ist mit dem Begriff »sauber« nicht nur die Tatsache gemeint, daß etwas frei von Schmutz oder nicht dazugehörenden Bestandteilen ist, sondern es geht um die Reinigung von Fremdkörpern.

Der geforderte »starke und handlungsfähige« Staat sei die einzige Alternative zur »Überwindung von Chaos und Unsicherheit«. Daher heißt es seitens der NPD: »Schluß mit der weichen Welle im Strafrecht und Strafprozeßrecht!«[18] Die Todesstrafe gehört grundsätzlich zum festen Bestandteil des Arsenals eines starken Staates. Sie gilt als der höchste Ausdruck staatlicher Autorität. Als sich die linksterroristischen Aktionen in den siebziger Jahren verstärkten, wurde der Ruf nach Einführung der Todesstrafe wieder laut.

Richard Jaeger (CSU), seinerzeit Vizepräsident des Deutschen Bundestages, forderte im Falle von Entführungen mit Todesfolge und bei Mord die Todesstrafe.[19] Alfred Dregger (CDU), damals Landesvorsitzender der hessischen CDU, meinte:

> Es müsse geprüft werden, ob man die Todesstrafe nicht wieder einführen solle. Sie sei ja nicht undemokratisch![20] Manfred Kanther (MdL-CDU) verteidigte Dregger mit der These, die Todesstrafe sei ein »mögliches Element der inneren Sicherheit«.[21]

Eine Schlagzeile lautete: »Todesstrafe für Kindermörder!« Im Text hieß es, immer lauter werde der Ruf nach der Todesstrafe z. B. für Kindermörder oder die Hauptdrahtzieher des Rauschgiftgeschäftes. »Die Liberalisierer müssen gestoppt werden. Bürgerschutz statt weiche Welle!«[22] Der Journalist Eduard Zimmermann, Verantwortlicher für die seit vielen Jahren ausgestrahlte Sendung »Aktenzeichen XY – ungelöst«[23], forderte seinerzeit anläßlich der Anschläge von terroristischen Bestrebungen, »Untergrundgruppen mit dem Ausnahmerecht des Krieges« zu bekämpfen. Wer mit der Waffe angetroffen wird, solle standrechtlich erschossen werden können.[24]

Nach einer Umfrage des Emnid-Instituts[25] sprachen sich zu dieser Zeit über 49 % der Befragten für die Einführung der Todesstrafe aus, wobei die meisten Befürworter Anhänger der CDU/CSU waren. Die rechtsextreme Deutsche National-Zeitung (DNZ) setzte sich mit der Schlagzeile an die Spitze der Panikmache: »Jetzt hilft nur noch die Todesstrafe.«[26] Hier wurde und wird immer wieder mit Angst- und Rachegefühlen politisch operiert.[27]
Zu einem starken Staat gehört eine starke, schlagkräftige Polizei. Formal setzen sich die Anhänger des Rechtsextremismus ohne Vorbehalte für alle Verbesserungen auf dem polizeilichen Sektor ein, schon um die Sympathien der Polizeibeamten zu gewinnen. Zu den grundsätzlichen Verschärfungen des Strafrechts tritt die Erweiterung der Eingriffsbefugnisse der Polizei.

> »Wir stellen uns auf die Seite unserer Polizisten ... Der Kampf gegen die Rauschgift-Kriminalität muß verstärkt werden.«[28]

Das Programm der Republikaner von 1987 widmete sich ausdrücklich im letzten Teil (Nr. 17) der Terrorismusbekämpfung. Die REP forderte u. a. eine »strenge Gesetzgebung«, »eine unnachsichtige Strafverfolgung des Einzeltäters und der Helfer«, »Vermummungsverbot«, »Einzelhaft und absolute Kontaktsperre der Häftlinge nach außen ... Der Kronzeuge verdient keine Rechtsverschonung«.
Zum Schluß wurde eine inhaltsschwere Behauptung aufgestellt, die keinerlei Beweiskraft hat: »Terroristische Handlungen werden auch durch den allgemeinen Mangel an Rechtssicherheit und Gemeinsinn gefördert. Es muß daher das Vertrauen in die Exekutive und ihre Organe wiederhergestellt werden.«
Eine Polizeidienststelle in Niedersachsen hielt die Aktionen von »amnesty international« für »staatsabträglich«,[29] eine Formulierung, die eindeutig das alte Staatsschutzdenken offenbart und gern von den rechtsextremen Bestrebungen übernommen wird. Hier zeigt sich die Tendenz, bereits Kritiker staatlicher Handlungen oder des Staats prinzipiell als Staats- und Verfassungsfeinde anzusehen, eine Folge der in Deutschland verbreiteten Überbewertung des Staates: Nur eine streng hierarchisch gegliederte Beamtenschaft, ein schlagkräftiges Heer und eine wirksame Polizei können der »Begehrlichkeit der Massen Einhalt gebieten«.[30]
Der Kritiker Richard Saage neigt in der Einschätzung eher zum Bismarckischen Obrigkeitsstaat, während Ossip K. Flechtheim mehr von einem Neo-Caesarismus mit einer »statischen Demokratie« spricht. Die rechtsextremen Bestrebungen unterstützen alle Bemühungen, die auf einen totalen Überwachungsstaat hinzielen. Ein anderer Kritiker warnt, wer vom Staat oder auf den Staat hin denkt, der bleibe auf Interpretationssymbole fixiert, die entwickelt worden sind, um eine Gesellschaft zu

beherrschen. Das staatsbezogene Denken verfehle das Ordnungsproblem der Politik, leiste ihrer Enthumanisierung Vorschub. Die Souveränität des Staates sei der Kern dieses Staatsbegriffs, in dem gleichzeitig der Wurm enthalten ist.[31]

Diese kritisierten Vorstellungen lassen sich allgemein als obrigkeitsstaatlich bezeichnen. Wenn der Staat hier als »Wahrer des Ganzen« auftritt, dann soll darin seine Überparteilichkeit zum Ausdruck kommen. Der ehemalige Weimarer Justizminister Gustav Radbruch hat zutreffend diese Deutung als die »Lebenslüge des Obrigkeitsstaates« charakterisiert.[32]

Die Anhänger des Rechtsextremismus gehen noch einen Schritt weiter:

> »Der Staat als Schöpfer und Bewahrer der Rechtsordnung hat für uns den Vorrang vor der Gesellschaft. Niemand darf den Staat als pluralistischen Interessenfaktor herabwürdigen.«[33]

So wie innenpolitisch nur ein starker Staat durch die »natürliche Autorität« alle Fragen beantwortet und Probleme löst, so gilt das auch für die wichtigen außenpolitischen Fragen, besonders in der Deutschland-Politik. Nur ein im Innern gefestigter, militärisch schlagkräftiger deutscher Staat sei die Voraussetzung für den zu fordernden wirksamen Druck auf den Osten, um fällige Grenzberichtigungen zu erreichen.

Gleichzeitig äußern die rechtsextremen Aktivisten deutliche Sympathien für Diktaturen, wie damals in Griechenland, Portugal, Spanien und heute in Chile und Südafrika. Die DNZ organisierte regelmäßig Reisen nach Kapstadt.

Die Offiziersrevolte in Griechenland wurde als »Idee der alten Ordnung« begrüßt. Es habe sich um eine Revolution des Geistes gehandelt, deren Ziel es ist, ein altes Volk in einem jungen Staat von Grund auf zu erneuern.[34] Diese Formulierungen sind typisch und können heute beliebig wieder eingesetzt werden.

Eine Variante zeigte sich in der Sympathie für den Stil bzw. die Haltung der Jugend in den früheren Ostblockstaaten:

> »Im kommunistischen Osten unseres Vaterlandes findet die Jugend, auch die studentische, zu ihrem Staat.«[35]

Die national-neutralistischen Tendenzen erhalten immer wieder neue Nahrung:

> »Möglich allein ist es, daß wir den Russen die Gewißheit verschaffen, daß aus einem mitteleuropäischen Raum – aus dem sie abziehen – niemals Kräfte aufsteigen werden, die sich in einem möglichen Moment der Schwäche gegen Rußland wenden ... Solche Gewißheit können ... vermitteln ... Leute auf der Rechten. – Ein neues Deutschland und das neue Europa haben die Aufgabe, gegebenenfalls Rußland den Rücken zu decken ...«[36]

b) Völkisch-organische Begründung

Die Staatsauffassung wird entscheidend durch das rechtsextreme Menschenbild bestimmt. Wie schon ausgeführt, wird dem Staat ein sehr hoher Stellenwert beigemessen. Er ist für die Anhänger der rechtsextremen Bestrebungen immer schon mehr als eine bloße Hülse oder Form zum Vollzug der Gesetze und des Rechts gewesen. Der Staat bietet nicht nur die Gewähr verfassungsrechtlicher Ordnung und ist mehr als eine Funktionsbezeichnung für den Ablauf und die Kontrolle hoheitlichen Handelns oder für die geregelte Verteilung der Macht unter den Herrschaftsgruppen.

Die »Erhöhung« des Staates ist eine Folge des rassenbiologischen Menschenbildes, in dem staatliche Maßnahmen diese Auffassung nicht nur schützen, sondern in die politische Praxis umsetzen sollen. Der Staat als die »Urform des Lebens« oder »zusammenfassende Ganzheitskraft«[37] weist auf den untrennbaren Zusammenhang.

> »Der Organismus Volk hat ein solches Organ in sich. Diese zusammenbildende, den Lebensraum des Einzelnen gestaltende und schützende Kraft ist der Staat.«[38]

Die Existenz des Staates wird »völkisch« begründet. Staat ist die »sichtbar gewordene, lebende Ganzheit von Volkstum und Volk«. Als organische Form der Gemeinschaft habe der Staat die Pflicht, »Wahrer des Ganzen« zu sein.[39]

Die staatlichen Organe erscheinen – so gesehen – nur noch als letzte Vollstrecker des »völkischen Willens«. Die einzelnen Bürger sind dem »Lebensauftrag und der Lebensform der Gemeinschaft« in einem bestimmten Sinne zugeordnet und unterstellt. Diese »echte Befehls- und Einordnungsgewalt« fließe aus der »Hoheit des Volkstums«.

Die Forderung nach einem starken Staat kommt u. a. in folgenden Parolen zum Ausdruck:

> »Staat als Urform des Lebens,
> Handlungsform des Volkes,
> organische Form der Gemeinschaft,
> echte Souveränität,
> echte Befehlsgewalt,
> Staat ist vorgegeben,
> der Staat steht höher als der Mensch.«

Die Anhänger des Rechtsextremismus begründen den Wert des Staates aus der Rolle des einzelnen:

> »Der Staat und das Staatliche entspringen mittelbar der Wesensnotwendigkeit des Menschen ... eine notwendige Urgröße des Lebens.«[40]

Dem System des *Staatsorganismus* liegt eine Beurteilung der Menschen zugrunde, die ebenfalls vom politischen Konservatismus geteilt wird. Sie geht von der Unveränderlichkeit menschlicher Verhaltensweisen und der bleibenden Verschiedenartigkeit der Charaktere aus.[41] Der Staat ist danach die »zum Handeln herausgetretene Ganzheitskraft«.[42] Der Begriff des »Ganzen« ist daher ein ideologisches Merkmal. Folgerichtig sprach der damalige Vorsitzende der NPD von einem »natürlichen« Staatsbewußtsein.[43] Der Begriff »natürlich« bezieht sich auf die von der rassenbiologischen Geschichtsauffassung festgelegten Werte, an deren Spitze die »Nation« steht.

c) Zentralismus und Führerprinzip

Alle föderativen Ideen und Folgerungen sind den Anhängern des Rechtsextremismus zuwider. Jede tatsächliche oder vermeintliche Schwächung der Staatsgewalt und Autorität bedeutet für sie, die eigene Machtposition zu mindern. Eine straffe Führung und eine möglichst einheitliche Spitze kommen ihren Vorstellungen am nächsten. Jede Teilung der Macht durch Abgabe hoheitlicher Gewalt an selbständige Körperschaften und Institutionen wird grundsätzlich abgelehnt. Die innere Gestaltung oder innere Führung des staatlichen Aufbaus richtet sich weitgehend nach diesen weltanschaulichen Gesichtspunkten.

Zentralismus und *Führerprinzip* sind daher Prinzipien, die sich aus dem Menschenbild und dem Streben nach absoluter Staatsautorität ableiten lassen und gern in der Verwaltung realisiert werden. Die Anbetung der Macht sowie die Konzentrierung der staatlichen und politischen Verantwortung möglichst in einer Hand greifen alte Vorstellungen vom Führerstaat wieder auf. Das Führerprinzip mit seiner Über- und Unterordnung wird glorifiziert. Hier zeigen sich geistige Verwandtschaften zur Einstellung von Unternehmern in der kapitalistisch organisierten Gesellschaft (s. unten S. 178f.). In der NS-Zeit lauteten Bezeichnungen im Wirtschaftsleben: Betriebsführer, Wirtschaftsführer, Wehrwirtschaftsführer sowie Belegschaft bzw. *Gefolgschaft.*

Walter Leisner[44] ist einer der wenigen Staatsrechtler, die offen für eine Diskussion über Führer und Führung eintreten. Auch jenseits von Hitler müsse wieder über »Führung« (»einer der schönsten Begriffe in unserer Sprache«) gesprochen werden. Es sei sogar eine »höhere geistige Pflicht«, über Führung zu sprechen, oder eine geistige Verarmung, wenn darüber geschwiegen werde. Es bedarf keiner näheren Begründung dafür, daß aus einer solchen Position heraus Diktaturformen nicht grundsätzlich abgelehnt werden. Anrich kommt daher zu folgender Einschätzung:

»... es kann zu einer anderen Zeit sogar eine Diktatur eine gute Verfassungsgebung für eine bestimmte Epoche sein, wenn die sittliche Persönlichkeit des Diktators eine solche ist, daß in ihr Volk, Staat und Pflichten der Wahrung der sittlichen Rechte der einzelnen durch eine besondere Begabung und Belehnung so stark walten, daß sie gleichsam in einem Punkt zu Wirksamkeit und Zuordnung kommen.«[45]

Der Führer übt nach Leisner die »Persönliche Gewalt«[46] aus. Er macht auf das Besondere dadurch aufmerksam, indem er »Persönlich« in diesem Zusammenhang groß schreibt. Die »Persönliche Gewalt« sei die notwendige und einzige Antwort auf die um sich greifende Anarchie. Die Krisenstimmung wird geschürt und dazu genutzt, um am Ende schließlich den »Führer« als Retter erscheinen lassen zu können. Angesichts der abstrakt bezeichneten »Ordnungsverluste, Unordnungszustände« sei ein »Neubau« erforderlich, nicht etwa nur eine Reparatur.

Die Anarchie werde dann unerträglich, wenn es zur Demütigung des Staates komme. Für kurze Zeit schien es in den siebziger Jahren, als ob dieser Zustand erreicht sei, als allerorts die Notwendigkeit der Bekämpfung terroristischer Betrebungen immer lauter in der Öffentlichkeit diskutiert wurde.

Für eine zentrale Gewalt und gegen jede Gewaltenteilung plädieren die Anhänger des Rechtsextremismus, die sich als Verteidiger eines starken Staates verstehen und einen Führer an der Spitze wünschen. In der Auseinandersetzung mit dem linksextremen Terrorismus wurde für viele die Vorstellung plausibel, daß nur ein starker Staat Einhalt gebieten könne, der wiederum nur durch eine zentrale Gewalt gewährleistet sei. Mit der Taktik »Einigkeit macht stark« suchen sie ständig das Heil in der Gewalteneinheit – eine Parallele zur früheren DDR-Verfassung und der Praxis in den anderen kommunistisch regierten Staaten.

Die alte Parole »Ein Volk – ein Reich – ein Führer« ist Ausdruck der »Persönlichen Gewalt« in einer Hand. Diese Parole und »Führer befiehl, wir folgen!« hingen als Spruchbänder von den Rängen des Berliner Sportpalastes herab, in dem Goebbels am 18. Februar 1943 seine berüchtigte Rede hielt.[47]

Die Sehnsucht nach dem starken Mann, dem Führer, der alle Probleme löst und den Weg weist, ist in unserer Gesellschaft weit verbreitet. Rechtsextreme Gruppen, insbesondere die NPD, die DVU-Liste D und seit einigen Jahren die Republikaner (REP), versuchen diese auszunutzen und in ihre Propaganda einzubauen.

Eine zunächst unverfänglich erscheinende Möglichkeit der Veränderung im Rahmen der Verfassung ist die alte Forderung nach der Volkswahl des Bundespräsidenten. In Anlehnung an die Weimarer Zeit soll der oberste Repräsentant des Staatswesens unmittelbar vom Volk gewählt werden.

Aus konservativer Sicht darf der Bundespräsident nur streng überparteilich sein Amt ausüben, gewissermaßen als Schiedsrichter im Parteienstreit. Hier ist jedoch an die Erfahrung aus der Weimarer Republik zu erinnern, daß es der Reichspräsident war, der von seinem Notverordnungsrecht gemäß Art. 48 RV Gebrauch gemacht und damit Hitler formal legal an die Macht gebracht hatte.[48]

Es besteht nach wie vor die Gefahr des sogenannten plebiszitären Cäsarismus. Abgesehen davon, daß Direktwahlen häufig als Plebiszite Prämien für Demagogen sind (Heuss), wünschen die Anhänger der rechtsextremen Bestrebungen den Bundespräsidenten künftig mit einer »unmittelbaren Autorität« ausgestattet zu sehen, um dadurch »über ganz bestimmte Eigenmöglichkeiten verfassungsmäßiger politischer Einwirkung« verfügen zu können.[49]

Der Bundespräsident soll daher vom Volk direkt gewählt werden, wie es z. B. das NPD-Programm 1973 forderte. Das Streben oder die ständige Forderung nach der Volkswahl des Bundespräsidenten ist eine Variante der Sehnsucht nach der Führergestalt oder Führerschaft in einer formalen Demokratie. Leisner bezeichnet dies aufschlußreich als »Überwindung der Demokratie mit demokratischen Mitteln«.[50]

Was die Demokratie den rechtsextremen Bestrebungen wirklich gilt, geht z. B. aus der Definition im schon mehrfach zitierten »Politischen Lexikon« hervor:

> »Sie [die Demokratie] ist als solche in der Geschichte der Demokratie nie realisiert worden, da den Volksmassen die zur Regierung erforderlichen Kenntnisse, der Überblick über das politische Geschehen und auch die nötige Besonnenheit naturgemäß fehlen.«[51]

In der Volkswahl des Führer-Präsidenten werde der normative Staat wahrhaft überhöht, er sei also nicht mehr Träger eines Parteiauftrages, er nehme auch zur Wirtschaft eine bestimmte Distanz ein, müsse ihr lediglich Sicherheit in der politischen Führung bieten.[52]

In ähnlicher Richtung wird im Programm der DVU-Liste D taktiert. Auf Initiative des Vorsitzenden der »Deutschen Volksunion« (DVU), Frey in München, wurde Anfang 1987 eine neue Wahlpartei mit fast gleichem Namen gegründet. Vorsitzender wurde wieder Frey. In Punkt 12 des Programms »Direkte Demokratie für deutsche Bürger« wurde die Senkung der sogenannten 5%-Klausel gefordert. Dahinter steht wohl die Absicht, eine Destabilisierung der Demokratie zu erreichen und damit eine schnelle Einflußnahme auf emotional vorbereitete Entscheidungen des Wählers zu ermöglichen.

Nährboden für derlei Überlegungen ist in unserer Gesellschaft durchaus vorhanden. Die Beliebtheit der Gestalt des »Superman«, die aus den USA kommt, weist in diese Richtung.[53] Diese Männergestalt ist zum mächtigsten Mythos auf dem Comic-Markt geworden, entstanden 1938 in der wirtschaftlichen Depressionszeit, als die Arbeitslosigkeit anstieg und der Krieg in der Luft lag.[54] Ursprünglich bestand die Absicht, »titanische Kräfte in Kanäle zu leiten, die zum Wohle der Menschheit gereichen« sollten. Der Held der Unterdrückten, ein Symbol für männliche Kraft und Stärke, repräsentierte in Wirklichkeit ein puritanisches Männlichkeitsideal, das weniger auf Frauen als auf die Verfolgung von Schurken fixiert war. Hier wird nicht nur das bekannte Gut-Böse-Schema wieder sichtbar, sondern auch das biologische Menschenbild des Rechtsextremismus in freilich abgewandelter Form.

Ähnlich ist die Begeisterung für die Person des »Perry Rhodan« zu erklären, einer Serie, die in Deutschland 1961 von einem zehnköpfigen Team erfunden wurde.[55] Bedauerlicherweise ist über Herkunft und politische Zielsetzungen dieser Autoren so gut wie nichts bekannt.

Der Wunsch nach einer starken Führergewalt ist immer Ausdruck eigener Schwäche und zentrale Problematik des autoritären Charakters, der besonders in der NS-Zeit gefördert wurde und heute noch oder wieder vorhanden ist.[56] Von besonderer Bedeutung ist in diesem Zusammenhang auch der Begriff *Treue*. Er wurde beispielsweise in der Waffen-SS und wird in ihren Traditionsverbänden nach 1945 immer noch in Anspruch genommen. Allerdings wird nach Kriegsende nicht mehr klar erklärt, wem oder was gegenüber die »unbedingte Treue« gelten soll.

Dem »Führer« Hitler wurden seinerzeit Treue und Gehorsam geschworen. Die Angehörigen der Waffen-SS trugen auf dem Koppelschloß die Aufschrift »Meine Ehre heißt Treue«. Sie handelten nach ihrem Grundsatz »Die Treue ist das Mark der Ehre«. Vertreter der HIAG bezeichnen diesen Begriff als einen »fundamentalen Grundwert«.[57] Ruth R. Birn[58] verweist auf Himmlers Tugendlehren, wonach »Treue die freie Entscheidung für einen selbstgewählten Führer ist«. Sie ist zudem nur germanischen Menschen möglich, da sie eine Frage der Rasse ist und nur aus den tiefsten Gründen des nordischen Blutes entstehen konnte. Treue ist also mehr als nur eine Frage des Gefühls. Auf dem Fundament der Treue in diesem Sinne muß absoluter Gehorsam verlangt werden. Sie ist eine emotionale Beziehung, ist unabdingbare Voraussetzung für die feste Bindung an den Führer und die Führungsgewalt.

Da es nach 1945 keine Treue mehr zu dem »Führer« Hitler geben kann, wird auf den Begriff »Volk« ausgewichen, oder aber die Führer der rechtsextremen Gruppen nehmen diese Position wieder ein. Noch heute ist der Treue-Begriff in diesen Kreisen hoch bewertet, er ist gleichsam der Kitt in der politischen Struktur von Befehl und Gehorsam.

d) Machtausübung durch Exekutive und Militär

Exekutive und Militär spielen zur Durchsetzung der politischen Ziele eine große Rolle. Befehl und Gehorsam sind die Prinzipien, auf denen die Durchsetzung der Macht beruht. Die Verwaltung und damit der gesamte öffentliche Dienst stehen im besonderen Blickfeld der rechtsextremen Betrebungen. Dabei fällt auf, daß die Polizei als unmittelbarer Vollzieher der staatlichen Gewalt kaum oder gar nicht in programmatischen Stellungnahmen erwähnt wird. Das kann verschiedene Gründe haben. Außer dem taktischen Grund, die Polizei nicht zum Gegner werden zu lassen, mag es auch daran liegen, daß sich ursprünglich die Polizei aus dem Militär maßgeblich rekrutiert hatte. Bis 1945 war es in Deutschland Tradition, daß die Polizei militärisch organisiert war. Dies ergibt sich aus den Berufsbildern.[59] Auch heute noch ist die Polizei nicht völlig frei davon.

Für die gesamte Verwaltung gilt das Prinzip der Über- und Unterordnung, wie auch für die Angehörigen des öffentlichen Dienstes. Leisner[60] bezieht sich auf die historischen Erfahrungen und befürwortet ohne jede Hemmung den Befehl als solchen, der eindeutig, unbedingt und konzentriert zur Effizienzsteigerung geeignet ist. Er nimmt dem Beamten Risiko und Verantwortung ab und fördert damit Eigenschaften, die wir auch in der Struktur des autoritären Charakters wiederfinden.

Nach Leisner werde jeder Führer immer zuerst die Verwaltung besetzen; denn sie könne grundsätzlich nicht »normativ-demokratisch« sein.[61] Daher werde sie sich jedem geeigneten Führer zur Verfügung stellen. Diese These sollte nachdenklich stimmen! Es genügt keineswegs, wie die Erfahrung zeigt, daß Mitarbeiter des öffentlichen Dienstes einmal am Beginn ihrer Laufbahn auf die freiheitliche demokratische Grundordnung verpflichtet werden, denn während ihrer Dienstzeit verblassen die Inhalte dieser Werte. Viele wissen bald nicht mehr, auf welche konkreten Grundrechte und Prinzipien sie den Eid geleistet haben.

Hier ist politische Bildungsarbeit permanent gefordert, damit in der Beamtenschaft und im gesamten öffentlichen Dienst das demokratische Bewußtsein nicht schwindet, sondern verbessert wird.

Das »Beamtentum in der Treuebindung des befehlsunterworfenen Organs«[62] mußte sich nach 1945 neu orientieren, und zwar ausschließlich an der Verfassung. Nur muß dem einzelnen der konkrete Inhalt nicht juristisch abstrakt, sondern realitätsnah und deutlich vermittelt werden. Die Orientierung an der Führung ist sekundär. Hier spielt der Ermessensspielraum in der Verwaltungspraxis eine große Rolle: Die Behörde hat bei ihren Entscheidungen (Verwaltungsakten) die Möglichkeit, nach Abwägung der Interessen gegen den einzelnen zu entscheiden. Jede Ausweitung des Ermessens bedeutet also eine Stärkung des Staates.

Die Anhänger des Rechtsextremismus unterstützen jede Regelung, die auf eine Vermehrung staatlicher Befugnisse und Erweiterung der Macht hinausläuft. Der Polizei sollen z. B. mehr Rechte zur Erfüllung ihrer Aufgaben eingeräumt werden. Im Vorfeld der Machtausübung wird die Einrichtung eines »Deutschen Jugenddienstes« im Anschluß an Schule oder Lehrzeit gefordert, um die jungen Menschen zu »verantwortlichen Staatsbürgern zu erziehen..., um auf der Grundlage gemeinschaftlichen Erlebens für Volk und Staat bedeutsame Arbeiten und Aufgaben zu erfüllen.«[63] Es handelt sich in Wirklichkeit um eine Umschreibung des »Reichsarbeitsdienstes« (RAD) der NS-Zeit.
Zusammenfassend kann für den Bereich des öffentlichen Dienstes gesagt werden, daß hier starke Einflüsse vorhanden sind, die den Forderungen des Rechtsextremismus entgegenkommen. Das Streben nach einem starken Staat, der durchgehend hierarchisch aufgebaut ist, stößt bei den öffentlichen Institutionen und ihren Trägern dann gern auf Zustimmung, wenn sie auch in einem demokratischen Staatswesen nicht auf Unterstellungsverhältnisse verzichten können. Der öffentliche Dienst mit seinen »Bediensteten« oder »Staatsdienern« wird von Rechtsextremen besonders gern angesprochen. Kein Wunder also, daß die Republikaner (REP) zahlreiche Beamte und Polizeiangehörige in ihren Reihen aufweisen können.
Der politische Konservatismus beruhte schon immer auf einem »intakten« Beamtentum, das »politisch neutral, sich nur der Staatsspitze verpflichtet fühlte«. Hinter dieserart Neutralität verbirgt sich oft eine Haltung, die gegen die parlamentarische Demokratie gerichtet ist. Es darf in unserem Staat für den öffentlichen Dienst *keine* politische Neutralität geben; politisch heißt hier nicht parteipolitisch! Dies würde dem verfassungsrechtlich abgesicherten Prinzip der streitbaren Demokratie widersprechen, dem absoluten Schutz der freiheitlich-demokratischen Grundordnung im Sinne des Grundgesetzes.
Im Rahmen der Darstellung des Menschenbildes der rechtsextremen Ideologie spielt die These vom Kampf ums Dasein (s. oben S. 118ff.) eine wesentliche Rolle. Die genannten soldatischen Tugenden, die überwiegend den »Führern« Vorteile und Erfolge einbrachten, den Untergebenen meistens Tod und Verderben, gehören zum festen Bestand des kulturellen Leitbildes des Rechtsextremismus. Diese Nähe zum Militär wird noch durch die Prinzipien des Zentralismus und dem Institut von Befehl und Gehorsam verstärkt. Das Streben nach einem starken Staat und damit auch das besondere Interesse an allem Militärischen sind logische Konsequenzen.
Die Bundeswehr, die heute den schwelenden Konflikt zwischen Traditionalismus und Entmythologisierung des Soldaten austragen muß, sieht

sich intensiver Werbung durch die rechtsextremen Gruppierungen ausgesetzt. Die NPD stellte nicht ohne Grund zur für sie ersten Bundestagswahl am 28. September 1969 auffällig viele Angehörige der Bundeswehr vor, die sich für die NPD interessierten oder gar kandidierten. Zur »Reform« der Bundeswehr hieß es von dieser Seite:

> »Die Tradition des deutschen Soldatentums ist begründet in Verantwortungsbewußtsein und Pflichterfüllung. Der Soldat lebt entsprechend der Eigenart seiner Aufgabe nach Gesetzen, die sich nicht auf den zivilen Bereich übertragen lassen, genausowenig wie es umgekehrt der Fall sein sollte...
>
> Die derzeitigen Richtlinien der inneren Führung sind dazu angetan, bei der Truppe Unsicherheit in der Führung und Disziplinlosigkeit bei den Geführten zu fördern, sie sind insoweit unbrauchbar und zu überholen.«[64]

Es liege im Wesen einer jeden – also auch der soldatischen – Tradition, den Menschen nicht nur rational, sondern auch emotional anzusprechen. Gerade hierin liege die Möglichkeit einer richtig verstandenen Traditionspflege.[65] Und so versuchen Vertreter des Rechtsextremismus, die Tradition des Soldatentums zu pflegen und zu fördern:

> »Die Tradition des deutschen Soldatentums ist begründet in seinem aufopfernden Pflichtbewußtsein und in seinen großen Leistungen in Krieg und Frieden. Die NPD wendet sich mit aller Schärfe gegen jede pauschale Diffamierung der Soldaten der alten Wehrmacht, insbesondere ihrer Offiziere und Unteroffiziere!«

Hier wird die enge Beziehung zu der Propaganda der Verharmlosung der NS-Zeit (vgl. oben S. 76f.) deutlich. Daneben wird die Sonderstellung des Soldaten im Staate hervorgehoben:

> »Der soldatische Dienst ist auch in der Demokratie Ehrendienst an der Gemeinschaft«,
>
> er sei ferner ein »positiver Faktor zur Erziehung zum Staatsbürger«.[66]

Der »Wehrdienst als Ehrendienst am deutschen Volke« soll dann auch besondere Vorzüge genießen oder herausgehoben sein: Die NPD ist daher:

> für die Wiedereinführung der Militärgerichtsbarkeit schon in Friedenszeiten,
>
> gegen Interessenverbände (Gewerkschaften) innerhalb des Bundeswehrbereichs.
>
> Der Oberbefehl über deutsche Soldaten solle nur in deutscher Hand liegen.
>
> Die Verwaltung ist wieder den Kommandeuren der Truppe zu übertragen.[67]

Die vom Bundesverteidigungsministerium eingeleitete Strukturreform 2000 für die Bundeswehr sei eine »Demontage des deutschen Heeres«.[68] Die kritische Auseinandersetzung etwa mit den Tiefflügen wird als »Geschwätz von Politikern« abgetan.
Mit der Forderung nach einer »neuen Wehrpolitik« ist in Wirklichkeit die Rückkehr zu einer konservativen Wehrauffassung gemeint, die viele Gemeinsamkeiten mit dem Rechtsextremismus aufweist. Die alten Standesprivilegien der Soldaten sollen wiederhergestellt werden.
Die gedankliche und weltanschauliche Nähe zur Bundeswehr zeigte sich am Beispiel des ehemaligen Fliegerobersten Rudel.[69] Der hochdekorierte Offizier Hitlers hatte nach 1945 keine Lehren aus dem Zusammenbruch des NS-Gewaltregimes gezogen, sondern betätigte sich wiederholt als Redner in rechtsextremen Vereinigungen. Das hinderte einige Bundeswehroffiziere nicht, mit ihm freundschaftliche Kontakte zu unterhalten und ihn auch zu Bundeswehrveranstaltungen einzuladen. Bei der Beerdigung Rudels in der kleinen Gemeinde Dornhausen, Krs. Weißenburg-Gunzenhausen, kam es mehrfach zu rechtsextremen Beifallskundgebungen. Ritterkreuzträger, wie der in einschlägigen Kreisen bekannte Otto Riehs [70], verabschiedeten sich am Grabe mit dem Hitler-Gruß. Er war 1983 vom Amtsgericht Weißenburg deswegen mit einer Geldstrafe von 1500 DM belegt worden.[71] Nach Augenzeugenberichten flogen vor und während der Beerdigung Rudels Phantom-Jäger der Bundesluftwaffe im Tiefflug und in Steilkurven über Dornhausen und zogen am Himmel ein sichtbares Hakenkreuz.[72] Wahrscheinlich handelte es sich um das Aufklärungsgeschwader »Immelmann« (Nr. 51) in Bremgarten, deren 1. Staffel zu diesem Zeitpunkt im Einsatz gewesen war. Diese Einheit hatte im November 1976 Rudel als Ehrengast zu einem Traditionstreffen eingeladen.
Der anschließende öffentliche Streit bewegte sich um Fragen der Traditionspflege, der Tapferkeit als Wert und um den Begriff der Kameradschaft. Dabei ging es inhaltlich exakt um die bekannten Schlüsselbegriffe des Rechtsextremismus. Der Schriftsteller Heinrich Böll sagte in Richtung auf den CDU-Bundestagsabgeordneten Manfred Wörner, der später Verteidigungsminister und danach Nato-Generalsekretär werden sollte und sich schützend vor die 1976 entlassenen beiden Luftwaffengenerale (s. oben S. 125) gestellt hatte: »Es kann einem angst und bange werden ... Seit wann ist eine nazistische Vergangenheit hinderlich für eine Karriere in der Bundeswehr gewesen?«[73]

Kommentar

Die militärgeschichtlichen Forschungen haben inzwischen eindeutig ergeben, daß am Anfang des NS-Regimes die Allianz von Teilen der antiliberalen, konservativen Militärführung mit Hitler gestanden hat. Am Ende, etwa 1939, war die Wehrmacht fast vollständig in den NS-Staat integriert, so daß Hitler über eine gehorsame Angriffsarmee verfügen konnte[74] (vgl. oben S. 66f.). Eine Umfrage bei den Offizier-Studenten an der Bundeswehrhochschule in Hamburg hätte aufhorchen lassen müssen: 10% der Studenten des Jahres 1976 zeigten »verhältnismäßig starke rechtsautoritäre und antidemokratische Tendenzen«.[75]

1984 war das Verhalten des Traunsteiner Oberstleutnants Held, der in seiner Werbebroschüre bei den Stadtratswahlen Rudel zu seinem Leitbild erklärt hatte, Gegenstand einer Anfrage im Bundestag. Die Antwort des Staatssekretärs Würzbach (CDU) lautete: »Divergierende Auffassungen über Traditionspflege allein sind... kein Grund, die Eignung für den Offiziersberuf in Frage zu stellen.«[76]

Nach Leisner ist der Führer »auch in Uniform« denkbar.[77] Die Führungsgewalt trage nach seiner Auffassung stets auch militärische Züge, denn schon immer sei der Führer Herr über die bewaffnete Macht gewesen. Eine pazifistisch orientierte Führung könne es nicht geben.

e) Ständestaatliche Vorstellungen in der »nationalen« Volkswirtschaft

Es fällt immer wieder auf, daß die grundlegenden wirtschaftlichen Strukturen unserer Gesellschaft kaum oder gar nicht in Frage gestellt werden. Die Gründe sind sehr verschieden, stehen aber in enger Verbindung mit dem rechtsextremen Menschenbild (s. oben S. 101ff.) und lassen sich daraus erklären. Allgemein wird man als Begründung anführen können, daß der Nationalismus in Deutschland während der Zeit des Frühkapitalismus im 19. Jahrhundert aufgekommen ist. Nicht umsonst lassen sich, ausgehend von dem überkommenen Bild des patriarchalischen Unternehmers, Gemeinsamkeiten ableiten wie z. B. des hierarchische Verhältnis zwischen Betriebsführern und Gefolgschaft. Dies kann sich freilich nur auf mittelständische Betriebe beziehen, an deren Spitze einzelne Persönlichkeiten oder Familien standen. Fest steht, daß die Anhänger des Rechtsextremismus zunächst die kapitalistische Wirtschaftsordnung tolerierten. In ihren pragmatischen Stellungnahmen ist keine grundsätzliche Auseinandersetzung mit den freiheitseinschränkenden Zwängen der industriellen Massengesellschaft, mit den möglichen Machtmißbräuchen des Kapitalismus und den daraus resultierenden Konflikten zu finden. Nicht »arm« oder »reich«, sondern »faul« und »fleißig« sind nach wie vor die Alternativen.[78]

Es gibt eine Reihe von Gemeinsamkeiten, die eine Kritik am Kapitalismus geradezu verhindern. Grundsätzlich war in der NS-Zeit der Privatbesitz nicht gefährdet, vielmehr sah die NS-Ideologie darin u. a. das schöpferische Prinzip der Persönlichkeit,[79] geronnene Arbeit und Ausdruck der Rassenseele. Das gilt auch für das Eigentum an den Produktionsmitteln, das Ausdruck des natürlichen Dranges nach Befriedigung ist.[80]
Gleiches gilt für das Konkurrenzprinzip. In der Ideologie des Rechtsextremismus setzt sich stets der Stärkere, weil Bessere, im Wettbewerb durch. Damit werde eine natürliche Auslese ermöglicht. Mit dem Rassismus verwandt ist also die Auffassung, daß nur das Beste in allen Lebensbereichen überlebt. Leistungs- und Gewinnprinzipien werden daher nicht abgelehnt. Banken, Handel und Unternehmer als Manager des Großkapitals sind die Träger der Leistungsideologie. Nur wer sichtbar etwas im Sinne der Produktionsvermehrung leistet, ist ein wertvoller Mensch. Das Prinzip von Befehl und Gehorsam entspricht dem autoritären Verhalten (Betriebsführer und Gefolgschaft). Es ist daher wiederholt die Rede von der »modernen Leistungsgemeinschaft«, von der »leistungsgerechten Ordnung« und der »unlösbaren Leistungsgemeinschaft aller Schaffenden«.[81]
Das Prinzip von Führer und Gefolgschaft wird auf die Arbeitswelt wie in der NS-Zeit übertragen. Die Produktionsform bildet eine Mischung aus Privatkapitalismus und staatlichem Dirigismus, doch bleiben die Eigentums- und Besitzverhältnisse in der Regel unangestastet.[82] Die Grundstruktur des kapitalistischen Systems, das die Anhänger des Rechtsextremismus gelegentlich propagandistisch aufs Korn nehmen, greifen sie ernstlich jedoch nie an.[83] So ist auch die Haltung des damaligen Vorsitzenden der NPD zu verstehen, mit der er die Vorlage eines konkreten Wirtschafts- und Sozialprogramms ablehnte.[84] Er nannte sie einen »Denkfehler«. Programmatische Fragen hingen davon ab, ob im Innern Recht und Ordnung erhalten blieben und der Wille vorhanden wäre, diese zu verteidigen.
Wegen der zahlreichen Gemeinsamkeiten in den Auffassungen über das kapitalistische Wirtschaftssystem nehmen wirtschaftspolitische Probleme in der rechtsextremen Publizistik einen geringen Raum ein. Der technische Fortschritt hingegen wird mit Skepsis betrachtet.
Die »Arbeit« als ein Recht des einzelnen, des Volksgenossen, bringt nur die gemeinschaftliche Beziehung zur Geltung. Nicht die konkrete Arbeit, sondern die Arbeit allgemein als Wert an sich wird beachtet. Zwischen Lohnarbeit und Kapital soll die Abhängigkeit des einzelnen nach dem Motto »Gemeinnutz geht vor Eigennutz!« verringert werden. Die Interessen der Industrie haben sich zunächst nach den Maßstäben des Volkes zu richten.[85] So ist es kein Wunder, daß sich die Anhänger des Rechts-

extremismus vorwiegend aus dem Mittelstand rekrutieren, aus latent krisengefährdeten Berufsschichten. Sie suchen vor ihrem befürchteten sozialen Abstieg das Heil auf der Rechten und verstehen sich zunächst als eine Art von Protestbewegung.
Im Parteiprogramm der »Deutschen Volksunion – Liste D« (DVU-Liste D) von 1988 werden der Mittelstand (»Hilfe für den deutschen Mittelstand«) und die Landwirtschaft (»Für das Recht des deutschen Bauern«) besonders erwähnt. Bevorzugte Vergabe von öffentlichen Aufträgen, vermehrte Investitionsanreize und Steuererleichterungen, Umschuldungsprogramme und Zinsverbilligungen sollen diese Berufszweige fördern. Durch eine »umfassende staatliche Entschuldungsaktion« müsse der »Vernichtung des Bauerntums Einhalt geboten werden«. Die besondere Förderung der Landwirtschaft geht historisch auf die Blut- und Bodenideologie des NS zurück. [86]
Die Schlagworte von damals, wie Naturverherrlichung, gesunde Ernährung und körperliche Arbeit, sind auch heute wieder aktuell. Angesichts der Sorgen um die zunehmende Umweltverschmutzung erhalten diese Parolen neues Gewicht.
Es sollen die »besonderen Verhältnisse von Mittelstands- und Landwirtschaftsbetrieben« berücksichtigt werden. Im Programm der REP wird die Landwirtschaft in einem eigenen Kapitel hervorgehoben und eine »neue Agrarpolitik angestrebt«, die sich gegen die bisherige EG-Agrarwirtschaft richtet. »Die Erhaltung eines gesunden Bauerntums ist eine Lebensfrage für das gesamte Volk.« Deutlicher ist folgende Aussage:

> »Das Wort vom Reichsnährstand ist verpönt, von NS-Vergangenheit belastet, es atmet die Nähe des Verfassungsschutzes. Wir gebrauchen es nicht. Deshalb sagen wir: Bauernstand ist nach dem Willen Gottes der Nährstand unseres Volkes.«[87]

Wenn überhaupt Kritik am Wirtschaftssystem geübt wird, dann steht oft der altbekannte Wunsch nach Autarkie dahinter: Zu allererst sei die eigene Wirtschaft zu berücksichtigen. Der »Liberalismus« bringe mit sich, daß die einheimische Produktion schutzlos dem Fremdkapital, dem Ausverkauf, preisgegeben werde.[88] Im Parteiprogramm der NPD von 1973 finden sich dazu Anklänge, wenn die Nutzung der eigenen Energiequellen (insbesondere der Kohle) Vorrang vor Importen haben soll.
Die Anhänger des Rechtsextremismus wenden sich gegen die »mechanistische Wirtschaftsauffassung« bzw. gegen den »gemeinschaftfeindlichen Liberalismus«.[89]
Typisch war und ist, daß bestimmte Berufsgruppen oder Stände in der Ideologie des Rechtsextremismus bevorzugt erscheinen. In Anlehnung an die Lehren des katholischen, österreichischen Nationalökonomen Othmar Spann über den Ständestaat sollen Unternehmer und Gewerk-

schaften in bestimmten Korporationen zusammengefaßt und die Wirtschaft soll nach Berufsgruppen in Kammern gegliedert werden. Kapital und Arbeit bestimmen korporativ den Wirtschaftsablauf.[90] Berthold Franke sieht hierin eine »heruntergekommene Romantik und ständische Ideologie als ein Kompendium des kleinbürgerlichen Irrationalismus«.[91] Es ist die Konzeption der ständischen Ordnung von Wirtschaft und Politik als Gegenentwurf zu Kapitalismus und Demokratie. Seine Weltanschauung nennt er den Universalismus gegen den Individualismus.

Mit der faschistischen Ideologie haben diese ständestaatlichen Vorstellungen vieles gemeinsam.[92] Bestimmte zu bevorzugende oder angeblich gefährdete Berufsgruppen sollen in ihrer Stellung nicht nur politisch angehoben, sondern auch kontrolliert werden können. Sie sollen in Kammern oder Korporationen zusammengeschlossen werden. Diese »sozialfaschistische« Struktur wird noch heute offen gepriesen.[93]

Die Lehren des *Korporatismus* haben sich aber in jeder Hinsicht als unbrauchbar erwiesen. Berufsständische Körperschaften können nur partikular dienen, auch wenn, wie in der NS-Zeit, eine ideologische Gleichschaltung der Mitglieder vorgenommen wurde. Diese Erfahrungen mußten Mussolini und Hitler machen.[94] Der nationalsozialistische Führer- und Machtstaat trat 1933/34 als Gegner des pluralistischen Ständestaates auf.[95] Zunächst wurden diese Gremien in der NS-Zeit geduldet, später setzte die von der NS-Führung beabsichtigte Kontrolle ein. Nicht der kleinbürgerliche Spann, sondern Carl Schmitt als Vertreter des autoritären Dezionismus gab von nun an den Ton an. Es handelt sich also nicht um eine Unterstützung des Mittelstandes, sondern vielmehr um die Einrichtung von politisch wirksamen Kontrollinstanzen, mit deren Hilfe staatliche Aufgaben vorbereitet wurden und die NS-Ideologie besser verbreitet werden konnte.

Typische Beispiele waren die »Reichsschrifttumskammer« mit ihren Einzelkammern für Theater, Bildende Künste, Musik, Film und Schrifttum. Die Kulturberufe wurden auf diese Weise ständisch aufgegliedert, um das deutsche »Kulturgut« besser »schützen« zu können. Dies war eine logische Maßnahme, wenn man das rechtsextreme Menschenbild mit seinem Rassismus zugrunde legt.

Heute fordert die NPD erneut die Einrichtung einer Pressekammer als berufsständische Vertretung aller in der Publizistik Tätigen.[96] Statt einer staatlichen Zensur sollen zunächst berufsständische Kammern die Kontrolle ausüben – wie in der NS-Zeit die »Reichsschrifttumskammer« –, dagegen sollen heute in den Funk- und Fernsehanstalten die Aufsichtsorgane unmittelbar von den Bürgern gewählt werden. Hier versprechen sich die Anhänger des Rechtsextremismus durch Stimmungsmache immer noch Chancen.

Die gewerkschaftsfeindliche Haltung kommt z. B. in folgender Stellungnahme zum Ausdruck:

»Der Arbeitsfrieden wird garantiert durch die Organisation von Arbeitgebern und Arbeitnehmern einer Branche in ein und derselben Standesvertretung, entsprechend den Zünften des Handwerks oder den Bauernverbänden.«[97]

Die Forderung, derzufolge »betriebsfremde Interessenvertreter oder betriebsfremde Stellen von der Mitbestimmung im Betrieb ausgeschlossen werden sollen«, zeigt unverhüllt die Kampfstellung gegen die Gewerkschaften. Die Tarifautonomie finde dort ihre Grenze, wo auf Kosten des »Ganzen und ohne Rücksicht auf das allgemeine Wohl verfahren wird«. Die NPD lehnt den »überholten Interessengegensatz zwischen Arbeitgebern und Arbeitnehmern ab«. Der deutsche Arbeiter habe indessen einen vorrangigen Anspruch auf Sicherung des Arbeitsplatzes gegenüber ausländischen Arbeitskräften.

In Anlehnung an die frühere »Akademie für deutsches Recht« wird heute eine »selbständige Körperschaft zur Formulierung und Fortbildung des normalen Rechts« gefordert. In dieses Gremium sollen nur Personen entsandt werden, die nach »Fachwissen, Ernst, Tiefe und Achtung besonders erwählt« seien.

Wo das Korporations-System eingeführt worden war, wie zeitweilig in Italien, Spanien und Portugal, handelte es sich nur um eine Maskierung von Diktaturen. Die Stände oder Kammern waren in Wirklichkeit vom Staat und der herrschenden Partei überwachte Zwangsorganisationen, deren Vertreter weder frei gewählt waren, noch frei abstimmen konnten.

Es wird zwar grundsätzlich eine freie »Marktwirtschaft« bejaht, aber man meint damit eine durch »staatliche Wirtschaftspolitik sozial geordnete«.[98] Die Wirtschaft muß im Zweifel dem Volke dienen, wobei das »Volksinteresse« der geltende Maßstab ist. Nach wie vor wird die »mittelständige Wirtschaft als lebenswichtiger Bestandteil unserer Volkswirtschaft« angesehen, weil nur sie »... [die] Voraussetzung für die Abwehr der Vermassung und für die Bewahrung des gewachsenen Volkstums« biete.

Die REP bekennen sich zur »sozial verpflichteten Marktwirtschaft«, die ihre Grenze dort hat, wo »elementare Interessen des Volkes verletzt« werden.[99]

f) Völkische Rechtsauffassung

Jede Staatsauffassung weist dem Recht und der Gesetzgebung eine zentrale Bedeutung zu. Die Anhänger des Rechtsextremismus berufen sich allerdings auf rechtsstaatliche Grundsätze nur solange, wie sie nicht selber an der Macht sind, sie also als Minderheit diesen Rechtsschutz benötigen. Im Mittelpunkt ihrer Überlegungen steht unverändert der Leitsatz: »Recht ist, was dem Volke nützt.« Dies war auch der oberste Grundsatz der NS-Rechtsstaatlichkeit.[100] Auch hier muß der Begriff »Volk« im Sinne des rassenbiologischen Menschenbildes zugrunde gelegt werden. Das Recht ist danach nicht nur eine »willkürlich verfaßte Summe« praktischer Gesetze. Ihm sei »unausreißbar ein fester Bezugspunkt im Sittlichen des Menschen« gegeben. Diese seien die Herkunft (Menschentum), das Volkstum und dessen Gemeinschaft. Die hier dargelegte Abhängigkeit des Rechts von diesen ideologischen Begriffen ist nur eine konsequente Anwendung rechtsextremen Denkens. Sie bedeutet letztlich den völligen Abbau des demokratischen und freiheitlichen Rechtsstaats.

Mit der Forderung nach »Neuordnung« des Rechtswesens setzt sich die NPD für eine Zusammenfassung der gesamten Rechtsprechung ein. Sondergerichtsbarkeiten, wie Verwaltungs- und Finanzgerichte, sollen zusammengelegt werden. Tatsächlich ist aber eine ideologisch gesicherte Justiz gewünscht. Recht wird stets am Nutzen für die »Nation« gemessen.

»Wo gehobelt wird, fallen Späne«, soll Hermann Göring im März 1933 entschuldigend erklärt haben.[101] Es war eine Rechtfertigung für rechtswidrige Vorfälle, in denen Macht vor Recht ging, ganz so, »wie der Herold vor dem König, dem er dient«.[102]

Aufschlußreich und richtungweisend war ein Aufsatz des Staatsrechtlers Carl Schmitt, den er nach dem sogenannten Röhm-Putsch in der von ihm geleiteten »Deutschen Juristenzeitung« am 1. August 1934 veröffentlichte. Es heißt darin:

> »Der Führer schützt das Recht vor dem schlimmsten Mißbrauch, wenn er im Augenblick der Gefahr kraft seines Führertums als oberster Gerichtsherr unmittelbar Recht schafft. ... Der wahre Führer ist auch immer Richter. Aus dem Führertum fließt das Richtertum.«

Wie oben schon angedeutet, soll nach dem Willen der NPD für die »Formulierung und Fortbildung des normalen Rechts« eine Vertretungskörperschaft eingerichtet werden, die die Vorbereitungen treffen soll und »deren Entscheidung mit der des Bundestages zusammenfallen muß«. Grundsätzliche Rechtssätze sollen nur noch durch Volksentscheide aufgehoben oder verändert werden können. Dies ähnelt der Forderung, bei

»entscheidenden Lebensfragen der Nation und ihrer Zukunft« durch Volksbegehren oder Volksentscheid abstimmen zu lassen.[103]
Die Vertreter des Rechtsextremismus beabsichtigen damit, durch die plebiszitäre Legitimation einen stärkeren Rückhalt für ihre jeweiligen politischen Forderungen zu erreichen. Sie versprechen sich darüber hinaus kraft ihrer betont emotionalen Einwirkungen auf die Bürger, Mehrheiten für ihre Zwecke gewinnen zu können. Die Manipulation der Bürger und des Rechts wird hier offenkundig. Das Recht, auf eine höhere Ebene gestellt, soll unabhängig von demokratischen Abstimmungen gelten. Man behält sich die Entscheidungsbefugnis vor, das Ergebnis dieser Abstimmungen trotz Mehrheitsbeschluß für wirkungslos zu erklären, wenn das Ergebnis gegen rechtsextreme Grundpositionen verstößt.
Mit der Feststellung, das Recht sei eine »Grundgröße« und eine Kraft des ES, sollen alle diejenigen Bestrebungen und Grundsätze wirkungslos bleiben, die sich gegen die völkische Rechtsauffassung richten. Im Recht als »existenter Macht« sind danach die Größen »*Menschentum*« und »*Volkstum*« »menschlicher Zuordnung unmittelbar gegenwärtig, sogar organhaft wirksam«.[104]
Damit befinden wir uns mitten im Verfassungsrecht. Die Einschränkung der liberalen Freiheitsrechte und eines wesentlichen Teils der Grund- und Menschenrechte ist für die Anhänger des Rechtsextremismus kein Problem. Die Menschen seien zur Lösung der Krise nicht nur freiwillig bereit, die Größen des ES, des Staates und des Volkstums sowie das Wir der Volksgemeinschaft unter ihre, die Grenzen ihrer Ansprüche bestimmende Kontrolle zu stellen, sondern auch damit einverstanden, daß diesen anderen »Grundkräften« die Kontrolle über ihre Freiheit und ihren Gebrauch davon obliegt.[105]
Die »richtige« Verfassung oder »Zuordnung« bestehe darin, daß die Werte »Volk«, »Volkstum« und »Staat« in einen bestimmten Zusammenhang gebracht werden, der dem Staat den Dienst am »Volk und Volkstum« zuweist, ihm aber zugleich deswegen eine entsprechende Hoheit verleiht. Hinter dieser dunkel erscheinenden Begründung steht in Wahrheit nichts anderes, als die Rechtfertigung dafür, daß der Staat und seine Verfassung die Handhabe bieten müssen, rigoros die rechtsextremen Denkvorstellungen in der Gesellschaft durchsetzen und die ideologischen Zielsetzungen verwirklichen zu können. Erst wenn die Verfassung imstande ist, Volk und Staat durch den Schlüsselbegriff der »Nation« zur Deckung zu bringen, ist für die Anhänger des Rechtsextremismus die »richtige« Verfassung gegeben.
Der Staat steht in dieser Wertigkeit stets höher als der einzelne. Das Recht ist daher nur ein Mittel, um das Streben nach absoluter Staatsautorität zu unterstützen. Ein solcher Staat wird als die »wirkliche Verfaßtheit

des Volkes« bezeichnet, ohne die er dekadent und zersetzt sei. Nur eine »unverfälschte« Demokratie trage einen starken Staat, der der »Wahrer des Ganzen« ist.

> »Wir Nationaldemokraten wollen einen starken demokratischen Staat, der alle Teilbestrebungen als Wahrer des Ganzen zusammenfaßt.«[106]

Der Inhalt dieses Demokratiebegriffs ist ein völlig anderer als der, den die westlichen parlamentarischen Demokratien vertreten.

2. Der Führerstaat als Antithese zur Demokratie

a) Der Führungsanspruch der rechtsextremen Gruppen

Da sich die Anhänger der rechtsextremen Bestrebungen im Besitz der alleinigen Wahrheit über das Zusammenleben der Menschen wähnen, und die rassenbiologische Geschichtsauffassung als die einzig richtige Erkenntnismethode ansehen, werden alle abweichenden Meinungen und Bestrebungen als »volks- und verfassungsfeindlich« bekämpft. (s. oben S. 118ff.).

Wie in dem Kapitel über die Propaganda bereits ausführlich dargestellt, ergeben sich insoweit in der Methodik und der Taktik des politischen Kampfes Parallelen zu den Lehren des Kommunismus. Es ist im Grunde genommen gleichgültig, ob die Begriffe »radikal« oder »extrem« verwendet werden, dieser Streit erscheint in der Praxis müßig. Der politische Gegner soll auf Dauer aus dem politischen Leben ausgeschaltet werden.

Der Führungsanspruch zeigt sich bereits im Überlegenheitsgefühl und im Sendungsbewußtsein (s. oben S. 116), wobei immer wieder von einem »geschichtlichen Auftrag« die Rede ist. Der Absolutheitsanspruch besteht darin, daß sich die Anhänger des Rechtsextremismus mit dem Volk und dem Staat als dem »organisierten Lebenswillen des deutschen Volkes« identifizieren. Aus dem Elitedenken, dem Sendungsbewußtsein, der Intoleranz und Unduldsamkeit gegenüber anderen kann geschlossen werden, daß die übrigen Parteien und Gruppierungen künftig keine entscheidende Rolle mehr spielen dürfen.

Damit wird gleichzeitig das für die fdGO wesentliche Prinzip des (Parteien-)Pluralismus abgelehnt.[107] Die Tendenz zum Einparteienstaat ist nicht zu übersehen.

Die Forderungen nach Einführung des Volksentscheides für »politische

Lebensfragen der Nation« sollen ebenfalls dazu beitragen, daß die Entscheidungen nicht mehr im Parlament, sondern außerhalb getroffen werden. Der ehemalige Chefredakteur der »Bild-Zeitung«, Peter Boenisch, machte sich seinerzeit gewollt oder ungewollt zum Sprecher dieser Bestrebungen, wenn er mit Blick auf die SPD/FDP-Koalitionsregierung anläßlich der neuen Ostpolitik sagte: »Laßt das Volk entscheiden.«[108]

Aufgrund der aufgeputschten Stimmung über den sogenannten Ausverkauf Deutschlands (s. oben S. 28) hätte eine solche Abstimmung wahrscheinlich eine Ablehnung dieser Politik ergeben. Entgegen der geltenden verfassungsrechtlichen Regelung nach Art. 29 GG erklärte Boenisch irreführend weiter: »Wenn die Regierung sich ihrer Mehrheit so sicher ist, braucht sie ja vor der Entscheidung des Volkes keine Angst zu haben!«[109]

Die rechtsextremen Parteien hätten dann nur noch die Aufgabe, als »Machtelite« das Volk entsprechend diesen Zielsetzungen zu mobilisieren und die gewünschten Abstimmungsergebnisse vorzubereiten.

b) Totale Erfassung des Menschen

Wenn es nach den rechtsextremen Aktivisten ginge, dann würde jeder nicht nur mit Hilfe einer Staatspartei, sondern unter Einsatz aller staatlichen und halbstaatlichen Institutionen bzw. Organisationen angesprochen, total erfaßt und schließlich überwacht werden. Das NS-Regime neigte bereits zur grenzenlosen Übersteigerung: von der totalen Volksgemeinschaft über die totale Revolution bis hin zum »totalen Krieg«, als damals der NS-Propagandaminister die präparierten Massen suggestiv fragte: »Wollt ihr den totalen Krieg?«[110]

Die Ideologie darf keinesfalls vor der Wohnungstür des Bürgers haltmachen; die Wirkungen sollen bis in die Intimsphäre reichen, um den »Willen des Führers durchzusetzen«, soweit es Familie, Kinder und den Lebensstil betrifft. Einen privaten Bereich gibt es dann nicht mehr. Staatliche und ideologische Interessen, die mit denen des Volkes gleichgesetzt werden, überwinden alle rechtlichen Bedenken oder Hindernisse. Der einzelne soll in seinem ganzen Denken und Handeln in dem hier dargestellten Sinne beeinflußt und gelenkt werden.

Daher gilt das Interesse der Anhänger des Rechtsextremismus besonders den Bildungsinstitutionen und ihren Vermittlern einschließlich den Massenmedien. Nicht nur die Erwachsenen in ihrer aktiven Lebensphase, sondern vor allem die Jugend wird stark umworben: »Wer die Jugend hat, hat die Zukunft« (Der Bismarck-Deutsche, Nov. 1985, S. 7).

Die NS-Zeit und andere Beispiele nach 1945 bis in die Gegenwart haben anschaulich gezeigt, mit welchen demagogischen Methoden im staatlichen Bereich vorgegangen wird, um sich der Menschen zu bemächtigen, sie zu beherrschen, notfalls einzuschüchtern, sie zu willfährigen, gehorsamen Staatsdienern zu erziehen.
Die allgegenwärtige Ideologie soll die Gesinnung der Menschen steuern. Dem Staat ist es nicht gleichgültig, was die einzelnen über ihn und die ihn tragenden Gruppen denken. Notwendige Substanz des totalitären Staates ist daher die ihn ausfüllende Ideologie – im Gegensatz zu dem absoluten Staat, der dem Bürger noch einen eigenen Bereich überläßt. Der Mensch ist nur ein nützliches Werkzeug im Dienste des »Führers«.
Vor diesem Hintergrund ist die Forderung der NPD nach Übereinstimmung von Verfassungsnorm und Verfassungswirklichkeit zu sehen.[111] Die Problematik des Unterschiedes zwischen Verfassung und Verfassungswirklichkeit, die Hennis[112] als eine typisch deutsche bezeichnet, beschäftigte besonders auch die Vertreter des Rechtsextremismus, weil die Tendenz zu einem autoritären Staat auf der Grundlage ihrer Weltanschauung eine Übereinstimmung zwischen der »richtigen Zuordnung« und der politischen Wirklichkeit fordert.
Die NPD als ein Repräsentant des rechtsextremen Lagers fordert die »Nationaldemokratie«, jedoch müsse die jeweilige Zuordnung zum wirklichen Bilde des menschlichen Lebens vorgenommen werden. Das ist der Kern der hier beschriebenen Struktur des Menschenbildes des Rechtsextremismus (s. oben S. 102). Es gelte, die politische Ordnung zu wählen, die die gleichberechtigte Zuordnung von Freiheit und Verantwortlichkeit, von einzelnen und Volk, von Volk und Volkstum am wirkungsvollsten vornimmt.
Offiziell wird derzeit aber nur ein »starker« demokratischer Staat gefordert, der »alle Teilbestrebungen als Wahrer des Ganzen zusammenfaßt«.[113]
Mit der vollständigen Erfassung und Kontrolle des einzelnen Menschen – davor hatten bei der Volkszählung viele Menschen Angst – ist der innerste Freiheitsraum des Bürgers aufgehoben und der Willkür ausgesetzt. Das bedeutet die »innere Hinwendung zur Demokratie«, wie sie z. B. Anrich versteht.[114] Die Bundesrepublik Deutschland hält er für eine formale Demokratie. Deshalb wird die »Weiterführung« des Grundgesetzes verlangt, um die »volle« Demokratie zu verwirklichen, eine geschickte Tarnung der wirklichen Absichten!
Diese Anforderungen könne nur der »mündige« Mensch erfüllen. Als mündig gilt freilich nur der, der dieses Wissen von Volk und Staat hat und – so müssen wir hinzufügen – sich mit diesen Denkvorstellungen identifiziert. Gegenüber der »Spätdemokratie« oder »Gesetzesdemokratie«

gibt es nur die einzige Alternative eines Führers mit seiner »Persönlichen« Gewalt als der »anderen großen Staatsgrundform« mit den Vorbildern Caesar und Augustus.[115] Der Gipfel der Herrschaft sei die Wiederherstellung des »Reiches«, ein Gedanke, der bis heute durch alle die Jahrhunderte noch lebendig ist, aber nur wenig Frieden in Europa gebracht hat.[116]

Zusammenfassend kann demnach festgestellt werden: Menschenbild und Staatsauffassung zeigen seit Jahrzehnten eine auffällige Starrheit und Enge des Denkens. Die Anhänger des Rechtsextremismus ziehen ihre Lehren ständig aus der Vergangenheit, noch dazu aus einer, die vorwiegend nicht der Realität entspricht.

Inhaltlich kann von einem »neuen« Nationalismus nicht die Rede sein. Schon Ernst Jünger versuchte 1927 [117] mit dem Wort »neu« Zugkraft für rechtsextreme Denkvorstellungen zu gewinnen. Er setzte sich damals für eine »straffe Staatsgewalt von schärfster autoritativer Prägung« ein. Der Staat sei nur eine Form der *Nation*, er dürfe kein Selbstzweck sein. Das Arbeitertum sei die blutsverbindende Gemeinschaft aller innerhalb der Nation. Damit endet diese Gedankenführung beim höchsten Wertbegriff der Nation im völkischen Sinne.

Es erscheint überraschend, daß sich in unregelmäßigen Abständen immer wieder Anhänger für diese längst überholten, verbrauchten und teilweise im Denkansatz völlig verfehlten Vorstellungen und Zielsetzungen finden lassen. Das hat offenbar tiefliegende Gründe. Es handelt sich um eine Art von Sehnsucht, die tiefsitzende Schichten der Emotionen, der Gefühlswelt anspricht. Begriffe wie »Heimat«, »Zuhause« versprechen Schutz, Vertrautheit, Geborgenheit, Nähe, Freundschaft, vielleicht auch Glück – was man auch immer darunter verstehen mag.

Angesichts der fortschreitenden Technisierung und Abstrahierung in den Produktionsprozessen, angesichts der negativen Auswirkungen des kapitalistischen Wirtschaftssystems mit seinen kaum abschätzbaren Folgen für die Umwelt, angesichts einer total verwalteten Welt mit schwindenden Freiräumen, sind die Chancen zur Mobilisierung rechtsextremer Vorstellungen nicht gering. Neu sind allenfalls aktuelle Inhalte, bezogen auf die gegenwärtigen politischen Probleme. Es bleibt die alte Sehnsucht nach der Harmonie, nach dem Geführtwerden durch einen vorbildhaften Führer, der alle Sorgen abnimmt, dafür aber absolute Gefolgschaft fordert.

Es ist der Mangel an Verständnis für die Lebensform der Demokratie. Erst durch einen ständigen Lernprozeß wird die Einsicht im Bewußtsein der Mehrheit der Bürger einen festen Platz finden, daß Demokratie niemals vollendet ist, daß sie vielmehr einen Prozeß des Lernens und der kritischen Infragestellung darstellt.

Die rechtsextreme Ideologie gibt sich an bestimmten Merkmalen oder Schlüsselbegriffen (z. B. Volk, Nation, Gemeinschaft, Gemeinsinn, fremd) und wiederkehrenden Behauptungen und Stellungnahmen (Kriegsschuld, NS-Verbrechen) selber zu erkennen.
Der Kern der rechtsextremen Vorstellungswelt ist und bleibt – mehr oder minder deutlich vorhanden – eine einseitige, biologistische Betrachtung des Zusammenlebens der Menschen und Völker. Aus diesem vorgeprägten Menschenbild folgt zwangsläufig die Unterordnung der Interessen des einzelnen unter die der *Volksgemeinschaft* und damit des Staates.
An dieser Stelle muß damit begonnen werden, die in Betracht kommenden Parolen und politischen Forderungen auf ihren wirklichen Gehalt und Hintergrund zu untersuchen und zu prüfen, ob sich nicht weitere Hinweise oder sogar typische Merkmale des Rechtsextremismus ergeben. Es wäre oberflächlich, die fraglichen Begriffe, Thesen und Parolen isoliert zu bewerten; denn die Tarnung der wahren Absichten und Zielsetzungen der rechtsextremen Parteien nimmt – mit Ausnahme der Neonazis – von Jahr zu Jahr zu.
Wer sich abfällig über Ausländer äußert, ohne einen konkreten verständlichen Anlaß zu haben, kann auch sonst mit politisch Andersdenkenden oder Gegnern nur schwer umgehen. Meistens offenbart sich bei genauer Befragung ein Freund-Feind-Denken oder ein stark emotional besetztes Vorurteil.
Wer über Juden herzieht, zeigt sich anfällig für die »Ideologie der Ungleichheit« und die Geschichtsfälschungen der jüngsten deutschen Geschichtsschreibung. Wer die Waffen-SS bewundernd in Schutz nimmt, weiß entweder nichts oder zu wenig von der elitären SS-Ideologie und den längst nachgewiesenen Gewaltverbrechen, oder er hat schon das Feindbild gegen die »Umerzieher« in der politischen Bildung übernommen.
Die Gefährlichkeit dieses Denkens liegt auf der Hand. Soziale Ängste werden geweckt oder verstärkt; ein starkes Heimatgefühl, übertriebene Schutzsuche vor Kriminellen und vor Ausbeutung sind die üblichen Einfallstore, durch die der Rechtsextremismus einzudringen pflegt. Die Sehnsucht nach Sicherheit, Durchschaubarkeit gesellschaftlicher Prozesse, das Verlangen nach einfachen und klaren Antworten auf alle existenziellen Fragen und Probleme, der Wunsch nach dem Geführtwerden mit dem verlangten Preis der Treue, ist groß und schwer zu relativieren.
Was sagt uns der Aufkleber: »Ich bin stolz, ein Deutscher zu sein«? Wer sich aktiv in einer »Wehrsportgruppe« betätigt, will vordergründig sicherlich seine Abenteuerlust befriedigen. Was aber geht noch in ihm vor? Welche Sprüche und Parolen lernt er kennen, um in der Gruppe junger Menschen die »Kameradschaft« zu erfahren? Sind es schwache Naturen, die sich erst in der Gruppe stark fühlen und ihre Selbstbestätigung in

pseudokriegerischen Spielen finden? Ist die Waffe oder Uniform ein Mittel, die erstrebte Stärke im Auftreten zu gewinnen?
Die Beschreibung der typischen Propagandamittel und Ideologiemerkmale hatte hier den Zweck, rechtsextreme Sachverhalte prüfen zu helfen und die Identifikation zu erleichtern. Die Fragen, die die verfassungsfeindlichen Zielsetzungen und die Verfassungswidrigkeit im Sinne von Art. 21 Abs. 2 GG betreffen, sind in zweiter Linie von Bedeutung. Sichere Antworten können sich erst aus einer weiteren, vertiefenden verfassungsrechtlichen Beurteilung ergeben. Dies aber würde den Rahmen dieses Buches sprengen.
Im übrigen wird bisher zu schnell nach einem Verbot oder sonstigen staatlichen Sanktionen gerufen. Nach der Konzeption des Grundgesetzes und der Rechtsprechung des Bundesverfassungsgerichts sind Parteiverbote ein letztes Mittel, um einer ernsten Gefahr für die freiheitliche demokratische Grundordnung zu begegnen. Im Falle eines Verbots könnten sich die Anhänger als Märtyrer fühlen. Die Öffentlichkeit verlöre die wichtige Möglichkeit, anhand der Wahlergebnisse die Anziehungskraft rechtsextremer Gedanken und Parolen einschätzen zu können.
Verbote sind in der Regel nicht geeignet, um politisch-extreme Einstellungen der Mitglieder und Anhänger zu bekämpfen. Sie erreichen nicht die verborgenen Quellen der Ideologie. Daher besteht die Gefahr, daß in Trotzreaktionen gerade radikale Handlungen provoziert werden. Die Bildung neuer extremer Gruppen ist zudem niemals ausgeschlossen.
Jede Verbotsforderung ist im Grunde genommen eine Kapitulation vor der geistigen Auseinandersetzung mit den in Verdacht der Verfassungswidrigkeit stehenden Parteien und Vereinigungen. Das Verbot kann auch für viele Kritiker bedeuten, selber nichts mehr unternehmen zu müssen. Die ungelösten politischen Probleme werden vorübergehend allenfalls verdrängt. Man kann dann ohne schlechtes Gewissen zur Tagesordnung übergehen.
Nicht unbedenklich ist die seit einigen Jahren zu beobachtende Unsitte, die konkreten Fragen nach der Beobachtungsnotwendigkeit durch den Verfassungsschutz öffentlich, wie im Falle der Republikaner, zu erörtern. Innenminister und Innensenatoren geben neuerdings bereitwillig ausführliche Erklärungen darüber ab, ob nun nachrichtendienstliche Mittel angewandt werden sollen oder nicht. Diese ungewollten Formulierungshilfen z. B. für die REP bleiben nicht ohne Folgen. Die Betroffenen können sich dann bemühen, mit Erfolg aus der Verdachtszone herauszukommen und die Tarnung zu verbessern. Das eigentliche rechtsextreme Potential läßt sich schon jetzt kaum noch mit Sicherheit erkennen. Die wirkliche politische Lage auf diesem Sektor wird immer unübersichtlicher. Im gleichen Maße schwindet die Notwendigkeit, eine globale Ge-

genstrategie zu entwerfen und den eigenen politischen Standpunkt selbstkritisch zu überprüfen. Politische Bildung gerät in Gefahr, nur noch als Pflichtübung angesehen zu werden.
Wie die Beispiele in beiden Teilen des Buches zeigen, haben rechtsextreme Denkvorstellungen ein zähes Leben, und sie waren imstande, sich über die Jahre 1945/46 zu retten. Auschwitz hat es offenbar nicht verhindert, daß heute wieder gerade junge Menschen für NS-Parolen anfällig werden.
Die besondere Problematik besteht noch darin, daß der Rechtsextremismus Teile seines Wertesystems von dem politischen Konservatismus des 19. Jahrhunderts übernommen hat. Diese Werthaltungen wirken nachhaltig auf den kulturellen Bereich ein und erhöhen den »Staat« zum nationalen Über-Ich.
Auf diesen Grundlagen muß eine intensive und systematische geistige Auseinandersetzung insbesondere über die Stellung des einzelnen im Staat und zu seinen Organen stattfinden. Es gilt, die liberalen Freiheitsrechte mit der Meinungs- und Pressefreiheit als Eckpfeiler der rechtsstaatlichen Demokratie zu schützen. Eine gute politische Aufklärung hat die Chance, nicht nur ein dauerhaftes Gegengewicht zu dem rechtsextremen Potential zu bilden, sondern dessen Quellen vielleicht einmal auszutrocknen. Der scheinbar stringenten Propaganda muß mit großer Kenntnis, Sensibilität und Überzeugungskraft entgegengetreten werden, zumal der gefühlsmäßige Hintergrund der rechtsextremen Gedankenwelt oft eine sachliche, rationale Diskussion erschwert.
Die Versuchung ist besonders bei existenziellen Bedrohungen groß, wieder auf einfache Lösungen zurückzugreifen, den alten Sehnsüchten nach einem starken Staat und einem starken Führer nachzugeben, der alle wesentlichen Entscheidungen bei der Lebensgestaltung abnimmt. Kritiklose Unterordnung und Opferbereitschaft sind dann der Preis.

Anhang

Abkürzungen

a. A.	anderer Ansicht
AA	Auswärtiges Amt
a. a. O.	am angegebenen Ort
AAR	»Aktion Ausländerrückführung«
ANS/NA	»Aktionsfront Nationaler Sozialisten/ Nationale Aktivisten«
Art.	Artikel
Aufl.	Auflage
AW	»Aktion Widerstand«
BK	Bayern-Kurier
BKA	Bundeskriminalamt
BMI	Bundesminister des Innern
BMJ	Bundesminister der Justiz
BND	Bundesnachrichtendienst
BVerfG	Bundesverfassungsgericht
Bw.	Bundeswehr
BW	Baden-Württemberg
DA	»Deutscher Anzeiger«
DBt.	Deutscher Bundestag
DF	»Der Freiwillige« (Organ der HIAG)
DN	»Deutsche Nachrichten«
DNZ	»Deutsche National-Zeitung«
DNZSZ	»Deutsche National- und Soldatenzeitung«
DR	»Der Republikaner« (Organ der REP)
DVU	»Deutsche Volksunion«
DVU-Liste D	»Deutsche Volksunion-Liste D«
DWZ	»Deutsche Wochenzeitung«
E	Entscheidungssammlung
Ebda.	am selben Ort
f.	folgende (Seite)
ff.	folgende (Seiten)
FAP	»Freiheitliche Deutsche Arbeiterpartei«
FAZ	Frankfurter Allgemeine Zeitung
fdGO	freiheitliche demokratische Grundordnung (im Sinne des Grundgesetzes)
FK	»Freundeskreis Deutsche Politik«
Fn.	Fußnote
FNP	Frankfurter Neue Presse

FR	Frankfurter Rundschau
GBA	Generalbundesanwalt
GG	Grundgesetz
HIAG	»Hilfsgemeinschaft auf Gegenseitigkeit« (Bundesverband der Angehörigen der ehemaligen Waffen-SS)
HLT	Hessischer Landtag
Hrsg.	Herausgeber
hrsg.	herausgegeben
IMK	Innenministerkonferenz
IS	Innere Sicherheit, Informationen des Bundesministers des Innern
KZ	Konzentrationslager
NE	»Nation Europa« (Monatszeitschrift)
NHB	»Nationaldemokratischer Hochschulbund«
NJW	Neue Juristische Wochenschrift
NPD	»Nationaldemokratische Partei Deutschlands«
NS	Nationalsozialismus
NSDAP	»Nationalsozialistische Deutsche Arbeiterpartei«
NSDAP-AO	»NSDAP-Auslands- und Aufbauorganisation«
NW	Nordrhein-Westfalen
OD	»Ordnungsdienst«
Prot.	Protokoll
REP	»Die Republikaner«
S.	Seite
SA	»Sturmabteilung« der NSDAP
SRP	»Sozialistische Reichspartei«
SS	»Schutzstaffel« der NSDAP
SZ	Süddeutsche Zeitung
taz	die tageszeitung
UA	Untersuchungsausschuß
VdS	»Verband deutscher Soldaten«
VG	Verwaltungsgericht
VGH	Verwaltungsgerichtshof
vgl.	vergleiche
VO	Verordnung
WK	Wiesbadener Kurier
Wib	Woche im Bundestag. Informationsdienst des DBt.
WSG	Wehrsportgruppe
ZRP	Zeitschrift für Rechtspolitik

Literaturverzeichnis

Aedtner, Alfred: An Ort und Stelle erschossen, in: Der Spiegel, Nr. 44, v. 27. 10. 1986.

Aly, Götz: Das Posener Tagebuch des Anatomen Hermann Voß, in: Biedermann und Schreibtischtäter. Materialien zur deutschen Täter-Biographie. Hrsg. v. Peter Chroust, H. D. Heilmann, Hermann Langbein. Berlin 1987, S. 15 ff.

Anrich, Ernst: Mensch, Volk, Staat. Demokratie und Nationaldemokratie, in: NPD. Weg, Wille, Ziel. Hannover 1967, S. 61–89.

Ders.: Was haben wir nötig, um die Krise zu bestehen? Seeheim 1968.

Ders.: Gedanken zum Programm der NPD. Hannover 1970.

Ders.: Wohin gehört der Mensch? Seeheim 1972.

Bartsch, Günter: Revolution von rechts? Freiburg 1975.

Baruzzi, Arno: Über Kant und Hegel, in: Klassiker des politischen Denkens. Bd. II: Von Locke bis Weber. Hrsg. v. Hans Maier, Heinz Rausch, Horst Denzer. München 1968, S. 161 ff. und 187 ff.

Beck, Ulrich: Eugenik der Zukunft. Spiegel-Essay, in: Der Spiegel, Nr. 47 v. 21. 11. 1988, S. 236 f.

Benz, Wolfgang: Rechtsextremismus in der Bundesrepublik. Voraussetzungen, Zusammenhänge, Wirkungen. Frankfurt am Main 1984 (Aktualisierte Neuausgabe, Frankfurt am Main 1989).

Ders. (Hrsg.): Legenden, Lügen, Vorurteile. München 1990.

Bernett, Hajo: Das Janusgesicht der Olympischen Spiele des Jahres 1936, in: FR v. 30. 7. 1986, S. 9.

Birn, Ruth B.: Die Höheren SS- und Polizeiführer. Himmlers Vertreter im Reich und in den besetzten Gebieten. Düsseldorf 1986.

Böll, Heinrich: Zwischen Iokos und Ordo, Ordnung und Unordnung. Hartmut von Hentig zum 23. September 1985. Hrsg. v. Gerold Becker, Hellmut Becker, Ludwig Huber. Weinheim und Basel 1985.

Bork, Siegfried: Mißbrauch der Sprache. Tendenzen nationalsozialistischer Sprachregelung. Bern/München 1970.

Bott, Hermann: Die Volksfeind-Ideologie. Zur Kritik rechtsradikaler Propaganda. Stuttgart 1969.

Brähler, Elmar/Richter, Horst-Eberhard: Mehr Action, weniger sozial. Gießen-Test, in: Der Spiegel, Nr. 44 v. 30. 10. 1989, S. 229 f.

Brandt, Willy: Wider das Geschäft mit der Angst, in: Die Zeit, Nr. 33 v. 27. 12. 1974.

Bröder, Friedrich: Ein Sprachrohr des Rechtsradikalismus. Die Deutschen Nachrichten – eine Studie zur Propagandatechnik und -methode. Mainz 1969.

Broszat, Martin: Der Nationalsozialismus (Schriftenreihe der Niedersächsischen Landeszentrale für politische Bildung, Heft 8). Hannover 1960.
Ders.: Der Staat Hitlers. München 1969.
Bundesminister des Innern: Verfassungsschutzbericht 1984. Bonn 1985 (abgek.: BMI 1984, Bonn 1985, S. 128ff.).
Buchheit, Gerd: Die anonyme Macht. Frankfurt am Main 1969.
Chaussy, Ulrich: Oktoberfest. Ein Attentat. Darmstadt und Neuwied 1985.
Dahrendorf, Ralf: Gesellschaft und Demokratie in Deutschland. München 1965.
Dehoust, Peter: Nationalismus heute. (Reihe »Junge Kritik«, Bd. 1 mit Beiträgen von Singer, Nöck, Waldmann, Ravensberg, Meinrad und Grabowski) Coburg 1970.
Dubiel, Helmut: Was ist Neokonservatismus? Frankfurt am Main 1985.
Dupeux, Louis: Nationalbolschewismus in Deutschland 1919–1933. München 1985.
Eibl-Eibesfeldt, Irenäus: Der vorprogrammierte Mensch. München 1977.
Ders.: Die Angst vor dem Menschen, in: SZ v. 3./4. 7. 1982.
Flechtheim, Ossip K.: Vom »roten Faschismus« und »braunen Faschismus«, in: FR v. 20. 1. 1987, S. 16.
Franke, Berthold: Die Kleinbürger. Begriff, Ideologie, Politik. Frankfurt am Main/New York 1988.
Friedländer, Saul: Kitsch und Tod. Der Widerschein des Nazismus. München 1986.
Fröhlich, Elke (Hrsg.): Die Tagebücher von Joseph Goebbels. München 1987.
Fromm, Erich: Die Furcht vor der Freiheit. Frankfurt am Main, [11]1980.
Fromme, Friedrich Karl: Ein Stoiber, Staub aufwirbelnd, in: FAZ v. 18. 12. 1979, S. 11.
Funke, Manfred: Extremismus und offene Gesellschaft, in: Beilage zur Wochenzeitung Das Parlament, Nr. B 37/38 v. 16. 9. 1978, S. 11f.
Giordano, Ralph: Die zweite Schuld Oder von der Last Deutscher zu sein. Hamburg/Zürich 1987.
Goettle, Gabriele: Innenansichten vom biederen Massenmörder, in: Die Zeit, Nr. 1 v. 1. 1. 1988, S. 28.
Götz, Albrecht: Bilanz der Verfolgung von NS-Straftaten. Köln 1986.
Grebing, Helga: Der Nationalismus. Ursprung und Wesen. München/Wien [16]1965.
Dies.: Konservative gegen die Demokratie. Frankfurt am Main 1971.
Greiffenhagen, Martin: Schritt zurück zu Metternich? Radikale im demokratischen Rechtsstaat, in: Evangelische Kommentare, Nr. 8/1975, S. 459ff.
Grix, Rolf/Knöll, Wilhelm: Die Rede zum 8. Mai 1945. Texte zum Erinnern, Verstehen und Weiterdenken. Oldenburg 1987.

Grünberg, Hans-Bernhard von: Ein neues Deutschland in einem neuen Europa. Hannover 1968.
Ders.: Pflicht ist der Preis der Freiheit. Hannover 1971.
Habermas, Jürgen: Vom öffentlichen Gebrauch der Historie, in: Die Zeit, Nr. 46 v. 7. 11. 1986, S. 12f.
Heilmann, H. D.: Aus dem Kriegstagebuch des Diplomaten Otto Bräutigam. Biedermann und die Schreibtischtäter. Berlin 1987, S. 123ff.
Heimann, Paula: Entwicklungssprünge und das Auftreten von Grausamkeit, in: Bis hierher und nicht weiter. Frankfurt am Main 1969, S., 104–118.
Heitmeyer, Wilhelm: Weil doch auch in der Natur das Recht des Stärkeren gilt. Ist die Jugend auf dem Weg nach rechts?, in: FR v. 31. 10. 1989.
Hennis, Wilhelm: Verfassung und Verfassungswirklichkeit. Tübingen 1968.
Hessischer Landtag: Bericht des Parlamentarischen Untersuchungsausschusses »NPD-Ordnungsdienst« (Drucks. Nr. 3330, 6. Wahlperiode), vom 16. 9. 1970 (Sonderdruck der Hessischen Landeszentrale für politische Bildung).
Hilberg, Raul: Die Vernichtung der europäischen Juden. Die Gesamtgeschichte des Holocaust. Berlin 1982 (Erweiterte und überarbeitete Neuausgabe, Frankfurt am Main 1990).
Hilligen, Wolfgang/Drechsler, Hanno/Neumann, Franz (Hrsg.): Gesellschaft und Staat. Baden-Baden [5]1979.
Jäckel, Eberhard/Rohwer, Jürgen (Hrsg.): Der Mord an den Juden im Zweiten Weltkrieg. Entschlußbildung und Verwirklichung. Stuttgart 1985.
Janßen, Karl-Heinz: Der Essener Kindermord, in: Die Zeit, Nr. 10 v. 27. 2. 1987, S. 13f.
Ders.: In der Nacht, als das Feuer kam, in: Die Zeit, Nr. 15 v. 1. 4. 1977.
Ders.: »Was für ein Glück, daß die Menschen nicht denken...«, in: Die Zeit, Nr. 30 v. 18. 7. 1975.
Jaschke, Hans-Gerd: Wölfe im Schafspelz, in: Die Zeit, Nr. 3 v. 10. 1. 1986.
Ders.: Rechtsextremismus, in: Handbuch der politischen Ideen. Hrsg. v. Iring Fetscher/Herfried Münkler, Bd. 5. München 1987, S. 1053ff.
Kalow, Gerd: Hitler, Das gesamtdeutsche Trauma. München 1967.
Kempner, Robert M. W.: SS im Kreuzverhör. Die Elite, die Europa in Scherben schlug. (Erweiterte Neuausgabe) Nördlingen 1987.
Kielmansegg, Peter Graf von: Vom Nationalneutralismus zum Konzept des blockfreien Europa, in: Eiserne Illusionen. Hrsg. v. Carl-Christoph Schweitzer. Köln 1969, S. 85ff.
Klee, Ernst: »Euthanasie« im NS-Staat. Die »Vernichtung lebensunwerten Lebens«. Frankfurt am Main 1985.
Ders.: Euthanasie, in: Die Zeit, Nr. 11 v. 7. 3. 1986.
Klee, Ernst/Dressen, Willi/Mitarbeit von Volker Riess: »Gott mit uns«. Der deutsche Vernichtungskrieg im Osten 1939–1945. Frankfurt am Main 1989.
Koch, W. Hannsjoachim: Geschichte der Hitlerjugend. Percha 1975.

Ders.: Der Sozialdarwinismus. München 1973.
Kocka, Jürgen: Ursachen des Nationalsozialismus, in: Beilage zur Wochenzeitung Das Parlament, Nr. B/25/80 v. 21.6.1980.
Ders.: Hitler sollte nicht durch Stalin und Pol Pot verdrängt werden, in: FR v. 23.9.1986, S. 10.
Kogon, Eugen: Haut nur drein! in: Der Spiegel, Nr. 42 v. 15.10.1979, S. 24.
Kohl, Paul: Ich wundere mich, daß ich noch lebe. Gütersloh 1990.
Körber, Hans (Hrsg.): Soldat im Volk. Eine Chronik des Verbandes Deutscher Soldaten. Wiesbaden 1989.
Kruse, Kuno: Politisch Verfolgte genießen Asylrecht, in: Die Zeit, Nr. 37 v. 7.9.1990, S. 15.
Kühn, Dieter: Den Panzerring vor dem Kopf, in: Die Zeit, Nr. 41 v. 4.10.1974, S. 17.
Kühnl, Reinhard/Mitarbeit von R. Rilling und D. Sager: Die NPD. Struktur, Ideologie und Funktion einer neofaschistischen Partei. Frankfurt am Main 1969.
Langbein, Hermann (Mithrsg.): Biedermann und Schreibtischtäter. Materialien zur deutschen Täterbiographie. Berlin 1987, S. 11f.
Lanzmann, Claude: Shoah. Vorwort von Simone de Beauvoir. Düsseldorf [2]1986.
Leibholz, Gerhard: Strukturprobleme der modernen Demokratie. Karlsruhe [3]1976.
Leisner, Walter: Der Führer. Persönliche Gewalt – Staatsrettung oder Staatsdämmerung? Berlin 1983.
Lemberg, Eugen: Nationalismus. Bd. I: Psychologie und Geschichte. Reinbek b. Hamburg 1967.
Ders.: Nationalismus, Bd. II: Soziologie und politische Pädagogik. Reinbek b. Hamburg 1968.
Lifton, Robert Jay: Die Mörder sind unter uns, in: Der Spiegel, Nr. 25 v. 20.6.1989 bis Nr. 28 v. 11.7.1989 (Serie).
Ders.: Ärzte im Dritten Reich. Stuttgart 1988.
Lutzius, Franz: Der Euthanasie-Mord an behinderten Kindern im Nazi-Deutschland. Essen 1987.
Maier, Hans/Bott, Hermann: NPD. Struktur und Ideologie einer »nationalen Rechtspartei«. München [2]1968.
May, Hans: Rassismus. Frankfurt am Main 1974.
Mayer, Arno J.: Der Krieg als Kreuzzug. Das Deutsche Reich, Hitlers Wehrmacht und die »Endlösung«. Reinbek b. Hamburg 1989.
Mehnert, Klaus: Der deutsche Standort. Stuttgart 1967.
Messerschmidt, Manfred/Wüllner, Fritz: Die Wehrmachtsjustiz im Dienst des Nationalsozialismus. Zerstörung einer Legende. Baden-Baden 1987.
Meyer, Claus Heinrich: Die Veredelung Hitlers. Das Dritte Reich als Mar-

kenartikel, in: Rechtsextremismus in der Bundesrepublik. Hrsg. v. Wolfgang Benz. Frankfurt am Main 1984, S. 45 ff.
Miliband, Ralph: Der Staat in der kapitalistischen Gesellschaft. Frankfurt am Main 1972.
Mitscherlich, Alexander: Die Idee des Friedens und die menschliche Aggressivität. Frankfurt am Main 1969.
Ders.: Über Feindseligkeit und hergestellte Dummheit. Frankfurt am Main 1969.
Ders.: Der Wandel im Erscheinungsbild und in der Struktur politischer Autorität. Deutschland und Europa – Ausblick in die 70er Jahre. Mainz 1970, S. 67 ff.
Ders.: Aggression, Spontanität, Gehorsam. Bis hierher und nicht weiter. München 1969, S. 66 ff.
Ders./Mitscherlich, Margarete: Die Unfähigkeit zu trauern. München 1968.
Mitscherlich, Margarete: Erinnerungsarbeit. Zur Psychoanalyse der Unfähigkeit zu trauern. Frankfurt am Main 1987.
Mosse, George L.: Nationalismus und Sexualität. Bürgerliche Moral und sexuelle Normen. München 1985.
Müller, Leo A.: Republikaner, NPD, DVU-Liste D... Göttingen 1989.
Noller, Sonja/Kotze, Hildegard von: Faksimile-Querschnitte durch den Völkischen Beobachter. München 1967.
Nolte, Ernst: Faschismus von Mussolini bis Hitler. Texte, Bilder, Dokumente. München 1968.
Ders.: Die Krise des liberalen Systems und die faschistischen Bewegungen. München 1968.
Ders.: Die Sache auf den Kopf gestellt, in: Die Zeit, Nr. 45 v. 31. 10. 1986, S. 9.
Ders.: Streitpunkte. Berlin und Frankfurt am Main 1993.
Ostermann, Aenne/Nicklas, Hans: Vorurteile und Feindbilder. München/Wien/Baltimore [2]1982.
Politisches Lexikon, hrsg. v. der DN-Verlagsgesellschaft, Teil I: Sachworte, Hannover 1966.
Pollern, Hans Joachim von: Politische Strafprozesse. Der Ulmer Reichswehrprozeß 1930, in: BW-Polizei, 1970, S. 147 ff.
Reichel, Peter: Nackte Schönheit ohne Sinnlichkeit, in: Die Zeit, Nr. 9 v. 21. 2. 1986, S. 43.
Riedl, Joachim: Labor Auschwitz, in: Die Zeit, Nr. 40 v. 27. 9. 1985, S. 33 f.
Rondholz, Eberhard: Die Erde über den Gräbern bewegte sich, in: Die Zeit, Nr. 48 v. 20. 11. 1987, S. 51.
Rosenthal, Ludwig: Massenmord oder Gaskammerlüge? Darmstadt 1979.
Rückerl, Adalbert: NS-Vernichtungslager im Spiegel deutscher Strafprozesse. München 1977.

Ders.: NS-Verbrechen vor Gericht. Heidelberg 1982.
Runge, Irene: Die zivilisatorische Geduld mit den Fremden ist labil geworden, in: FR v. 17.7.1990, S. 11.
Saage, Richard: Rückkehr zum starken Staat? Studien über Konservatismus, Faschismus und Demokratie. Frankfurt am Main 1986.
Sallen, Herbert A.: Zum Antisemitismus in der Bundesrepublik Deutschland. Frankfurt am Main 1977.
Salus, Grete: Niemand, nichts – ein Jude. Darmstadt 1981.
Schmidt-Kaler, Theodor: Tagesordnung der Zukunft, in: Nation Europa (NE), Heft 12/1986, S. 11ff.
Schönhuber, Franz: Ich war dabei. München [11]1988.
Schörken, Rolf: Luftwaffenhelfer und drittes Reich. Die Entstehung eines politischen Bewußtseins. Stuttgart 1984.
Schwagerl, H. Joachim: Verfassungsschutz in der Bundesrepublik Deutschland. Heidelberg 1985.
Ders.: Personenfahndung oder Verbrecherjagd? in: Die Polizei 1971, S. 33ff.
Ders.: Emotionelle Einflüsse in der Argumentation für die Todesstrafe, in: Festschrift für Hans von Hentig. Hamburg 1967, S. 81ff.
Ders.: Fahndungshilfe durch Massenmedien, in: Die Polizei 1974, S. 317f.
Ders./Walther, Rolf: Rechtsradikalismus, in: Der Schutz der Verfassung. Köln/Berlin/Bonn/München 1968, S. 98ff.
Schwedhelm, Karl: Propheten des Nationalismus. München 1969.
Senfft, Heinrich: Kein Abschied von Hitler. Ein Blick hinter die Fassaden des Historikerstreits. Hamburg 1990.
Sereny, Gitta: Treblinka, in: Der Mord an den Juden im Zweiten Weltkrieg. Hrsg. v. E. Jäckel/J. Rohwer. Stuttgart 1985, S. 157ff.
Sichrovsky, Peter: Schuldig geboren. Kinder aus Nazi-Familien. Köln 1987.
Sieler, Wolfgang: Die Republikaner sind keine Partei des Grundgesetzes, in: blick nach rechts, Nr. 19 v. 11.9.1989.
Silbermann, Alfons: Sind wir Antisemiten? Köln 1981.
Strauss, Herbert A.: Vom Sonderweg zur »Sonderbehandlung«, in: Die Zeit, Nr. 7 v. 7.2.1986, S. 67.
Sternberger, Dolf/Stortz, Gerhard/Süskind, W. E. (Hrsg.): Aus dem Wörterbuch des Unmenschen. Hamburg/Düsseldorf 1986.
Streim, Alfred: Sowjetische Gefangene in Hitlers Vernichtungskrieg. Heidelberg 1982.
Thadden, Adolf von: Einsatz für Deutschland. Reden in den Jahren 1965 bis 1969. Hannover 1969.
Thomann, Klaus-Dieter: Rassenhygiene und Anthropologie. Die zwei Karrieren des Prof. Verschuer, in: FR v. 21.5.1985, S. 8.
Ueberschär, Gerd R./Wette, Wolfram (Hrsg.): Unternehmen Barbarossa.

Der deutsche Überfall auf die Sowjetunion 1941. Paderborn 1984. (Überarbeitete Neuausgabe Frankfurt am Main 1991).
Vester, Frederic: Phänomen Streß. Stuttgart 1976.
Vultejus, Ulrich: Kampfanzug unter der Robe. Hamburg 1984.
Wagner, Friedrich: Menschenzüchtung. München 1969.
Walraff, Günter: Ganz unten. Köln 1985.
Wermuth/Stieber: Die kommunistischen Verschwörungen des neunzehnten Jahrhunderts. Berlin 1853.
Wette, Wolfram: Erobern Zerstören, Auslöschen., in: Die Zeit, Nr. 48 v. 20. 11. 1987.
Weizsäcker, Carl-Friedrich von: Der ungesicherte Friede. Göttingen 1969.
Wiehn, Erhard R.: Kaddisch. Totengebet in Polen. Darmstadt ^{2}1987.
Ders. (Hrsg.): Judenfeindschaft. Eine öffentliche Vortragsreihe an der Universität Konstanz 1988/89. Mit Beiträgen von Claussen, Guggenheim, Ley, Patschovsky, Picard, Ritterband, Schwagerl und Wiehn. Konstanz 1989.
Winkler, Hans-Joachim: Legenden um Hitler (Heft Nr. 7 der Schriftenreihe »Zur Politik und Zeitgeschichte«). Berlin 1961.
Woll, Helmut:« Die Wirtschaftslehre des deutschen Faschismus. München/Wien 1988.
Zimmer, Dieter E.: Können Gene hassen? in: Die Zeit, Nr. 14 v. 31. 3. 1989.

Anmerkungen

Zur Notwendigkeit der Auseinandersetzung mit dem Rechtsextremismus

1 Z. B. Beobachtungen von Konrad Weiss, Stimmung gegen ehemalige Siegermächte, in: FR vom 18. 3. 1989; Die neue alte Gefahr. Junge Faschisten in der DDR, in: Rechtsextremismus in den neuen Bundesländern. Hrsg. v. d. Landeszentrale für politische Bildung Thüringen. Erfurt 1992, S. 6ff.; ferner Kurt Hirsch/Peter B. Heim. Von links nach rechts. Rechtsradikale Aktivitäten in den neuen Bundesländern. München 1991.

2 So Wolfgang Benz, Rechtsextremismus in der Bundesrepublik. Frankfurt am Main 1984, S. 7f.

3 Verfassungsschutzbericht des BMI 1986. Bonn 1987 (im folgenden verkürzt bez. BMI 1986. Bonn 1987, S. 185.

4 Ihre »Memoiren« erschienen im Knaus-Verlag München 1987; vgl. Der Spiegel, Nr. 33 v. 10. 8. 1987, S. 64ff.

5 München 1989, 12. Auflage, 130. Tsd. Schönhuber war Unterscharführer in der »Leibstandarte Adolf Hitler«, der Elitetruppe des NS.

6 »Er war eine künstliche Größe, einer der fanatischsten und gehorsamsten Wegbereiter des Führers«, Der Spiegel, Nr. 35 v. 24. 8. 1987, S. 84f.

7 Vgl. BMI 1988. Bonn 1989, S. 114 u. S. 142; sowie BMI 1989. Bonn 1990, S. 108 u. S. 138; BMI 1993. Bonn 1994, S. 74/75.

8 Da die NPD nicht kandidieren durfte, haben ihre Anhänger sicherlich diesmal die Partei »Die Republikaner« (REP) gewählt. Bei den Bezirkswahlen am 24. Mai 1992 in Berlin festigten sie mit 8,3% stadtweit ihre politische Position.

9 Kommunalwahlen 1989: Köln 7,4%; Düsseldorf: 6,2%, Gelsenkirchen 7,4%; Gemeindewahlen in BW: REP in Stuttgart 9,5%; Mannheim: 9,8%; in Bayern am 18. 3. 1990 durchschn. 5,4%.

10 Bulletin Nr. 146 vom 19. 12. 1990, S. 1531.

11 REP in Stuttgart: 11,9%; Mannheim: 11%; Pforzheim 18,5%; Enzkreis 17%; in kleineren Gemeinden weit über 20%!

12 Vgl. SZ v. 7. 4. 1992 und FR v. 7. 4. 1992.

13 So C.F. von Weizsäcker, Der ungesicherte Friede. Göttingen 1969, S. 66.

14 Vgl. Politisches Lexikon (der NPD nahestehend). Hannover 1966. Sachwort »Nationalsozialismus«.

15 Günter Bartsch, Revolution von rechts? Freiburg 1975, S. 131.

16 Wilhelm Heitmeyer, Weil doch auch in der Natur das Recht des Stärkeren gilt, in: Gewerkschaftliche Monatshefte 9/89, abgedruckt in: FR vom 31. 10. 1989, S. 12.

17 Vgl. H. Joachim Schwagerl, Verfassungsschutz in der Bundesrepublik Deutschland. Heidelberg 1985, S. 62ff., mit der REP befaßten sich bis 1992 nur einige Verfassungsschutzbehörden wie z. B. in NW und BW.
18 Vgl. DBt., 29. Sitzung v. 2. 4. 1981, S. 1414f.
19 Alfons Silbermann, Sind wir Antisemiten? Köln 1981.
20 Der Spiegel, Nr. 15 v. 10. 4. 1989, S. 150ff. Nach einer erneuten Emnid-Umfrage in: Der Spiegel, Nr. 4 v. 20. 1. 1992 hat sich die Zahl der Antisemiten nicht verändert: 13 % (d. h. jeder achte); fast ein Viertel aller Deutschen hat Verständnis für den Rechtsradikalismus.
21 Allgemeine Jüdische Wochenzeitung v. 17. 6. 1988.
22 Vgl. Mitteilung des BMI vom 9. 10. 1989.
23 Vgl. SZ v. 16. 6. 1989.
24 So Bericht des BMI 1979, Bonn 1980, S. 39.
25 H. Joachim Schwagerl, Ihre Ehre heißt Treue. Zur Traditionspflege der ehemaligen Angehörigen der Waffen-SS, in: Tribüne 1989, Heft 109, S. 155f.; Heft 110, S. 204ff.; Heft 111, S. 216ff.
26 Vgl. Benz, a. a. O., S. 11, und Hans-Gerd Jaschke, Rechtsextremismus, in: Handbuch der politischen Ideen. Hrsg. v. Iring Fetscher/Herfried Münkler, Bd. 5. München 1987, S. 1053ff.
27 Vgl. Benz, a. a. O., S. 14.

Erster Teil

I. Schüren einer Krisenstimmung

1 Als ein System von Grundannahmen und Werten sowie Theorien über das Zusammenleben der Menschen in Staat und Gesellschaft zur Durchsetzung politischer Ziele; weitere Definitionen s. unten S. 101.
2 Ernst Anrich, Wohin gehört der Mensch? Seeheim 1972, S. 2ff.
3 Flugschrift: NS-Kampfruf, Nr. 62, S. 2.
4 Vgl. Die Neue Front, Nr. 8/1986, S. 22.
5 Vgl. Hans Maier/Hermann Bott, NPD. Struktur und Ideologie einer nationalen »Rechtspartei«. München 1968, S. 26f.
6 So Walter Leisner, Der Führer. Berlin 1983, S. 48.
7 Schwarzer Rebell, Nr. 3/1985, S. 4.
8 Vgl. Herbert Kremp, in: Die Welt v. 15. 1. 1972.
9 BMI 1984. Bonn 1985, S. 137.
10 Vgl. weiter unten zum Menschenbild und zur Staatsauffassung: »Staatsorganismus«.
11 Vgl. Helga Grebing, Konservative gegen Demokratie. Frankfurt am Main 1971, S. 247.
12 So Die Kampfgefährtin, Nr. 14/1986, S. 16.
13 Aus einem Flugblatt der FAP 1986 in Hessen.

14 Zitat nach Bericht BMI 1984, a. a. O., S. 137.
15 Vgl. Werwolf, Mai 1984, S. 2 und 4.
16 So Deutsche Nachrichten (DN), Sonderdruck II/1966.
17 Deutsche Frauenfront informiert, Nr. 2/1985, S. 10.
18 Vgl. DR, Nr. 6/1987, S. 4.
19 Deutsche Wochenzeitung (DWZ), Nr. 1,2/1986, S. 1, zitiert nach BMI 1986. Bonn 1987, S. 159.
20 So Adolf von Thadden, DN Nr. 1/2 v. 8. 1. 1971, S. 1.
21 So Hans-Bernhard von Grünberg, Pflicht ist der Preis der Freiheit. Hannover 1971, S. 9.
22 Vgl. DN, Nr. 50 v. 11. 12. 1970, S. 1.
23 Vgl. DNZ, Nr. 30 v. 24. 7. 1970, S. 1.
24 DNZ, Nr. 32 v. 7. 8. 1970, S. 1.
25 Vgl. Verfassungsschutzbericht Bayern 1985, hrsg. v. Bayerischen Staatsministerium des Innern. München 1986, S. 101 über die NPD.
26 Vgl. Stimmen der hessischen Nationaldemokraten, Nr. 6/1985, S. 7.
27 Flugblatt (ohne Impressum), 1988 verbreitet.
28 DVU-Liste D, Flugblatt 1989.
29 REP-Flugblatt, zitiert nach Wolfgang Sieler, Die Republikaner sind keine Partei des Grundgesetzes, in: blick nach rechts, Nr. 19 v. 11. 9. 1989.
30 Deutsche Alternative. Programm 1989, Neonazis.
31 So Bundesvorstandsmitglied der NPD, Schweimer, in: DN, Nr. 44/1967, S. 2.
32 Gerhard Frey, in: DNZ, Nr. 44 v. 1. 11. 1968, S. 1.
33 DNZ, Nr. 28 v. 11. 7. 1969, S. 1.
34 NPD-Landtagsabg. Bassler am 23. 1. 1970 im BW-Landtag.
35 Vgl. SZ v. 2. 11. 1970, S. 3.
36 So in DNZ, Nr. 50 v. 11. 12. 1970, S. 1.
37 Vgl. die tageszeitung (taz) v. 12. 8. 1987.
38 So Adolf von Thadden, DN, Nr. 1/2 v. 8. 1. 1971.
39 Vgl. Interview mit Hermann Heinemann, Arbeitsminister NW, anläßlich einer Rede vor dem Heimattreffen der Hindenburger, in: Die Zeit, Nr. 33 v. 9. 8. 1985.
40 So z. B. DNZ, Nr. 19 v. 1. 5. 1987, S. 3.
41 DNZ, Nr. 24 v. 12. 6. 1970, S. 1.
42 DNZ, Nr. 34 v. 21. 8. 1970, S. 1.
43 DNZ, Nr. 38 v. 18. 9. 1970, S. 1.
44 DNZ, Nr. 10 v. 9. 3. 1973, S. 1.
45 DNZ, Nr. 32 v. 7. 8. 1970, S. 1.
46 DNZ v. 3. Mai 1985 (Schlagzeile).
47 DR 8/1987, S. 2.
48 DR 4/1989, S. 2.
49 Interview mit Schönhuber, in: Die Zeit, Nr. 27 v. 26. 6. 1992, S. 55/56.

50 DNZ, Nr. 29, v. 11. 7. 1986, S. 1.
51 DNZ v. 31. Mai 1985.
52 Deutscher Anzeiger (DA) v. 17. 5. 1985.
53 DA v. 14. 6. 1985.
54 DR, Nr. 3/1987, S. 4.
55 DR, Nr. 4/1988, S. 3.
56 Vgl. DNZ, Nr. 12/1984, S. 8.
57 DNZ, Nr. 34. v. 19. 8. 1988, S. 9.
58 DR, Nr. 9/1988, S. 1.
59 Auf Plakaten demonstrierender Neonazis vor dem LG Stuttgart 1992 während des Verfahrens gegen den ehemaligen KZ-Aufseher Schwammberger, in: blick nach rechts, Nr. 14 v. 22. 6. 1992, S. 7.
60 So Frey, in: DNZ, Nr. 44/1968, S. 1.
61 NPD-Wahlzeitung. Kurier IV/1969.
62 Flugblatt »Nationalsozialisten klagen an«. Zitiert nach BMI 1984, a. a. O., S. 138.
63 Zitiert nach BMI 1986, a. a. O., S. 149 aus Unabhängige Nachrichten, Nr. 2/1985, S. 2.
64 DNZ, Nr. 30 v. 18. 7. 1986, S. 3.
65 Ebda.
66 DNZ, Nr. 17/1985, S. 1.
67 Vgl. DN, Nr. 44/1968, S. 1.
68 So Flugblatt des NPD-Landesverbandes Saarland 1985.
69 Unabhängige Nachrichten, Nr. 1/1985, S. 6.
70 DN v. 24. 11. 1967, S. 3.
71 Chefredakteur der DWZ, in: DN, Nr. 46/1967, S. 3.
72 Vgl. NPD-Kurier, Nr. IV/1969.
73 DR, Nr. 8/1987, S. 5.
74 Vgl. Politisches Lexikon, Teil I, a. a. O., Sachwort »Massenmedien«.
75 DN, Nr. 35 v. 27. 8. 1971, S. 13.
76 DF, Nr. 7, 8/1986, S. 3.
77 Vgl. NPD-Programm 1973, Teil III, Nr. 2.
78 DNZ, Nr. 30 v. 18. 7. 1986, S. 3.
79 DN, Nr. 35 v. 27. 8. 1971, S. 8.
80 Vertrauliche Mitteilungen aus Politik und Wirtschaft. Büsingen, August 1986.
81 DR, Nr. 8/1987, S. 5.
82 Schönhuber, in: DR, Nr. 10/1987, S. 1.
83 So DN v. 29. 3. 1968, S. 12.
84 DN, Nr. 42 v. 18. 10. 1968, S. 2.
85 Nation Europa (NE), Nr. 7, 8/1986, S. 88.
86 Politisches Lexikon, Teil I, a. a. O., Sachwort »intellektuell«: »Wegen der einseitigen Verstandesbetonung, des gestörten Gleichgewichts, des Unfriedens mit sich selbst bis hin zur Persönlichkeitsspaltung.«

87 DWZ, Nr. 26/1972, S. 4.
88 NPD-Kurier, Nr. IV/1969.
89 DN v. 17.11.1967, S. 7.
90 Mut, Nr. 47/1971, S. 2 und 33.
91 Vertrauliche Mitteilungen, a. a. O., 1986.
92 DNZ, Nr. 33 v. 8.8.1986.
93 Zitiert nach BMI 1986, a. a. O., S. 171.
94 Die Kampfgefährtin, Nr. 14 v. August 1986, S. 10.
95 Der Freiwillige (DF). Organ der HIAG, Nr. 3/1987, S. 3.
96 Die Zeit, Nr. 6 v. 5.2.1982.
97 NE, Nr. 7, 8/1986, S. 88.
98 Deutsche Stimme, Nr. 8, August 1986.
99 FAP-Nachrichten, Nr. 2/1986.
100 Flugblatt der NPD aus dem Jahre 1986.
101 Vgl. SZ v. 24.9.1986; DBt. Prot. 112. Sitzung v. 14.10.1992, S. 9544.
102 Bulletin v. 8.3.1989, S. 224.
103 Bulletin v. 22.2.1991, S. 135; und v. 7.2.1992, S. 135; sowie v. 6.5.1992, S. 432. S. unten S. 148.
104 Auf einer NPD-Veranstaltung in Münzenberg, Hessen. Zitiert nach FR v. 20.6.1988.
105 In der DNZ, Nr. 26 v. 24.6.1988, S. 5.
106 BRD-Ost: 15,9%; BRD-West: 6,1% (Februar 1992).
107 Umfrage des Instituts für Demoskopie in Allensbach (FNP v. 8.10. 1968): 72% der Befragten sind über die Kriminalität beunruhigt. Nach IPOS-Umfrage (Pressemitteilung des BMI v. 9.10.1989) fühlen sich 66,66% durch die Kriminalität bedroht (80% Anhänger der REP, 70% Anhänger der CDU/CSU).
108 Vgl. H. Joachim Schwagerl, Personenfahndung oder Verbrecherjagd? in: Die Polizei 1971, S. 33ff.; ders., Fahndungshilfe durch Massenmedien, in: Die Polizei 71, S. 317ff. mit ausführlichen Hinweisen über den Stand der Debatten, der sich bis heute im Prinzip nicht verändert hat. Die Verantwortlichen, auch das ZDF, haben keine Konsequenzen daraus gezogen. Publikumsgeschmack und teilweise Fahndungserfolge haben dieses Thema tabuisiert.
109 Nie zuvor hatte Hollywood so perfide und perfekt auf die geheimen Ängste und zugleich auf die Verdrängungen der Zeitgenossen spekuliert. Vgl. hierzu: Der Spiegel, Nr. 39 v. 23.9.1974; Willy Brandt, Wider das Geschäft mit der Angst, in: Die Zeit, Nr. 53 v. 27.12.1974.
110 Vgl. Bulletin v. 7.5.1991, S. 349ff.; v. 16.1.1992, S. 49; v. 29.5.1992, S. 525f., Nr. 50 v. 30.5.1994, S. 450ff. und s. unten S. 148.
111 Vgl. Ausführungen zum Thema Antimarxismus/-sozialismus unten S. 151.
112 DN, Nr. 17 v. 24.4.1969, S. 13.
113 Mut, Nr. 123 v. November 1977, S. 3.

114 Typisch hierfür z. B. E. Anrich, a. a. O., S. 15.
115 DN, Nr. 17 v. 25.4.1969, S. 13/14.
116 Vgl. BMI 1987. Bonn 1988, S. 2.
117 Vgl. BMI 1988. Bonn 1989, S. 27; ferner die Verfassungsschutzberichte der Länder.
118 Vgl. BMI 1990. Bonn 1991, S. 21, 27; BMI 1991. Bonn 1992, S. 48. BMI 1993. Bonn 1994, S. 50.
119 Redaktion der Zeitschrift CODE/Verlag Diagnosen, Nr. 6/1987, S. 3.
120 Ebd., S. 35.
121 Vgl. oben S. 29 und unten S. 114, 128.
122 Vgl. unten S. 111 ff.
123 Vgl. Diagnosen, Nr. 5/1986, S. 3.

II. Förderung der Bedingungen für die angestrebte radikale Änderung

1 DN, Nr. 24 v. 12.6.1970.
2 Vgl. DN, Nr. 32 v. 7.8.1970.
3 Der Spiegel, Nr. 22 v. 29.5.1989.
4 Walter Leisner, Der Führer. Persönliche Gewalt – Staatsrettung oder Staatsdämmerung? Berlin 1983, S. 37 ff.
5 Vgl. Paula Heimann, Entwicklungssprünge und das Auftreten von Grausamkeit, in: Bis hierher und nicht weiter. Frankfurt am Main 1969, S. 116 ff.
6 So Adolf von Thadden, DN v. 21.11.1969, S. 4.
7 Monatsschrift Diagnosen, zitiert nach: BMI 1986. Bonn 1987, S. 186.
8 Nation Europa (NE), Nr. 5, 6/1985, S. 60.
9 Vgl. FR v. 28.4.1987.
10 DNZ, Nr. 2 v. 10.1.1969, S. 1. Diese Schlagzeile diente als Anlaß, ein Verfahren nach Art. 18 GG von der Bundesregierung einzuleiten, das jedoch erfolglos blieb.
11 DNZ, Nr. 8 v. 28.2.1969, S. 1.
12 Diagnosen, Nr. 5/1986, S. 44.
13 DWZ, Nr. 44/1986, S. 1.
14 Hanauer Anzeiger v. 29.7.1987: Bedienstete eines Landkreises in einem Lokal!
15 FR v. 20.8.1987.
16 Vgl. DR, Nr. 4/1988; dazu ausführlicher unten S. 145 f.
17 Flugblätter, zitiert nach: Innere Sicherheit, Nr. 73 v. 29.6.1984, S. 7.
18 Die Zeit, Nr. 33 v. 8.8.1986.
19 DNZ, Nr. 38 v. 11.9.1987, S. 3.
20 Die NPD machte die Asylfrage zu einem Schwerpunkt ihres Bundestagswahlkampfes; vgl. BMI 1986. Bonn 1987, S. 159.
21 DNZ, Nr. 36 v. 29.8.1986.
22 Rupert Scholz, in: Der Arbeitgeber, Nr. 18/1986, S. 682.

23 So Aenne Ostermann/Hans Nicklas, Vorurteile und Feindbilder. München/Wien/Baltimore [2]1982, S. 15ff.
24 Vgl. Vitus Dröscher, in: Die Zeit, Nr. 24 v. 14.6.1968.
25 Herbert A. Sallen, Zum Antisemitismus in der Bundesrepublik Deutschland, Frankfurt am Main 1977, S. 26ff.
26 Vgl. Hermann Bott, Die Volksfeind-Ideologie. Stuttgart 1969, S. 80.
27 Politisches Lexikon. Teil I, Sachwort: »intellektuell«.
28 Vgl. Münchener Merkur v. 5.8.1971.
29 Alexander Mitscherlich, Der Wandel im Erscheinungsbild... Mainz 1970, S. 67ff.
30 Vgl. Siegfried Bork, Mißbrauch der Sprache. Bern/München 1970, S. 58ff.
31 Karl-Heinz Janßen, »Was für ein Glück, daß die Menschen nicht denken...«, in: Die Zeit, Nr. 30 v. 18.7.1975.
32 FR v. 3.10.1975.
33 Klaus Hattemer, Feigheit vor dem Feind, in: Capital, Nr. 12/1979, S. 74.
34 Witz der Woche, in: DNZ v. 7.12.1973.
35 DNZ v. 19.10.1973.
36 Vgl. BMI 1991. Bonn 1992, S. 74; die Zahlen in Klammern beziehen sich auf 1990. – Frey benutzte 1989 die Vorteile der Bundespost: 28 Millionen Haushalte wurden mit Postwurfsendungen der rechtsextremen »Deutschen Volksunion – Liste D« beschickt.
37 So z. B. Stern, Nr. 21 v. 15.5.1975.
38 FR v. 4.11.1970, s. oben S. 28.
39 Bayern-Kurier v. 19.12.1970.
40 Vgl. FR v. 17.3.1971.
41 Vgl. Der Spiegel v. 10.5.1971, S. 72.
42 SZ v. 13.8.1987.
43 Vgl. oben S. 12, ferner Kurt Hirsch/Peter B. Heim, Von links nach rechts. Rechtsradikale Aktivitäten in den neuen Bundesländern. München 1991, S. 117f.
44 So Ernst Anrich, Was haben wir nötig, um die Krise zu bestehen? Seeheim 1968, S. 13ff. »Es ist das innerste Wesen, daß wir krank dadurch sind...«
45 Ernst Nolte, Die Krise des liberalen Systems, München 1968, S. 216.
46 Mut, Nr. 47/1971, S. 2.
47 Vgl. Bericht 1984. Bonn 1985, S. 129.
48 BMI 1986. Bonn 1987, S. 150, 195; BMI 1987. Bonn 1988, S. 128. BMI 1990. Bonn 1991, S. 124; BMI 1991. Bonn 1992, S. 76.
49 Die Neue Front, Nr. 41, S. 3.
50 Vgl. BMI 1987, a.a.O., S. 98; für 1988, a.a.O., S. 114; BMI 1990. Bonn 1991, S. 124; BMI 1991, Bonn 1992, S. 90.
51 Vgl. BMI 1987, a.a.O., S. 127.
52 Unter den elf Toten befand sich der vermutliche Täter, ein Geologiestu-

dent aus Tübingen, der vorübergehend Kontakt zur rechtsextremen Wehrsportgruppe Hoffmann gesucht hatte.

53 BMI 1984, a. a. O., S. 156 ff.

54 Die offizielle Definition: »Terrorismus ist der nachhaltig geführte Kampf für politische Ziele, die mit Hilfe von Anschlägen auf Leib, Leben und Eigentum anderer Menschen durchgesetzt werden sollen...«

55 Vgl. H. Joachim Schwagerl/Rolf Walther, Rechtsradikalismus. Der Schutz der Verfassung. Köln/Berlin/Bonn/München 1968, S. 117, und Reinhard Kühnl/R. Rilling/D. Sager, Die NPD. Frankfurt am Main 1969, S. 131 bezeichnen dies als taktisches Problem schwierigster Art.

56 Gustav Spann, Apologie des NS-Staates, in: Legenden, Lügen, Vorurteile. Hrsg. v. Wolfgang Benz. München 1990, S. 20 ff.

57 Vgl. Politisches Lexikon, Teil I, a. a. O., Sachwort »Präventivkrieg«.

58 DNZ, Nr. 27/1968.

59 DNZ, Nr. 24 v. 8. 6. 1979.

60 DN-Sonderdruck 1967.

61 Manifest der NPD – Teil X.

62 DNZ, Nr. 10 v. 28. 2. 1986, S. 3.

63 Vgl. NPD-inform Nr. XI/8.

64 NPD-Programm 1973, Punkt XV.

65 Wahlprogramm der »Deutschen Volksunion – Liste D«, 1987, Nr. 3; wie Bundespräsident Richard von Weizsäcker in seiner Rede zum 8. 5. 1945 zutreffend ausführte, gibt es keine Schuld eines ganzen Volkes. »Schuld ist, wie Unschuld, nicht kollektiv, sondern persönlich«, dazu Näheres von Rolf Grix/Wilhelm Knöll, Die Rede zum 8. Mai 1945. Oldenburg 1987, S. 73 ff.

66 Politisches Lexikon, Teil I, a. a. O., Sachwort »Revisionismus«.

67 So Schriftsteller Franz Wittig, Preisträger der rechtsextremen Gesellschaft für freie Publizistik (GfP), in: NE, Nr. 5, 6/1986, S. 60.

68 Verantwortlich Wolfgang Juchem. Bad Neuenahr 1986.

69 DWZ, Nr. 20 v. 9. 5. 1975, S. 1.

70 So Anrich 1966 auf dem NPD-Parteitag in Karlsruhe.

71 Klaus Mehnert, Der deutsche Standort. Stuttgart 1967, S. 70 f.

72 Vgl. FR v. 23. 6. 1987, S. 10.

73 Vgl. Grix/Knöll, Die Rede, a. a. O., S. 101 ff. mit Abdruck verschiedener Dokumente zum Kapitel »Hitlerdeutschlands Angriffskrieg«.

74 Der Freiwillige (DF). Organ der HIAG, Nr. 9/1989, S. 3.

75 Reinhard Gehlen, Der Dienst. Mainz 1971.

76 Vgl. Gert Buchheit, Die anonyme Macht. Frankfurt 1969, S. 326 f.: Hätte keinen Einfluß ausgeübt, lediglich wäre das Ende des Krieges schneller herbeigeführt worden.

77 DNZ, Nr. 21. v. 18. 5. 1979.

78 Hans Paar, Dilettanten gegen Hitler, Preuß. Oldendorf 1986.

79 S. unten S. 123 und 176.

80 REP-Programm 1987 und Hinweis darauf in: Quick v. 19.7.1989.
81 NPD-inform Nr. XI/20. Wilhelm Stäglich, Der Auschwitz-Mythos. Legende oder Wirklichkeit, Tübingen 1979. Er hält Auschwitz für eine »Erfindung jüdischer Propaganda«. Im März 1982 kam das Buch auf den Index der Bundesprüfstelle für jugendgefährdende Schriften. 1983 wurde dem Autor von der Universität Göttingen der Doktor-Grad aberkannt; das VG Braunschweig bestätigte die Entscheidung (FR v. 1.2.1986), ebenfalls das BVerwG, 5. Mai 1988 (NJW 88,2911).
82 Deutsches Allgemeines Sonntagsblatt, Nr. 19 v. 13.5.1979.
83 Vgl. Wolfgang Benz, Die Opfer und die Täter, in: Rechtsextremismus in der Bundesrepublik. Frankfurt am Main 1984, S. 11ff. (38f.); nach neueren Forschungen in Polen (F. Piper) sind in Auschwitz bis zu 1,3 Millionen Juden ermordet worden.
84 So DNZ, Nr. 19 v. 1.5.1987, S. 2.
85 So Politisches Lexikon, Teil I, Sachwort »Endlösung der Judenfrage«.
86 Zitiert nach BMI 1986. Bonn 1987, S. 183.
87 Zu empfehlen: Erhard R. Wiehn, Kaddisch. Totengebet in Polen, 2. Aufl. Darmstadt 1987, über die unvorstellbaren Grausamkeiten der NS- und SS-Verantwortlichen.
88 Vgl. SZ v. 30.9.1987.
89 DNZ, Nr. 49 und 50/1968.
90 Diagnosen, Nr. 5/1986, S. 56 und 58.
91 Allgemeine Jüdische Wochenzeitung v. 17.6.1988, S. 3.
92 Alexander und Margarete Mitscherlich, Die Unfähigkeit zu trauern. München 1968, S. 36 und 54.
93 In der Sitzung des BW-Landtages am 10. August 1978.
94 Ralph Giordano, Die zweite Schuld oder Von der Last, Deutscher zu sein. Hamburg/Zürich 1987, S. 30ff., der »erste Affekt: es waren ja gar nicht 6 Millionen Juden umgebracht worden.« – Nach einer Spiegel-Umfrage (Nr. 4 v. 20.1.1992, S. 41ff.) halten 14% der Befragten die Juden für mitschuldig.
95 Eindringliche Beispiele für Art und Weise der NS-Gewaltverbrechen im Kriege.
96 Politisches Lexikon, Teil I, Sachwort »Konzentrationslager«.
97 So NPD-Musterreden 1969/2.
98 F. Schönhuber, Trotz allem Deutschland. München 1987, S. 50.
99 DNZ, Nr. 16 v. 13.4.1979, S. 1.
100 Giordano, a.a.O., S. 32f.
101 M. Mitscherlich. Erinnerungsarbeit. Frankfurt am Main 1987, S. 99.
102 Vgl. Raul Hilberg, Die Vernichtung der europäischen Juden. Die Gesamtgeschichte des Holocaust, Berlin 1982.
103 Robert M. W. Kempner, SS im Kreuzverhör. Die Elite, die Europa in Scherben schlug. Erweiterte Neuauflage Nördlingen 1987, S. 230f.
104 Leserbrief von Kempner, in: FR v. 5.1.1985.

105 Weitere Beweise und Informationen aus den Vernehmungsprotokollen des Lagerkommandanten von Auschwitz: Kommandant in Auschwitz. Autobiographische Aufzeichnungen von Rudolf Höss. Eingeleitet und kommentiert von Martin Broszat. Stuttgart 1958; ferner Arno J. Mayer, Der Krieg als Kreuzzug. Reinbek bei Hamburg 1989, S. 456ff., der ausführlich den Verlauf der sogenannten Wannsee-Konferenz am 20.1. 1942 beschreibt. Es kann dahingestellt bleiben, ob der Krieg gegen die Juden verschärft wurde, weil der Krieg gegen die Sowjetunion auf der Kippe stand und jetzt die »Möglichkeiten einer Abschiebung in andere europäische Länder oder nach Madagaskar versperrt waren« (S. 464), Grix/Knöll, Die Rede, a.a.O., haben typische Vorfälle bzw. Beispiele, Dokumente und chronologische Übersichten in dem Kapitel »Der Mord an den Juden Europas« (S. 57ff.) überzeugend ausgewählt und als erdrückendes Beweismaterial vorgelegt; ferner die TV-Dokumentation »Der Tod ist ein Meister aus Deutschland« von Lea Rosh und Eberhard Jäckel (der Titel ist der »Todesfuge« von Paul Celan entnommen), vgl. Rezension von Walter Jens, in: Der Spiegel, Nr. 17 v. 23.4.1990, S. 224f. mit Hinweisen zum Ausmaß der Verfolgung in zwölf europäischen Ländern.

106 Vgl. Hilberg, a.a.O., S. 197f. und Götz, Bilanz der Verfolgung, a.a.O., S. 25 und 118.

107 Vgl. Hilberg, a.a.O., S. 208; ferner Ludwig Rosenthal, Endlösung der Judenfrage. Massenmord oder Gaskammerlüge? Darmstadt 1979.

108 Der Spiegel, Nr. 44 v. 27.10.1986, S. 76ff.

109 Giordano, a.a.O., S. 118f.

110 Näheres bei Hilberg, a.a.O., S. 585ff. und Adalbert Rückerl, NS-Vernichtungslager im Spiegel deutscher Strafprozesse. München 1977, und ders., NS-Verbrechen vor Gericht. Heidelberg 1982.

111 Vgl. Claude Lanzmann, Shoah [Textbuch zum Film], Düsseldorf 1986, S. 17ff.

112 Vgl. Der Spiegel, Nr. 6 v. 5.2.1979, S. 28f.

113 Vgl. ebda., Nr. 5 v. 29.1.1979, S. 29.

114 Vgl. Peter Weiss, Die Ermittlung, in: Spectakulum 33. Frankfurt am Main 1980, S. 141ff., ein dichterisches Konzentrat aus dem Gerichtsbericht des Auschwitz-Prozesses in Frankfurt am Main; typisch die KZ-Sprache: verkürzende, verharmlosende Formeln.

115 Gitta Sereny, Treblinka, in: Eberhard Jäckel/Jürgen Rohwer (Hrsg.), Der Mord an den Juden im Zweiten Weltkrieg. Stuttgart 1984, S. 157ff.

116 Zitiert nach Saul Friedländer, Kitsch und Tod. München 1986, S. 92.

117 Gesendet am 16.11.1986 im ARD-Programm, ausgewertet von Irmgard und Bengt von zur Mühlen.

118 Ein anglo-amerikanisches Komitee schätzte 1946 auf 6029500 Menschen; Hilberg, a.a.O., kommt auf etwa 5100000 Personen; ferner Reinhard

Henkys im Auftrag des Rates der EKD, in: Westfälische Rundschau v. 11.10.1964; ferner Erlebnisbericht von Grete Salus, Niemand, nichts – ein Jude. Darmstadt 1981; Dimension des Völkermordes, hrsg. v. Wolfgang Benz, München 1991.

119 Alle Zitate nach: Der Spiegel, Nr. 10 v. 5.3.1979, S. 12.

120 Vgl. ebda., Nr. 39 v. 21.9.1987, S. 128ff., zitiert aus: Die Tagebücher von Joseph Goebbels, im Auftrage des Instituts für Zeitgeschichte hrsg. v. Elke Fröhlich. München 1987.

121 DWZ, Nr. 20 v. 9.5.1975, S. 1.

122 Vgl. DNZ, Nr. 37 v. 5.9.1986, S. 2 und 4.

123 Rudel in: DWZ, Nr. 20 v. 9.5.1975, S. 3.

124 Wolfram Wette, Erobern, Zerstören, Auslöschen, in: Die Zeit, Nr. 48 v. 20.11.1987, S. 49f.

125 Vgl. Hilberg, a.a.O., S. 216f.; Ernst Klee/Willi Dressen (Hrsg.), Gott mit uns. Frankfurt am Main 1989, S. 21ff., und zu Babi-Yar: S. 117ff.

126 Vgl. Neue Juristische Wochenschrift 1969, S. 2105.

127 So Wette, a.a.O., ferner Manfred Messerschmidt, Wehrmacht aktiv an vielen Kriegsverbrechen beteiligt gewesen, in: FR v. 19.12.1988.

128 Vgl. Giordano, a.a.O., S. 170ff.

129 Ebda., S. 179f.

130 Ebda., S. 182; nähere Einzelheiten bei Paul Kohl, Ich wundere mich, daß ich noch lebe, Gütersloh 1990; Rezension von Karl-Heinz Janßen: Massenmorde im Akkord. Auf den blutigen Spuren der deutschen Heeresgruppe Mitte, in: Die Zeit, Nr. 46 v. 9.11.1990.

131 Vgl. Eberhard Rondholz, Die Erde über den Gräbern bewegte sich, in: Die Zeit, Nr. 48 v. 20.11.1987, S. 51.

132 Vgl. Hilberg, a.a.O., S. 239.

133 A. Mayer, a.a.O., S. 359ff., und s. oben S. 63.

134 Alfred Streim, Sowjetische Gefangene in Hitlers Vernichtungskrieg. Heidelberg 1982, S. 175f.

135 DBt.-Drucks. 10/5148, S. 6.

136 Manfred Messerschmidt/Fritz Wüllner, Die Wehrmachtsjustiz im Dienste des Nationalsozialismus – Zerstörung einer Legende. Baden-Baden 1987.

137 Der Spiegel, Nr. 43 v. 19.10.1987, S. 112ff.

138 Vgl. Giordano, a.a.O., S. 129.

139 Vgl. E. Klee, ›Euthanasie‹ im NS-Staat. Frankfurt am Main 1985, S. 25.

140 Klee, ›Euthanasie‹, in: Die Zeit, Nr. 11 v. 7.3.1986, und FR v. 20.2.1986.

141 Vgl. Klee, in: Die Zeit v. 7.3.1986, S. 66.

142 Zitat ebda., S. 67.

143 Klee, ›Euthanasie‹ im NS-Staat, a.a.O., S. 100.

144 Vgl. ebda., S. 124ff.; weitere Hinweise auf den Schriftwechsel der Behörden, wie z.B. Schreiben des Direktors der Landes-Heilanstalt Herborn

vom 26.5.1941 an einen Kollegen wegen festgestellter Mängel: »Wir bitten deshalb, jeden Kranken seinen Namen und Vornamen mit Tintenstift auf die vorher angefeuchtete Hautstelle... zwischen den Schulterblättern zu schreiben«, ebda., S. 180/81.

145 Klee, in: Die Zeit, Nr. 11 v. 7.3.1986, S. 65, und ders., ›Euthanasie‹ im NS-Staat, a.a.O., S. 340.

146 Mengele soll am 7.2.1979 durch einen Badeunfall in Brasilien ums Leben gekommen sein, so Richard Helmer, Identifizierung der Leichenreste des J. M., in: Archiv für Kriminologie, Bd. 177, Heft 5/6, 1986: Mengele alias Wolfgang Gerhard, geb. 26.3.1911, stammt aus Günzburg/Donau, bestattet auf Friedhof bei Sao Paulo.

147 Joachim Riedl, Labor Auschwitz, in: Die Zeit, Nr. 40 v. 27.9.1985, S. 33f.

148 Robert Jay Lifton, Ärzte im Dritten Reich. Stuttgart 1988; dazu Hans-Harald Bräutigam, in: Die Zeit, Nr. 38 v. 11.9.1987, S. 41.

149 Vgl. Hans Halter, in: Der Spiegel, Nr. 42 v. 20.6.1988, S. 112ff.; über die Rolle des damaligen Reichsgesundheitsamts in Berlin mit der »Rassenhygienischen Forschungsstelle«, in: FR v. 28.11.1988.

150 Franz Lutzius, Der Euthanasie-Mord an behinderten Kindern im Nazi-Deutschland. Essen 1987.

151 Vgl. Karl-Heinz Janßen, in: Die Zeit, Nr. 10 v. 27.2.1987, S. 13f.

152 Klee, ›Euthanasie‹ im NS-Staat, a.a.O., S. 279ff.

153 Ebda., S. 439f.

154 Götz Aly, Das Posener Tagebuch des Anatomen Hermann Voss, in: Biedermann und Schreibtischtäter – Materialien zur deutschen Täter-Biographie. Hrsg. v. Götz Aly/Peter Chroust/H. D. Heilmann/Hermann Langbein, S. 15ff.

155 S. Aly, Posener Tagebuch, a.a.O., S. 44.

156 Vgl. Chroust, Friedrich Mennecke. Innenansichten eines medizinischen Täters im Nationalsozialismus, a.a.O. (Anm. 154) S. 67ff.

157 Vgl. Heilmann, Aus dem Kriegstagebuch des Diplomaten Otto Bräutigam, a.a.O. (Anm. 154), S. 123ff.; vgl. auch Gabriele Goettle, Innenansichten vom biederen Massenmörder, in: Die Zeit, Nr. 1 v. 1.1.1988, S. 28, stellt hervorragend die Widersprüche und Eigentümlichkeiten gegenüber.

158 So Langbein, a.a.O. (Anm. 154), S. 7ff.

159 Matthias Greffrath, in: Die Zeit, Nr. 1 v. 1.1.1988, S. 28.

160 Aufzeichnungen von Peter Sichrovsky über Kinder von ehemaligen Nazi-Aktivisten: Schuldig geboren. Kinder aus Nazi-Familien. Köln 1987; über die Fluchthilfen: Volker Ullrich, Die Täter als Opfer. Wie hochbelastete Nazis 1945 davonkamen und wer ihnen half, in: Die Zeit, Nr. 51 v. 13.12.1991, S. 41; und Ernst Klee, Vergebung ohne Reue. Heimliche Hilfe der Kirchen..., in: Die Zeit, Nr. 9 v. 21.2.1992, S. 49.

161 Aly, in: Die Zeit, Nr. 6 v. 3.2.1989, S. 69

162 S. oben S. 54.
163 DR, Nr. 9/1987, S. 1.
164 H. Joachim Schwagerl, Ihre Ehre heißt Treue, in: Tribüne, Heft 109, 1989, S. 155f.
165 Vgl. Hans Körber (Hrsg.), Soldat im Volk. Wiesbaden 1989, S. 79, 171 und 203.
166 DNZ, Nr. 35 v. 25.8.1978, S. 1.
167 DNZ, Nr. 18 v. 2.5.1969, S. 1.
168 Mitgeteilt von Giordano, a. a. O., S. 36.
169 DNZ, Nr. 7/1979.
170 Ebda.
171 M. Mitscherlich, Erinnerungsarbeit, a. a. O., S. 98.
172 DNZ, Nr. 9 v. 21.2.1986, S. 1.
173 Jürgen Kocka, Hitler sollte nicht durch Stalin und Pol Pot verdrängt werden, in: FR v. 23.9.1986, S. 10.
174 DR, Nr. 12/1988, S. 1.
175 FAZ, v. 6.6.1986.
176 Dagegen eindeutig Stellungnahmen von Jürgen Habermas und Eberhard Jäckel.
177 Ernst Nolte, Die Sache auf den Kopf gestellt, in: Die Zeit, Nr. 45, v. 31.10.1986, S. 9f.; ferner Streitpunkte. Berlin und Frankfurt/M. 1994.
178 Jürgen Habermas, Vom öffentlichen Gebrauch der Historie, in: Die Zeit, Nr. 46 v. 7.11.1986, S. 12.
179 Vgl. Joachim Fest, in: FAZ, v. 29.8.1986.
180 Ossip K. Flechtheim, Vom roten ›Faschismus‹ und braunen ›Bolschewismus‹, in: FR v. 20.1.1987, S. 16.
181 Näheres bei Heinrich Senfft, Kein Abschied von Hitler. Ein Blick hinter die Fassaden des Historikerstreits. Hamburg 1990, S. 62ff.
182 Lanzmann, in: Shoah, a. a. O., S. 101.
183 Vgl. Giordano, a. a. O., S. 32 und s. oben S. 63; ferner Schönhuber, Trotz allem Deutschland, a. a. O., S. 50; Interview, in: Die Zeit, Nr. 27 v. 26.6.1992, S. 55/56; ein Beispiel für die Methode der fiktiven Behauptung, s. oben S. 31.
184 Vgl. DWZ, Nr. 15 v. 13.4.1979.
185 Götz Bergander, Dresden im Luftkrieg. Köln/Wien 1977, zitiert in: FR v. 24.1.1985.
186 Vgl. Karl-Heinz Janßen, In der Nacht, als das Feuer kam, in: Die Zeit, Nr. 15 v. 1.4.1977, S. 18.
187 S. unten S. 123f. zum »Soldatentum«.
188 DN, Nr. 47 v. 21.11.1969, S. 5.
189 So Rolf Elble, Zur geschichtlichen Entwicklung des VdS. Wiesbaden 1989, S. 11 (17).
190 Vgl. HIAG-Kalender 1987, Zitat des ehemaligen SS-Obergruppenführers Felix Steiner.

191 Der Freiwillige (DF), Nr. 6/1986.
192 So Politisches Lexikon, Teil II, Stichwort »Heß«.
193 DR, Nr. 5/1988, S. 8.
194 DNZ, Nr. 18 v. 25.4.1986, S. 1.
195 DF, Nr. 9/1987, innere Umschlagseite vorn; Abdruck wiederholt in Nr. 3/1988, S. 17.
196 Politisches Lexikon, Teil I, Sachwort »Drittes Reich«. Ein Teil der neuen Führungsschicht habe menschlich und sachlich versagt, ein Teil der alten Führungsschicht habe dagegen von Anfang an Widerstand geleistet, die Außenpolitik habe überwiegend nicht mehr in der freien Entscheidung gelegen.
197 So Michael Kühnen, in: Die Neue Front, Nr. 1/1986.
198 In: Die Zeit v. 18.7.1975.
199 Vgl. DN, Nr. 1/1965.
200 Walter Leisner, Der Führer. Persönliche Gewalt. Berlin 1983, S. 384.
201 Vgl. Deutsche Monatshefte, Nr. 1/1986, S. 35.
202 Ausgabe Nr. 46/47 April/Mai 1989, zitiert auszugsweise aus dem Urteil des LG Koblenz vom 11. Juli 1990 gegen Frau Ursula M. wegen §§ 86 Abs. 1 Nr. 4; 86a Abs. 1 Nr. 1; 92b StGB.
203 Albert Speer, Erinnerungen (Propyläen-Verlag) Berlin 1969. Anfangsauflage: 300000 Exemplare!
204 Vgl. Giordano, a.a.O., S. 34, nennt dies einen Unterfall der Aufrechnungsvariante.
205 DN, Nr. 24 v. 12.6.1970.
206 Vgl. Hans-Joachim Winkler, Legenden um Hitler. Berlin 1961; Hermann Weiss, Autobahnen, in: Benz (Hrsg.), Legenden, a.a.O.; Tratschkes Lexikon für Besserwisser, in: Die Zeit vom 1.10.1982.
207 DWZ, Nr. 8 v. 22.2.1974.
208 Vgl. Martin Broszat, Der Staat Hitlers. München 1969, S. 178.
209 Claus Heinrich Meyer, Die Veredlung Hitlers. Das Dritte Reich als Markenartikel, in: Benz (Hrsg.), Rechtsextremismus, a.a.O., S. 45 ff.
210 Vgl. Politisches Lexikon, Teil II, Stichwort »Bormann«.
211 So der Kunstsammler und Stifter Peter Ludwig, Aachen, in: Der Spiegel v. 1.9.1986.
212 Vgl. Nazi-Kunst ins Museum? in: Die Zeit, Nr. 40 v. 26.9.1986, S. 57.
213 So die ehemalige »Reichsfrauenschaftführerin« Gertrud Scholz-Klink, Die Frau im Dritten Reich. Tübingen 1978. Zitiert in: FR v. 1.2.1979.
214 DN, Nr. 8 v. 19.2.1971, S. 6.
215 Eine der wenigen kritischen Stimmen: Hans-Herbert Gaebel, in: FR v. 13.11.1976, vgl. S. 59 und 77.
216 So in DR, Nr. 12/1987, S. 9.
217 Rolf Schörken, Luftwaffenhelfer und Drittes Reich. Stuttgart 1984, S. 11 ff.
218 Vgl. Näheres bei Klaus von Hellfeld/Arno Klönne, Die betrogene Gene-

ration. Jugend in Deutschland unter dem Faschismus. Köln 1985 und Knoll, in: Die Zeit, Nr. 33 v. 8. 8. 1986, S. 15.
219 Schörken, a. a. O., S. 149 f. und 235.
220 Vgl. Dieter Dose/Hans-K. Karutz, Die Morde der NS-Richter werden endgültig zu den Akten gelegt, in: Die Welt, Nr. 236 v. 22. 10. 1986, S. 3.
221 So BMJ auf die Große Anfrage des Abg. Ströbele und der Fraktion DIE GRÜNEN (Drucks. 10/6566) v. 26. 11. 1986.
222 BVerfGE 6/1957, S. 183.
223 BMJ, a. a. O., S. 23, ferner Ulrich Vultejus, Kampfanzug unter der Robe. Hamburg 1984, S. 104 f.
224 Z. B. in einem Schreiben des NPD-Parteivorstandes v. 12. 1. 1968 an Bundeskanzler Kurt-Georg Kiesinger.
225 Vgl. NJW 84, S. 813 f.
226 Ebenso VGH BW, Urteil vom 27. Januar 1987, zitiert in: BMI 1987. Bonn 1988, S. 110 und 130.
227 Wilhelm Heitmeyer spricht daher von der »Ideologie der Ungleichheit«, in: FR v. 31. 10. 1989.
228 Vgl. Verbotsverfügung des BMI vom 14. 1. 1982 gegen die »Volkssozialistische Bewegung Deutschlands/Partei der Arbeit« (VSBD/PdA), Klage durch Urteil des BVerwG vom 13. 5. 1986 abgewiesen; Verbotsverfügung des BMI vom 7. 12. 1983 gegen die ANS/NA und ihre unselbständigen Teilorganisationen ARR und »Freundeskreis Deutsche Politik« (FK), Klage durch Urteil des BVerwG v. 13. 5. 1986 abgewiesen (vgl. IS, Nr. 70 v. 23. 12. 1983, S. 2 ff.).
229 DN, Nr. 44/1968, S. 1.
230 DNZ, Nr. 35 v. 26. 8. 1988, S. 11; DNZ, Nr. 39 v. 24. 9. 1993.
231 So das Rundschreiben des NPD-Parteivorstandes (Org.-Abt.), Der Beauftragte für den Ordnungsdienst, v. 2. 6. 1969; der Hessische Innenminister Schneider (SPD) ersuchte mit Erlaß v. 28. 7. 1969 nochmals die Polizeibehörden, gegen Verletzungen des Versammlungsgesetzes sofort einzuschreiten (Staatsanzeiger 1969, S. 1340).
232 Vgl. Hessischer Landtag, Drucks. Nr. 3330. Der Verfasser hatte für den Berichterstatter, MdL Milde (CDU), späterer Innenminister, den Entwurf zusammengestellt.
233 Die Neue Front, Nr. 56 v. Juni/Juli 1988.
234 Vgl. K. H. Dissberger, Werwolf. Winke für Jagdeinheiten. Düsseldorf 1985.
235 So z. B. DN, Nr. 46 v. 14. 11. 1969, S. 3.
236 Programm der NPD 1973, III Nr. 4.
237 Hans-Bernhard von Grünberg, Pflicht ist der Preis der Freiheit. Hannover 1971, S. 11.
238 So Adolf von Thadden, Einsatz für Deutschland, Hannover 1969, S. 7.
239 Vgl. Schwagerl/Walther, a. a. O., S. 121.

240 DN, Nr. 46/1966, S. 6.
241 Politisches Lexikon, Teil I, Sachwort »Nationalismus«.
242 Vgl. DN, Nr. 48 v. 28.11.1969, s. oben S. 87 u. 162f.
243 DN, Nr. 52 v. 26.12.1969, S. 3.
244 Anrich, »Was haben wir nötig...«, a.a.O., S. 33, forderte die »Kraft zur konservativen Revolution«.
245 Deutsche Stimme, Sonderausgabe, Stuttgart 1986.
246 DNZ, Nr. 36 v. 2.9.1988.
247 Zitiert nach: blick nach rechts v. 29.8.1988.
248 Anrich, Was haben wir nötig..., a.a.O., S. 27 und 152.
249 Vgl. Siegfried Bork, Mißbrauch der Sprache. Tendenzen nationalsozialistischer Sprachregelung. Bern/München 1970, S. 91.
250 Vgl. Jean Pierre Faye, Totalitäre Sprachen. Frankfurt am Main/Berlin/Wien 1977, über die Ausrottungssprache des NS-Regimes.
250a DN, Nr. 9 v. 28.2.1969 (Parteitag der NPD in Schwabach).
251 Vgl. P. Dehoust (Hrsg.), Nationalismus heute, Coburg 1970, S. 46.
252 Erstmals aufgestellt im sogenannten Wertheimer Manifest der NPD, Nr. 11, ebenso Programm der DVU-Liste D; Direktwahl der Rundfunk- und Fernsehräte.
253 Vgl. H. J. von Pollern, Politische Strafprozesse..., in: BW-Polizei 1970, S. 148ff.
254 Vgl. §6 Abs. 6 des Bundeswahlgesetzes i.d.F. der Bekanntmachung v. 1.9.1975 (BGBl. I S. 2325).
255 NJW 69, S. 179.
256 So deutlich Anrich, Mensch, Volk, Staat, a.a.O., S. 87.
257 Vgl. NPD-inform Nr. I/3.
258 Vgl. S. 43 und 53.
259 Mut, Nr. 48/1971, S. 37.
260 DNZ, Nr. 10 v. 27.2.1987, S. 8.
261 DWZ, Nr. 36 v. 2.9.1988.
262 DNZ, Nr. 1/2 1986, S. 3.
263 NPD-Programm 1973, Teil B 1.
264 Erstmals Landtagswahl am 5.4.1992 in BW: 0,5% (23.259); Achtungserfolge lediglich in Tuttlingen-Donaueschingen: 4,6% und Villingen-Schwenningen: 3%; durch Übertritte von vier ehem. DVU-Abg. Fraktionsbildung im Landtag S-H sowie durch Wechsel der Parteien Sitze in Kommunalparlamenten in Tuttlingen, Pforzheim und Köln.
265 Zitiert nach BMI 1986, Bonn 1987, S. 167.
266 Zitat ebda. S. 157.

Zweiter Teil

I. Das völkische Menschenbild ist rassenbiologisch determiniert

1 Vgl. Politische Ideologien, Informationen zur politischen Bildung, Nr. 212/1986. Hrsg. v. Bundeszentrale für politische Bildung. Bonn 1986, S. 1; vgl. S. 14 und 17; ferner: Lothar Döhn/Franz Neumann (in: Gesellschaft und Staat. Lexikon der Politik. Hrsg. v. Wolfgang Hilligen/Drechsler/Neumann. Baden-Baden 1979, S. 268) definieren wie folgt: »Vorstellungen und Meinungen über die soziale und politische Wirklichkeit der Gesellschaft, die den Anspruch der Wahrheit und Allgemeingültigkeit erheben, obwohl sie unwahre, halbwahre oder unvollständige Gedankengebilde sind. Ideologie ist das Bewußtsein, das gesellschaftliche Gruppen im historischen Prozeß entwickeln, vor allem, um ihre Herrschaft zu rechtfertigen.« Das NS-Gedankengut sei mehr ein Mittel gewesen, die Massen zu manipulieren, daher Antisemitismus überwiegend als Anhäufung von Vorurteilen!

2 So bereits H. Joachim Schwagerl/Rolf Walther, Der Schutz der Verfassung. Köln etc. 1968, S. 107.

3 Helmut Woll, Die Wirtschaftslehre des deutschen Faschismus. München/Wien 1988, S. 15f.

4 Hans-Gerd Jaschke, Rechtsextremismus, in: Iring Fetscher/Herfried Münkler (Hrsg.) Handbuch der politischen Ideen. München 1987, S. 1053 u. S. 1055.

5 Vgl. Helga Grebing, Konservative gegen Demokratie. Frankfurt am Main 1971, S. 29.

6 DN, Nr. 24 v. 12.6.1970.

7 In drei »Rundschreiben zur politischen Schulung«, Januar bis März 1968, für NPD-Funktionäre.

8 Ernst Anrich, Was haben wir nötig, um die Krise zu bestehen. Seeheim 1968, S. 7f., und ders.: Wohin gehört der Mensch? Seeheim 1972.

9 Vgl. Anrich, Was haben wir nötig? a.a.O., S. 115.

10 So Anrich, Wohin gehört der Mensch? a.a.O., S. 17.

11 Anrich in seinem Grundsatzreferat: Mensch, Volk, Staat und Demokratie, NPD-Parteitag 1966 in Karlsruhe, in: NPD. Weg, Wille und Ziel, Hannover 1967, S. 61 (66).

12 Politisches Lexikon, Teil I, Sachwort »Kollektivismus«.

13 So Nr. 7 Traditionserlaß des Bundesverteidigungsministers v. Hassel vom 1.7.1965, Zitat nach: Bernd C. Hesslein, Die unbewältigte Vergangenheit der Bundeswehr. Reinbek bei Hamburg 1977, S. 20.

14 Der Schulungsbrief, Juli 1984, der Bürgerinitiative Deutsche Arbeiterpartei, Michael Kühnen.

15 So Felix Buck, Einführung zur Neufassung des Parteiprogramms der NPD, S. V, Nr. 3.

16 Die bürgerliche Gesellschaft als anorganisch, artfremd, formalistisch und scheindemokratisch: Helmut Woll, Die Wirtschaftslehre des deutschen Faschismus. München/Wien 1988, S. 124.
17 Alexander Mitscherlich, Die Idee des Friedens und die menschliche Aggressivität. Frankfurt am Main 1969, S. 15.
18 Nach dem Völkischen Beobachter v. 1.5.1930 ist »Rasse die Vereinigung bestimmter vererbbarer seelischer und leiblicher Merkmale. Die Rassenfrage ist die Kernfrage des Seins!«
19 Nation Europa (NE), Nr. 12/1963, S. 60.
20 Vgl. Anrich, Wohin gehört der Mensch?, a.a.O., S. 56: »Das Volk ist eine Größe von Natur aus.«
21 So Heidelberger Manifest v. 17.6.1981; vgl.: Die Zeit, Nr. 6 v. 5.2.1982; vgl. S. 36, 126 und 144.
22 Vgl. W. Hannsjoachim Koch, Geschichte der Hitlerjugend. Percha 1975, S. 11 mit weiteren Hinweisen.
23 Vgl. Woll, a.a.O., S. 15.
24 Vgl. Paula Heimann, Bis hierher und nicht weiter. Frankfurt am Main 1969, S. 84f.: Gegen die Übertragung der biologischen Gesetze der Lebewesen auf das Gruppenverhalten der Menschen.
25 Zitiert nach: Hans May, Rassismus. Frankfurt am Main 1972, S. 29; bestätigt durch den Genetiker Luigi Luca Cavalli-Sforza, Alle aus demselben Holz, in: Die Zeit, Nr. 7 v. 7.2.1992, S. 17. Er lehnt den Begriff der menschlichen Rasse als völlig willkürlich und ungenau ab. Biologisch sei eine Rasse eine Gruppe von Individuen, die sich genetisch sehr nahe sind. Die Merkmale wie Haut und Haarfarbe, Größe und Gesichtsform reichten, für sich genommen, nicht aus, eine menschliche Gruppe ausreichend zu charakterisieren.
26 So Anrich, Wohin gehört der Mensch? a.a.O., S. 51.
27 Arno Baruzzi, Über Kant und Hegel, in: Klassiker des politischen Denkens, Bd. II. Hrsg. v. Hans Maier/Heinz Rausch/Horst Denzer. München 1968, S. 178.
28 So Anrich, Was haben wir nötig..., a.a.O., S. 78.
29 Vgl. so NE, Nr. 7, 8/1986, S. 87.
30 Woll, a.a.O., S. 127.
31 Peter Dehoust, Nationalismus heute, Coburg 1970, S. 27ff.
32 So NPD-Programm 1973, Punkt X. Vgl. Wolfgang Schäuble, Und der Zukunft zugewandt, Berlin 1994, S. 110ff.: »Die Familie ist das Fundament von Staat und Gesellschaft«.
33 Vgl. C. F. von Weizsäcker, Der ungesicherte Friede. Göttingen 1969, S. 38.
34 So z.B. NPD-Rundbriefe zur politischen Schulung; so oben S. 92 zur Drohung in der Propaganda und als Mittel der Einschüchterung.
35 So der damalige Chefredakteur der DWZ in: DN, Nr. 24/1968, S. 7 für die Lehren der Auslese und Ausmerze sowie der biologischen Deutung der Geschichte.

36 Vgl. Günter Bartsch, Revolution von rechts? Freiburg 1975, S. 43f.
37 Diese Zitate finden sich in der Schrift: Wer sind die Republikaner?, hrsg. v. Kreisverband der REP in Kiel.
38 Vgl. Reinhard Kühnl/R. Rilling/D. Sager, Die NPD. Struktur, Ideologie und Funktion einer neofaschistischen Partei. Frankfurt am Main 1969, S. 170.
39 Vgl. Düsseldorfer Programm der NPD von 1973, Punkt B 5.
40 Vgl. Woll, a. a. O., S. 16.
41 DR, Nr. 5/1988, S. 1.
42 DNZ, Nr. 41 v. 7. 10. 1988.
43 Walter Leisner, Der Führer. Persönliche Gewalt. Berlin 1983, S. 166.
44 Politisches Lexikon, Teil II, Sachwort »Konservatismus«: »Heimatfestes Menschentum, Bauerntum, Mittelstand Dorf, Kleinstadt, Kulturlandschaft in Fluren, Wäldern und Siedlungen begründen das Recht auf Heimat und die Dauer der Kultur«.
45 Erich Fromm, Die Furcht vor der Freiheit. Frankfurt am Main ^{11}1980, S. 56ff.
46 Ebda., S. 65.
47 Ebda., S. 75.
48 Vgl. Dehoust, a. a. O., S. 14.
49 Vgl. Alexander Mitscherlich, Die Idee des Friedens und die menschliche Aggressivität. Frankfurt am Main 1969, S. 56.
50 Heinrich Böll, Zwischen Oikos und Ordo, in: Ordnung und Unordnung, Festschrift für Hartmut von Hentig zum 23. September 1985. Hrsg. v. Gerold Becker und Hellmut Becker. Weinheim/Basel 1985, S. 11ff. (14).
51 Vgl. NPD-Programm 1973, Punkt VII/7: »gewachsene Volksordnung«.
52 Brigitte Pohl, in: DN v. 5. 7. 1968, S. 8.
53 So gesehen von Sonja Noller/Hildegard v. Kotze, Facsimile Querschnitte durch den Völkischen Beobachter. München 1967, S. 26.
54 Pohl, in: DN, Nr. 19 v. 9. 5. 1969.
55 Vgl. Programm der REP 1988, III/9, S. 8.
56 Vgl. Peter Reichel, Nackte Schönheit ohne Sinnlichkeit, in: Die Zeit, Nr. 9 v. 21. 2. 1986, S. 43.
57 Vgl. Der Spiegel, Nr. 22 v. 29. 5. 1989.
58 Vgl. Karl Schwedhelm, Propheten des Nationalismus. München 1969, S. 91 zu Langbehn.
59 Woll, a. a. O., S. 87.
60 Vgl. den in letzter Zeit, wenn auch mit unterschiedlichem Inhalt, gebrauchten Ausdruck »Chaoten«. Wendungen wie »Welt des Asphalts«, »Nomaden des Chaos«, »Zivilisationsverschleiß des Volkes« deuten auf Kulturpessimismus.
61 Vgl. Woll, a. a. O., S. 19f. Er nimmt Bezug auf Rosenberg über den Mythos der nordischen Rasse.

62 Vgl. Jaschke, a. a. O., S. 1054.
63 Der Spiegel, Nr. 38 v. 14.9.1987, S. 186; ferner dazu Eugen Lemberg, Nationalismus, Bd. II: Soziologie und politische Pädagogik. Reinbek b. Hamburg 1968, S. 79: »...nationalsozialistische Führer waren von schweren Minderwertigkeitskomplexen bis zu Neurosen bestimmt.«
64 Ekkehard Rudolph, in: Schwedhelm, Propheten des Nationalismus, a. a. O., S. 9.
65 Schwedhelm, Propheten, a. a. O., S. 266.
66 Vgl. Susan Sontag, zitiert von Reichel, a. a. O., S. 157.
67 Saul Friedländer, Kitsch und Tod. München 1986, S. 33.
68 Näheres bei George L. Mosse, Nationalismus und Sexualität. Bürgerliche Moral und sexuelle Normen. München 1985.
69 So z. B. bei Anrich, Was haben wir nötig..., a. a. O., S. 145.
70 Koch, a. a. O., S. 234; s. oben S. 92f. und S. 110.
71 Vgl. Friedrich J. Bröder, Ein Sprachrohr des Rechtsradikalismus. Mainz 1969, S. 81.
72 Adolf von Thadden, Einsatz für Deutschland, Hannover 1969, S. 35.
73 Alexander Mitscherlich, Aggression, Spontaneität, Gehorsam. München 1969, S. 21 verweist auf den immer wieder rivalisierenden Anspruch auf Territorien.
74 Vgl. 1. Programm der NPD und Manifest in Abschnitt XI.
75 Vgl. Siegfried Bork, Mißbrauch der Sprache. Bern/München 1970, S. 77: NS als Ersatzreligion, Parteitage als kultische Handlungen.
76 So Politisches Lexikon, Teil I, Sachwort »Imperialismus«.
77 Die Fackel, Nr. 4, Herbst 1986, S. 5.
78 Vgl. Abschnitt V, Punkt 15 des NPD-Programms von 1967.
79 A. Mitscherlich, Die Idee des Friedens..., a. a. O., S. 17.
80 Hermann Langbein (Hrsg.), Biedermann und Schreibtischtäter. Berlin 1987, S. 12f.
81 Robert Jungk, in: Die Zeit, Nr. 35 v. 28.8.1970, S. 20.
82 So Nicolaus Sombart, zitiert nach Rainer Erd, in: FR v. 13.5.1987.
83 Vgl. C. F. von Weizsäcker, Der ungesicherte Friede. Göttingen 1969, S. 38.
84 Irenäus Eibl-Eibesfeldt, Die Angst vor den Menschen, in: SZ v. 3./4.7.1982.
85 Die Fackel, Nr. 4, Herbst 1986, S. 5, »Mitteilungsblatt der nationalen und sozialistischen Bewegung in den Gauen Hessen, Rheinland-Pfalz und Saarland.«
86 Ebda.
87 Alexander Mitscherlich, Über Feindseligkeit und hergestellte Dummheit. Frankfurt am Main 1969, S. 47.
88 WK v. 30.7.1986, S. 10.
89 Vgl. Hajo Bernett, Das Janusgesicht der Olympischen Spiele des Jahres 1936, in: FR vom 30.7.1986, S. 9.

90 Vgl. hierzu Näheres bei Ulrich Chaussy, Oktoberfest. Ein Attentat. Darmstadt/Neuwied 1985, S. 57ff.
91 Hessischer Landtag, Drucks. Nr. 3330, 6. Wahlperiode v. 16.9.1970.
92 Zitiert nach Koch, a.a.O., S. 245; zur Entstehung der Begriffe »Charakter« und »charakterlich«, vgl. Dolf Sternberger u. a., Aus dem Wörterbuch des Unmenschen. Hamburg/Düsseldorf 1986, S. 43f.
93 Vgl. Koch, a.a.O., S. 247.
94 Ebda., S. 246.
95 Vgl. Ernst Nolte, Die Krise des liberalen Systems und die faschistischen Bewegungen. München 1968, S. 94.
96 Vgl. Koch, a.a.O., S. 55.
97 Vgl. DF, Nr. 7, 8/1986, S. 19.
98 Schwedhelm, a.a.O., S. 133ff. über Walter Flex: »Wer auf die preußische Fahne schwört, hat nichts mehr, was ihm selber gehört.«
99 Vgl. z. B. Völkischer Beobachter v. 12.3.1939.
100 Ralph Miliband, Der Staat in der kapitalistischen Gesellschaft. Frankfurt am Main 1972, S. 279.
101 So zutreffend Dieter Kühn, Den Panzerring vor dem Kopf, in: Die Zeit, Nr. 41 v. 4.10.1974, S. 17.
102 Die Zeit, Nr. 47 v. 15.11.1974, s. oben S. 78.
103 Koch, a.a.O., S. 225.
104 Vgl. Programm der Deutschen Volksunion – Liste D, 1987.
105 Vgl. Wolf Perdelwitz, in: Stern, Nr. 44 v. 26.10.1978, S. 63f.: Ein Zehntel der Offiziere an der BW-Hochschule in Hamburg der Jahre 1973/74 seien rechtsextrem, ohne jedoch öffentlich … aufzufallen, sie seien für einen starken Mann, der über dem Parteigezänk steht! Vgl. weiter unten S. 169ff.
106 SZ v. 31.10.1986.
107 So Wiebke Stelling, Hat unser Volk noch eine Zukunft? in: NE, Nr. 12/1986, S. 28, bezieht sich auf Christa Meves.
108 So Schmidt-Kaler, Tagesordnung der Zukunft, in: NE, Nr. 12, 1986, S. 11 (21).
109 Die Zeit, Nr. 6 v. 5.2.1982.
110 Vgl. Dieter E. Zimmer, Können Gene hassen? in: Die Zeit, Nr. 14 v. 31.3.1989. Zimmer neigt zur Vererbungstheorie, findet jedoch keine Beweise.
111 Irenäus Eibl-Eibesfeldt, Der vorprogrammierte Mensch. München 1977. Wenn Konrad Lorenz sich konkret äußern soll, weicht er auf Banalitäten aus und gibt zum Teil widersprüchliche Erklärungen ab: »Wenn Sie es nicht fühlen, werden Sie es nicht erjagen«, in: Interview im: Spiegel, Nr. 45 v. 7.11.1988, S. 254ff. In dem Aufsatz »Manch Gutes neben vielem Schiefen« (in: Die Zeit, Nr. 50 v. 9.12.1988, S. 68) zitiert Henning Engeln brisante Aussagen von Konrad Lorenz und Irenäus Eibl-Eibesfeldt: »Gegen die Überbevölkerung hat die Menschheit bisher

nichts Vernünftiges unternommen. Man könnte daher eine gewisse Sympathie für Aids bekommen, eine Bedrohung, die die Menschheit immerhin dezimieren, von anderen bösartigen Unternehmungen abhalten könnte«, oder: »Es zeigt sich, daß die ethnischen Minderheiten nicht so viele Kinder haben und die Gangster sich unbegrenzt und sorglos weiterreproduzieren« (Lorenz)!
Eibl-Eibesfeldt in seinem Buch: Der Mensch. Das riskierte Wesen. Zur Naturgeschichte der menschlichen Unvernunft: Mißstände und Ausbeutung der Umwelt seien die Folge von stammesgeschichtlichen Anpassungen des Menschen.

112 Claus Heinrich Meyer, Der Haß auf Fremde, in: SZ v. 17./18.7.1982: Vorwurf der Willkürlichkeit.

113 Vgl. Frederic Vester, Phänomen Streß. Stuttgart 1976, S. 159.

114 Anrich berief sich damals schon ausdrücklich auf diese Einflußnahme, so seine Ausführungen am 18.1.1934, in: IS Nr. 3/1967.

115 Vgl. Aenne Ostermann/Hans Nicklas, Vorurteile und Feindbilder. München etc. 1982, S. 24ff.

116 Vgl. Hermann Bott, Die Volksfeind-Ideologie. Stuttgart 1969, S. 92.

117 Vgl. Jaschke, Rechtsextremismus, a.a.O., S. 1054.

118 Der Spiegel, Nr. 35 v. 24.8.1987, S. 85f.

119 Vgl. Bott, a.a.O., S. 91f.

120 Artfremde Einflüsse bringen Chaos, Schmutz, Unrat und Unordnung. Vgl. DN, Nr. 28 v. 1.7.1968, S. 7.

121 Vgl. Bork, a.a.O., S. 33. Dahinter steckte der ungeschminkte Vernichtungs- und Tötungswille.

122 Vgl. Südkurier v. 2.9.1970.

123 Vgl. FR v. 28.10.1970.

124 Nähere Einzelheiten bei Chaussy, a.a.O.

125 Vgl. Friedrich Bröder, Ein Sprachrohr des Rechtsradikalismus. Mainz 1969, S. 51ff. ein ganzer Komplex von Anti-Haltungen.

126 Vgl. Elmar Brähler/Horst-Eberhard Richter, Mehr Action, weniger sozial. Gießen-Test, in: Der Spiegel, Nr. 44 v. 30.10.1989, S. 292f.

127 Kurt Hirsch/Peter B. Heim, Von links nach rechts. München 1991, S. 54f. bezeichnen Rassismus, Antisemitismus und Ausländerhetze als Fundamente des Rechtsradikalismus.

128 Vgl. Aktuell. Lexikon der Gegenwart. Dortmund 1984, S. 520.

129 So Meyers Neues Lexikon. Bd. 6. Mannheim 1980, S. 480.

130 Brockhaus Enzyklopädie. 15. Bd. Wiesbaden 1972, S. 421f.

131 Vgl. DN, Nr. 42 v. 17.10.1969, S. 2.

132 Vgl. FR v. 29.10.1970.

133 FR v. 25.11.1970.

134 Vgl. Friedrich Wagner, Menschenzüchtung. München 1969.

135 Ernst Klee, ›Euthanasie‹ im NS-Staat. Frankfurt am Main 1985, S. 15f.

136 Ebda., S. 19f.

137 Ebda., S. 25.
138 Vgl. H. Joachim Schwagerl/Rolf Walther, Der Schutz der Verfassung. Köln etc. 1968, S. 100 mit weiteren Hinweisen über die Vordenker der Rassenlehren.
139 Vgl. Klaus-Diether Thomann, Rassenhygiene und Anthropologie..., in: FR v. 21.5.1985, S. 8.
140 Vgl. Klee, a.a.O., S. 37.
141 Zitiert nach: Ebda., S. 357.
142 Vgl. Politisches Lexikon, Teil I, Sachwort »Segregation«.
143 Deutsche Stimme, Nr. 1/1985, S. 1.
144 Die Kampfgefährtin, Nr. 13 v. Juli 1986.
145 »Schulungsbrief« der »Bürgerinitiative Deutsche Arbeiterpartei«, Juli 1984, Bundessprecher Kühnen.
146 So der »Schulungsbrief« der verbotenen ANS/NA vom Juli 1984.
147 Ebda.
148 Vgl. DWZ, Nr. 36 v. 2.9.1988, S. 1.
149 DNZ, Nr. 32 v. 5.8.1988, S. 11, Der Verfasser des gelobten Buches ist Robert Hepp, ein Soziologie-Professor.
150 In der Broschüre »Deutschland ohne Deutsche«, Näheres bei Klaus-Diether Thomann, in: FR v. 21.5.1985, S. 8.
151 Vgl. FR v. 14.11.1989, S. 11.
152 Zitiert nach Hans May, Rassismus. Frankfurt am Main 1974, S. 29 und s. oben S. 105.
153 Z. B. Penrose in London, in: FNP v. 12.11.1969.
154 Die Tagung der CIBA-Foundation 1962 mit H. J. Muller, J. Huxley und J. Lederberg.
155 Vgl. SZ v. 28.9.1982.
156 Vgl. St. Wehowsky, SZ v. 20.1.1987, S. 9.
157 Ulrich Beck, Eugenik der Zukunft, in: Der Spiegel, Nr. 47 v. 21.11.1988, S. 236f.
158 Vgl. Erhard R. Wiehn (Hrsg.), Judenfeindschaft, Konstanz 1989.
159 Herbert A. Strauss, Vom Sonderweg zur Sonderbehandlung, in: Die Zeit, Nr. 7 v. 7.2.1986, S. 67.
160 Vgl. Verfassungsschutz in Hessen. Bericht 1985, Wiesbaden 1986, S. 19.
161 DR, Nr. 1/1989, S. 2.
162 Zitat nach: Leo A. Müller, Die Republikaner, NPD, DVU-Liste D. Göttingen 1989, S. 32.
163 Zitat nach: Quick v. 19.7.1989.
164 Aus einem antisemitischen Flugblatt aus dem Jahre 1988.
165 Vgl. BMI 1983, Bonn 1984, S. 154; 70 Briefe konnten seinerzeit ermittelt werden, davon elf an Schülerzeitungen in Niedersachsen.
166 So Code, Nr. 6 vom Juni 1987, S. 34.
167 Diagnosen, Nr. 4 vom April 1986, S. 49.
168 DN, Nr. 7 v. 12.2.1965.

169 WK v. 16.9.1987.
170 FNP v. 18.1.1988.
171 So »Manifest« der NPD, 1966, Abschn. V.
172 DNZ, Nr. 2 v. 10.1.1969, S. 1.
173 Raul Hilberg, Die Vernichtung der europäischen Juden, Berlin 1982, S. 11 ff.
174 Ebda., S. 15f.
175 Herbert A. Sallen, Zum Antisemitismus in der Bundesrepublik Deutschland. Frankfurt am Main 1977, S. 37ff.; Näheres bei Wiehn, a.a.O.
176 Schwagerl/Walther, a.a.O., S. 103f.
177 Hilberg, a.a.O., S. 20.
178 Detlev Franz/Sebastian Reinfeldt, Ein flüchtiger Zettel über die ungebrochene Rassengeschichte, ein Bericht über das Mainzer Universitätsinstitut für Anthropologie, in: FR v. 14.11.1989, S. 11.
179 Hilberg, a.a.O., S. 22.
180 Zitat nach Arno J. Mayer, Der Krieg als Kreuzzug. Reinbek b. Hamburg 1989, S. 659f.
181 Vgl. Claude Lanzmann, Shoah, Düsseldorf ^{2}1986, S. 101, ferner s. oben S. 11.
182 Näheres über die Fundstelle bei Robert M. W. Kempner, SS im Kreuzverhör. Erweiterte Neuausgabe, Nördlingen 1987, S. 230f., s. oben S. 63f.; Heydrich gab seine Bestellung zum Beauftragten für eine Gesamtlösung der Judenfrage durch Göring bekannt; über die Hintergründe vgl. Eberhard Jäckel, in: Die Zeit, Nr. 4 v. 17.1.1992, S. 33; neuerdings: Kurt Pätzold/Erika Schwarz, Tagesordnung: Judenmord. Die Wannsee-Konferenz am 20. Januar 1942. Berlin 1992.
183 Vgl. Lanzmann, a.a.O., S. 28f.
184 Vgl. ebda., S. 75ff.
185 Ebda., S. 141.
186 Ebda.
187 Vgl. BMI 1986, Bonn 1987, S. 149. Im Bericht über 1987 ist eine derartige Feststellung nicht enthalten.
188 So Flugblatt »Ausländer raus« des FAP-Kreisverbandes Münster.
189 Vgl. DNZ, Nr. 39 v. 24.9.1982, S. 8.
190 So DNZ, Nr. 42 v. 15.10.1982, S. 2.
191 So Gesellschaft für biologische Anthropologie, Eugenik und Verhaltensforschung, zitiert nach BMI 1986, Bonn 1987, S. 182.
192 NE, Nr. 9/1986, S. 44.
193 Thesen und Forderungen nationaldemokratischer Ausländerpolitik, NPD-Landesverband Hessen, Frankfurt am Main 1981.
194 DR, Nr. 5/1988, S. 5.
195 Deutsche Stimme, Nr. 10/1982, S. 3.
196 Vgl. DBt. Prot. v. 3.3.1982, S. 5236.
197 Zitiert nach: FR v. 1.3.1983, S. 13.

198 Vgl. Antwort des Hessischen Innenministers v. 31.3.1981; Drucks. HLT, Nr. 9/4557 auf die Kleine Anfrage von SPD-Abgeordneten.
199 FAZ v. 22.1.1980.
200 Vgl. Die Zeit, Nr. 6 v. 5.2.1982; s. oben S. 145.
201 So Theodor Schmidt-Kaler, NE, Nr. 12/1986, S. 11 (13).
202 Sieg. AJ-Pressedienst, Nr. 7, 8/1985, S., 8.
203 Vgl. Stelling, a.a.O., S. 25.
204 Vgl. BMI, Innere Sicherheit, Nr. 73 v. 29.6.1984, S. 7.
205 So Schönhuber, zitiert nach: Müller, a.a.O., S. 29.
206 Der Spiegel, Nr. 22 v. 29.5.1989.
207 Günter Wallraff, Ganz unten. Köln 1985.
208 Ebda., S. 19f.
209 Ebda., S. 107.
210 Ebda., S. 254.
211 Wie Autoversicherer mit Ausländern umspringen, in: FR v. 3.12. 1988.
212 Z. B. NE, Nr. 12/1986; seit 1992 ›Nation und Europa‹.
213 Vgl. MdI (Hrsg.), Verfassungsschutz in Hessen – Bericht 1990. Wiesbaden 1991, S. 30.
214 FR v. 1.7.1982.
215 Vgl. Gerhard Kromschröder, Als ich noch ein Türke war, in: Stern, Nr. 42 v. 14.10.1982, S. 110ff., und Nr. 44 v. 28.10.1982.
216 Willy Brandt, Leserbrief, in: Stern, Nr. 45 v. 4.11.1982, S. 9.
217 Vgl. Der Spiegel, Nr. 43 v. 21.10.1985, S. 56ff.
218 FR v. 3.1.1986.
219 DR, Nr. 4/1988, S. 2.
220 DR, Nr. 9/1988, S. 5.
221 Die Zeit, Nr. 46 v. 11.11.1988.
222 Vgl. Bulletin Nr. 147 v. 8.11.1988, S. 1323.
223 Vgl. Der Spiegel, Nr. 15 v. 6.4.1992, S. 26f.; s. oben S. 37, im April 1992 wurden 26653 Asylbewerber aus Jugoslawien, Rumänien, Türkei, Bulgarien registriert. Bulletin Nr. 47 v. 6.5.1992, S. 432.
224 Norbert Kostede, Der Ausländer als Verbrecher, in: Die Zeit, v. 19.6.1992, S. 8; s. oben S. 38.
225 SZ v. 20.10.1988.
226 Kuno Kruse, Politisch Verfolgte genießen Asylrecht, in: Die Zeit, Nr. 37 v. 7.9.1990, S. 15.
227 Am 23.1.1986 vor dem Innenausschuß des DBt., wib Nr. 2/1986, S. 5.
228 Vgl. Antwort der Bundesregierung auf die Kleine Anfrage von Abgeordneten der SPD und Fraktion vom 25.7.1986, DBt.-Drucksache Nr. 10/5888.
229 DBt. Prot. S. 17983ff.
230 Irene Runge, Die zivilisatorische Geduld mit den Fremden ist labil geworden, in: FR v. 17.7.1990, S. 11.

231 Vgl. FR v. 30.8.1986, Schreiben des Vorsitzenden des Zentralrates deutscher Sinti und Roma, Romani Rose, an den damaligen Rheinland-Pfälzischen Innenminister, Streitgespräch zwischen Hamburgs Innensenator Hackmann (SPD) und Roma Rudko Kawczinski über Asyl für Zigeuner, in: Der Spiegel, Nr. 46 v. 13.11.1989, S. 82ff. Romani Rose protestierte auch gegen die Darstellung der Zigeuner in dem Lehrbuch »Kriminologie« (Heidelberg 1988) von Prof. Günther Kaiser, Direktor des Max-Planck-Instituts für ausländisches und internationales Strafrecht und Leiter der Forschungsgruppe Kriminologie in Freiburg. Der Hessische Justizminister bedauerte, daß aus der grundsätzlich positiven Buchbesprechung der Eindruck entstanden sei, es würden auch die vom Zentralrat angegriffenen Passagen gutgeheißen; Justiz-Ministerial-Blatt für Hessen, Nr. 16 v. 15.8.1990, S. 390.

232 Vgl. Forschungsergebnisse über das Reichsgesundheitsamt und die »Forschungsstelle«, Leiter Robert Ritter und Mitarbeiterin Eva Justin, in: FR v. 26.11.1988, s. oben S. 70ff.

233 Hans-Gerd Jaschke, Rechtsextremismus, in: Handbuch der politischen Ideen. Hrsg. v. Iring Fetscher/Herfried Münkler, S. 1056.

234 Vgl. Anrich, Was haben wir nötig..., a.a.O., S. 236.

235 Vgl. Wittstock, Studien von Zeitfragen IV/1971, S. 17.

236 S. oben S. 87f., 105, und Heitmeyer, in: FR v. 31.10.1989.

237 Z.B. Kleist, in: DN, Nr. 28 v. 12.7.1968.

238 Anrich, Wohin gehört der Mensch, a.a.O., S. 212.

239 So bei Wermuth/Stieber, Die kommunistischen Verschwörungen des neunzehnten Jahrhunderts. Berlin 1853.

240 Hans-Bernhard von Grünberg, Ein neues Deutschland in einem neuen Europa. Hannover 1968, S. 15f.; Politisches Lexikon, Teil I, Sachwort »Reedukation«.

241 Anrich, Was haben wir nötig, a.a.O., S. 7, 19 und 184.

242 DR, Nr. 5/1988, S. 5.

243 DR, Nr. 4/1988, S. 2.

244 Zitiert nach: Quick v. 19.7.1989 und FAZ v. 9.2.1989.

245 REP-Programm 1987, S. 12, Beispiel für ständestaatliche Vorstellungen.

246 Vgl. DN, Nr. 42/1969, S. 4.

247 Jaschke, a.a.O., S. 1057.

248 Vgl. Helga Grebing, Konservative gegen Demokratie, Frankfurt am Main 1971, S. 186.

249 Ebda., S. 186.

250 Vgl. Anrich, a.a.O., S. 109.

251 Zitiert bei Grebing, a.a.O., S. 129, verweist auf Eugen Gerstenmeier, der vom »egalitären Kollektivismus, von der Überfremdung des Staates durch die Interessenhaufen« sprach, Vorbild sei die »formierte Gesellschaft«.

252 Vgl. Programm der NPD 1973, Punkt 2.

253 Vgl. Politisches Lexikon, Teil I, Sachwort »intellektuell«.
254 Vgl. Programm der NPD 1973, Teil A.
255 Programm der NPD, Teil C. I, Nr. 7.
256 Vgl. Die Zeit v. 15. 8. 1986.
257 Berthold Franke, Die Kleinbürger. Begriff, Ideologie, Politik. Frankfurt am Main 1988, S. 198 ff.
258 Vgl. Schedhelm, a. a. O., S. 206 und 266; Goethe läßt Faust (Teil 1) sagen, »Wenn ihr's nicht fühlt, ihr werdet's nicht erjagen, wenn es nicht aus der Seele dringt« oder »Gefühl ist alles«; Grix/Knöll, a. a. O., S. 47, zitieren Hitler betr. Mädchenerziehung: »... ist das Hauptgewicht vor allem auf die körperliche Ausbildung zu legen, erst dann auf die Förderung der seelischen und zuletzt der geistigen Werte.«
259 Vgl. Peter Graf von Kielmansegg, Vom Nationalneutralismus zum Konzept des blockfreien Europa, in: Eiserne Illusionen. Hrsg. v. C.-Christoph Schweitzer, Köln 1969, S. 103.
260 Margarethe Mitscherlich, Erinnerungsarbeit. Frankfurt am Main 1987, S. 23 ff.
261 So F. J. Strauss, in: Bayern-Kurier v. 15. 8. 1970.
262 Vgl. DN, Nr. 50/1970.
263 Vgl. SZ v. 2. 11. 1970, S. 3.
264 So DN v. 13. 9. 1968.
265 Programm der NPD 1973, Punkt 4.
266 DN, Nr. 12/1967, S. 5.
267 DNZSZ, Nr. 12/1967.
268 Flugblatt des NPD-Bezirksverbandes München-Oberbayern 1971.
269 Grebing, a. a. O., S. 150.
270 Programm der REP, Nr. 7.
271 VO über die Deutsche Arbeitsfront (DAF) vom 24. 11. 1934.
272 Vgl. oben S. 40 f. Max Güde, ehemaliger GBA und MdB (CDU), sprach von einer »traditionellen Linksfürchtigkeit«, links = im Zweifel staatsgefährdend. »Der Marxismus gilt nach wie vor als verdächtig und wegen seiner politischen Ideologie als gefährlich.« – Die Verwirrung unseres Staatsschutzrechts, in: Max Güde, Zur Verfassung unserer Demokratie. Reinbek b. Hamburg 1978, S. 7 ff.
273 Vgl. IS, Nr. 70 v. 23. 12. 1983, S. 14.
274 Antrag der Fraktion der CDU/CSU vom 21. 12. 1973, DBt.-Drucks. 7/1481 – betr. Wahrung der verfassungsmäßigen Ordnung der Bundesrepublik Deutschland, Punkt 8.
275 Vgl. Prot. DBt., Sitzung vom 13. 5. 1976, S. 17075.
276 Bayern-Kurier v. 12. 4. 1975: »Mit Duldung der SPD« habe sich ein »giftiges geistiges und materielles Milieu des Linksradikalismus« gebildet.
277 Ralph Giordano, Die zweite Schuld. Hamburg/Zürich 1987, S. 206 ff.
278 FR v. 16. 6. 1977.

279 Zitiert nach: Der Spiegel, Nr. 49 v. 3.12.1979, S. 18.
280 Die Zeit, Nr. 42 v. 12.10.1979.
281 Chaussy, a.a.O., S. 168f.
282 Jürgen Kocka, Die Ursachen des Nationalsozialismus, in: Beilage zur Wochenzeitung das Parlament, B 25/80 v. 21.6.1980, S. 13ff.
283 Anders ständig Fromme, z.B. in: FAZ v. 18.10.1979.
284 Gregor und sein Bruder, Dr. Otto Strasser, vertraten vor 1933 den »linken« Flügel in der NSDAP. Gregor wurde 1934 auf Befehl Hitlers ermordet, Otto konnte 1933 nach Kanada flüchten, er starb 1974 in München. Patrick Moreau, Nationalsozialismus von links. Stuttgart 1984, weist ebenfalls nach, daß von einer linken oder sozialistischen Einstellung keine Rede sein kann. Es war vielmehr ein aggressiver, antisemitischer Nationalismus, der sich revolutionär gebärdete und von antikapitalistischen Ressentiments lebte. So in einer Rezension: Henning Köhler, in: Die Zeit, Nr. 37 v. 6.9.1985, S. 49.
285 Vgl. Der Spiegel, Nr. 44 v. 29.10.1979, S. 24ff.
286 Vgl. Louis Dupeux, Nationalbolschewismus in Deutschland 1919–1933. Kommunistische Strategie und konservative Dynamik (Deutsch von Richard Kirchhoff). München 1985.
287 Ebda., S. 419f.
288 Ebda., S. 18f. und s. unten S. 162f.
289 Ebda., S. 433f. Armin Mohler, von 1949 bis 1953 Ernst Jüngers Sekretär, versuchte diese Gedanken nach 1945 nochmals zu verbreiten.
290 Vgl. FR v. 13.10.1979.
291 Eugen Kogon, Haut nur drein, in: Der Spiegel, Nr. 42 v. 15.10.1979, S. 24, rügt Sebastian Haffner und dessen Buch Anmerkungen zu Hitler. München 1978, S. 53: Hitler sei kein Faschist gewesen, sondern ein Sozialist, das Wirtschaftswunder sei Hitlers populärste Leistung gewesen! Hier drängt sich ein Vergleich mit Jenningers Rede als Bundestagspräsident zum 9. November 1988 auf!
292 Die Zeit, Nr. 39 v. 21.9.1979, S. 3.
293 Edmund Stoiber, Das Bewußtsein schärfen, in: Die Zeit, Nr. 42 v. 12.10.1979.
294 Kocka, a.a.O., S. 5.
295 Gerd Kalow, Hitler. Das gesamtdeutsche Trauma. München 1967, S. 37.
296 Eugen Lemberg, Nationalismus, Bd. I: Psychologie und Geschichte. Reinbek b. Hamburg 1967, S. 70, Nation-Begriff im 19. Jahrhundert entstanden, Nation von Gott geschaffen und mit einem bestimmten Auftrag versehen!
297 Vgl. Gerhard Leibholz, Strukturprobleme der modernen Demokratie. Karlsruhe 1967, S. 250.

II. Der Staat als organische Handlungsform der Nation

1 FR v. 3.10.1975. Max Güde, Die Verwirrung unseres Staatsschutzrechts, in: Ders., Zur Verfassung unserer Demokratie. Reinbek b. Hamburg 1978, S. 14: »...die Deutschen haben einen Hang zum Staat und eine Schwäche gegenüber Befehlen.« Er bezeichnet die Staatsverehrung als ein Erbübel der Deutschen (S. 40).
2 Die Zeit, Nr. 43 v. 17.10.1975.
3 Z. B.: Initiative der Abendländischen Aktion, vgl. Helga Grebing, Der Nationalismus, München/Wien [16]1965, S. 263.
4 Die Welt v. 25.5.1972.
5 Vgl. FR v. 20.9.1975.
6 Vgl. Gerd Kalow, Hitler – Das gesamtdeutsche Trauma, München 1967, S. 37, und Eugen Lemberg, Nationalismus, Bd. I: Psychologie und Geschichte. Reinbek b. Hamburg 1967, S. 178.
7 Martin Greiffenhagen, Schritt zurück zu Metternich? in: Evangelische Kommentare, Nr. 8/1975, S. 459f.
8 So der damalige Vorsitzende der NPD, von Thadden, in: DN, Nr. 52 v. 26.1.1969, S. 3., s. oben S. 91.
9 Vgl. Hans-Gerd Jaschke, Rechtsextremismus, in: Handbuch der politischen Ideen. Hrsg. v. Iring Fetscher/Herfried Münkler. München 1987, S. 1054.
10 Ebda., S. 1061.
11 Wertheimer Manifest 1970, Nr. 10.
12 Manfred Funke, Extremismus und offene Gesellschaft, in: Beilage zur Wochenzeitung Das Parlament, Nr. B 37/78 v. 16.9.1978, S. 11.
13 Vgl. Martin Broszat, Der Staat Hitlers. München 1969, S. 243 zum »Trialismus«, s. u. S. 169.
14 Vgl. Martin Greiffenhagen, in: Die neue Gesellschaft 1968, S. 295.
15 Vgl. Arno Baruzzi, Über Kant und Hegel, in: Klassiker des politischen Denkens, Bd. II. Hrsg. v. Hans Maier/Heinz Rausch/Horst Denzer. München 1968, S. 203.
16 Helmut Dubiel, Was ist Neokonservatismus? Frankfurt am Main 1985, S. 11ff.
17 In einem Schreiben vom 22.6.1971.
18 Flugblatt der NPD 1971.
19 Vgl. SZ v. 5.3.1975.
20 FR v. 5.3.1975.
21 Ebda; Manfred Kanther ist seit Juli 1993 Bundesminister des Innern.
22 So DNZ, Nr. 34 v. 15.8.1986, S. 1.
23 Zur Bedenklichkeit dieser Sendereihe, die Verbrecher-Fahndung zur Unterhaltung macht: H. Joachim Schwagerl, Fahndungshilfe durch Massenmedien, in: Die Polizei 1974, S. 317ff.

24 Vgl. Die Welt v. 8./9.3.1975.
25 FR v. 4.11.1974.
26 DNZ v. 2.5.1975.
27 Vgl. H. Joachim Schwagerl, Emotionelle Einflüsse in der Argumentation für die Todesstrafe, in: Kriminologische Wegzeichen. Festschrift für Hans von Hentig, Hamburg 1967, S. 81 ff. (89).
28 Franz Schönhuber, in: Stuttgarter Nachrichten v. 19.5.1989.
29 Vgl. FR v. 12.2.1976.
30 So zutreffend Richard Saage, Rückkehr zum starken Staat? Frankfurt am Main 1983; Rezension von Ossip K. Flechtheim, in: Die Zeit, Nr. 17 v. 20.4.1984.
31 Vgl. Ekkehard Bärsch, Der Staatsbegriff in der neueren Staatslehre, Rezension von Weihnacht, in: SZ v. 31.3.1976.
32 Zitiert nach Gerhard Leibholz, Strukturprobleme der modernen Demokratie. Karlsruhe [3]1967, S. 121.
33 Hans-Bernhard von Grünberg, Ein neues Deutschland in einem neuen Europa. Hannover 1968, S. 20.
34 DN, Nr. 40 und 41/1970.
35 DN v. 5.1.1968.
36 So von Grünberg, in: DN v. 23.8.1968.
37 Vgl. Ernst Anrich, Was haben wir nötig..., Seeheim 1968, S. 158.
38 Ders., Wohin gehört der Mensch? Seeheim 1972, S. 76.
39 Ders., Was haben wir nötig..., a.a.O., S. 161; ferner Vorwort zum NPD-Programm von 1967, i. d. F. von 1973.
40 Ders., Wohin gehört der Mensch?, a.a.O., S. 77f.
41 So z. B. DN, Nr. 9 v. 27.2.1970, S. 9.
42 Vgl. Ernst Anrich, Mensch, Staat, Volk. In: NPD, Weg, Wille, Ziel. Hannover 1967, S. 70.
43 Auch Nr. 12 des Wertheimer Manifests der NPD von 1970.
44 Walter Leisner, Der Führer. Persönliche Gewalt. Staatsrettung oder Staatsdämmerung? Berlin 1983, S. 18ff.
45 Zitat nach: Weg, Wille, Ziel, a.a.O., S. 73.
46 Leisner, a.a.O., S. 32ff.
47 Vgl. Rolf Grix/Wilhelm Knöll, Die Rede zum 8. Mai 1945. Oldenburg 1987, S. XXI und S. 104f.
48 Vgl. Broszat, a.a.O., S. 78; Zum Streitstand, 199. Sitzung der DBt. v. 9.12.1993, S. 17300ff. zu Art. 54 GG.
49 Vgl. Anrich, Mensch, Staat, Volk, a.a.O., S. 78.
50 Leisner, a.a.O., S. 275.
51 Politisches Lexikon, Teil II, Sachwort »Volksherrschaft«.
52 Leisner, a.a.O., S. 276f. und s. oben S. 95 zur Propaganda.
53 Vgl. Der Spiegel, Nr. 2 v. 8.1.1979, S. 119ff.
54 Erfinder: Jerry Siegel (Texter), Joe Shuster (Zeichner); die Rechte wurden bereits 1938 verkauft.

55 Wöchentliche Auflage 700000 Exemplare (Pabel-Moewig-Verlag, Rastatt); Der Superastronaut als ein galaktischer Romantiker, ein Emotionaut? in: Zeit-Magazin, Nr. 49 v. 29. 11. 1991.
56 Vgl. Ralph Giordano, Die zweite Schuld, Hamburg/Zürich 1987, S. 244ff., verweist auf die großen Erfolge von Adenauer und von F. J. Strauß, den er einen »Zwangsdemokraten« nennt.
57 Der Freiwillige (DF), Nr. 5/1987, S. 3.
58 Ruth R. Birn, Die Höheren SS- und Polizeiführer. Düsseldorf 1986, S. 365f.
59 Vgl. Kurt Gintzel/Hermann Möllers. Das Berufsbild der Polizei zwischen Sein und Sollen, in: Die Polizei, Heft Nr. 1/1987.
60 Leisner, a. a. O., S. 58ff.
61 Ebda., S. 72f.
62 Ebda., S. 78.
63 So NPD-Programm 1973, Punkt XIII.
64 Vgl. Studie des Wehrpolitischen Arbeitskreises der NPD, in: DN v. 10. 1. 1969.
65 So H. Körber zur Traditionspflege: Soldat im Volk. Wiesbaden 1989, S. 135.
66 Wehrpolitische Denkschrift der NPD, 1968/69.
67 NPD-Programm 1973, Punkt XIV.
68 DNZ v. 2. 12. 1988.
69 S. oben S. 125 zur Entlassung der Bw-Generale Franke und Krupinski.
70 Otto Riehs, Vorsitzender des »Freundeskreis für Deutsche Politik«, trat auf gegen »Wertzerfall und Fremdarbeiterfluten«.
71 Vgl. FR v. 23. 6. 1983.
72 Vgl. FR v. 23. 12. 1983.
73 Der Spiegel, Nr. 7 v. 7. 2. 1977.
74 Die Zeit v. 14. 11. 1969, S. 16, mit weiteren Quellenhinweisen, ferner Ernst Nolte, Die Krise des liberalen Systems. München 1968, S. 214.
75 Studie von Wolfgang Gessenharter, Helmut Fröchling und Burghard Krupp, FR v. 5. 10. 1978.
76 Vgl. DBt., Prot. v. 4. 5. 1984, S. 4974.
77 Leisner, a. a. O., S. 143.
78 So von Thadden, in: DN, Nr. 8 v. 20. 2. 1970.
79 Vgl. Helmut Woll, Die Wirtschaftslehre des deutschen Faschismus. München/Wien 1988, S. 93.
80 Ebda., S. 94 und W. Hanns-Joachim Koch. Geschichte der Hitler-Jugend. Percha 1975, S. 137.
81 Vgl. z. B. NPD-Programm 1973, s. oben S. 86 und 156.
82 Vgl. Manfred Funke, Extremismus und offene Gesellschaft, in: Beilage zur Wochenzeitung Das Parlament, Nr. B 37/78 v. 16. 9. 1978, S. 11.
83 Ralph Miliband, Der Staat in der kapitalistischen Gesellschaft. Frankfurt am Main 1972, S. 120.
84 DN, Nr. 47 v. 21. 11. 1969.

85 Woll, a. a. O., S. 102.
86 Ebda., S. 87.
87 DR, Nr. 12/1987, S. 2 und vgl. Programm der REP 1990.
88 Vgl. Politisches Lexikon, Teil II, Sachwort »Liberalismus«.
89 Z. B. DN, Nr. 47/1967.
90 Vgl. Woll, a. a. O., S. 107.
91 Berthold Franke, Die Kleinbürger. Begriff, Ideologie, Politik. Frankfurt/New York 1988, S. 156ff.
92 Vgl. Grebing, a. a. O., S. 199 als Vorläufer.
93 Vgl. Politisches Lexikon, Teil I, Sachwort »Faschismus«.
94 Leibholz, a. a. O., S. 201, verweist auf Othmar Spann, Über den wahren Staat (1921); das von Thyssen finanzierte Institut für Ständewesen in Düsseldorf wurde 1933 aufgelöst.
95 Vgl. Franke, a. a. O., S. 211.
96 Parteiprogramm der NPD 1973, Abschn. II Nr. 3.
97 Politisches Lexikon, Teil I, Sachwort »Klassenkampf«: Sympathien für Salazar, dem eine kluge Amtsführung auf der Grundlage einer katholisch verstandenen Ständeordnung bescheinigt wird.
98 NPD-Programm 1973, Punkt V.
99 REP-Programm 1990, Punkt 7.
100 Vgl. Woll, a. a. O., S. 169.
101 Zitiert in: Vorgänge, Nr. 15, S. 95.
102 So von Grünberg, a. a. O., 1971, S. 11; Heinrich Senfft, Kein Abschied von Hitler. Ein Blick hinter die Fassaden des ›Historikerstreits‹. Hamburg 1990, S. 50f.
103 NPD-Programm 1973, Abschn. C I Nr. 2.
104 Anrich, Was haben wir nötig..., a. a. O., S. 197.
105 Ebda., S. 182.
106 NPD-Programm 1973, Punkt 2.
107 Vgl. Urt. des BVerfG v. 23. 10. 1952 gegen die SRP, Sonderausgabe Tübingen 1952, S. 72ff.
108 Vgl. Bild am Sonntag v. 13. 12. 1970, S. 6.
109 Ebda.
110 Vgl. Siegfried Bork, Mißbrauch der Sprache. Bern/München 1970, S. 46ff.
111 So NPD-Programm 1973, Abschn. C I, Nr. 1.
112 Wilhelm Hennis, Verfassung und Verfassungswirklichkeit. Tübingen 1968, S. 7.
113 Vgl. NPD-Programm 1973, Abschn. B, Nr. 2; REP-Programm 1990.
114 Anrich, Was haben wir nötig..., a. a. O., S. 208.
115 So Leisner, a. a. O., S. 380f.
116 Vgl. Jaschke, a. a. O., S. 1060, zum Reichsmythos.
117 Ernst Jünger, in: Die Neue Front, Beilage zum Völkischen Beobachter v. 23./24. 1. 1927.

Namenregister

Sachregister

Bei den kursiv hervorgehobenen Begriffen handelt es sich um Begriffe, die entweder primär (unmittelbar) eigene Bezeichnungen des Rechtsextremismus darstellen und zum Verständnis der internen Kommunikation dienen, oder um Begriffe, denen sekundär (mittelbar), abweichend vom üblichen Sprachgebrauch, ein anderer, spezifischer Inhalt gegeben wurde.

Deutsche Geschichte im 20. Jahrhundert

Wolfgang Benz
Zwischen Hitler und Adenauer
Studien zur deutschen Nachkriegsgesellschaft
Band 10718

Wolfg. Benz (Hg.)
Die Geschichte der Bundesrepublik Deutschland
Aktualisierte, erweiterte und illustrierte Neuausgabe
Vier Bände in Kass.
Band 4424
Die Bände sind auch einzeln erhältlich:
Band 1: Politik
Band 4420
(vergriffen)

Wolfg. Benz (Hg.)
Die Geschichte der Bundesrepublik Deutschland
Band 2: Wirtschaft
Band 4421
(vergriffen)
Band 3:Gesellschaft
Band 4422
Band 4: Kultur
Band 4423

Extremismus der Mitte
Vom rechten Verständnis deutscher Nation
Herausgegeben von H.-M. Lohmann
Band 12534

Hermann Glaser
1945
Ein Lesebuch
Band 12527

Deutsche Geschichte 1918-1933
Dokumente zur Innen- und Außenpolitik
Herausgegeben von W. Michalka/ Gottfried Niedhart
Band 11250

Deutsche Geschichte 1933-1945
Dokumente zur Innen- und Außenpolitik des »Dritten Reiches«
Herausgegeben von W. Michalka
Band 11251

Fischer Taschenbuch Verlag

fi 1707 / 5

Nichts gelernt?

Quellen und Folgen des Rechtsextremismus

Wolfgang Balk/ Sebastian Kleinschmidt (Hg.)
»Denk ich an Deutschland...«
Stimmen der Befremdung
Band 11838

Friedrich Balke/ Rebekka Habermas/ Patrizia Nanz/ Peter Sillem (Hg.)
Schwierige Fremdheit
Über Integration und Ausgrenzung in Einwanderungsländern
Band 11882

Wolfg. Benz (Hg.)
Rechtsextremismus in Deutschland
Voraussetzungen, Zusammenhänge, Wirkungen
Band 12276

Günter Buttler
Der gefährdete Wohlstand
Deutschlands Wirtschaft braucht Einwanderer
Band 10297

Elias Canetti
Masse und Macht
Band 6544

Dan Diner (Hg.)
Ist der Nationalsozialismus Geschichte?
Zu Historisierung und Historikerstreit
Band 4391
Zivilisationsbruch
Denken nach Auschwitz
Band 4398

Guido F. Gebauer/ Bernhard H. F. Taureck/ Thomas Ziegler
Ausländerfeindschaft ist Zukunftsfeindschaft
Plädoyer für eine kulturintegrative Gesellschaft
Band 11735

Fischer Taschenbuch Verlag

fi 1732 / 4 a

Nichts gelernt?

Quellen und Folgen des Rechtsextremismus

Friedrich Hacker
Das Faschismus-Syndrom
Analyse eines aktuellen Phänomens
Band 10775

Susann Heenen-Wolff
Im Land der Täter
Gespräche mit überlebenden Juden
Band 12080

George L. Mosse
Die Geschichte des Rassismus in Europa
Band 10237

Herfried Münkler
Gewalt und Ordnung
Das Bild des Krieges im politischen Denken
Band 10424

W. H. Pehle (Hg.)
Der historische Ort des Nationalsozialismus
Annäherungen
Band 4445

Joachim H. Schwagerl
Rechtsextremes Denken
Merkmale und Methoden
Band 11465

Ernst Simmel (Hg.)
Antisemitismus
Band 10965

Edith Zeile (Hg.)
Fremd unter Deutschen
Ausländische Studenten berichten
Band 10305

Fischer Taschenbuch Verlag

fi 1732 / 3 b

Schwierige Fremdheit

Über Integration und Ausgrenzung in Einwanderungsländern

Herausgegeben von Friedrich Balke, Rebekka Habermas, Patrizia Nanz und Peter Sillem

Band 11882

Der Band versammelt die überarbeiteten Beiträge zu dem vielbeachteten Kongreß »Fremd ist der Fremde nur in der Fremde«, den der S. Fischer Verlag zusammen mit der Gesellschaft für Christlich-Jüdische Zusammenarbeit im Dezember 1992 in Frankfurt veranstaltet hat. 16 renommierte Wissenschaftler und Wissenschaftlerinnen, Publizisten und Publizistinnen lösen die aktuelle Debatte über Rassismus und Fremdenfeindlichkeit in Deutschland aus ihrem nationalen Bezugsrahmen. Der Vergleich mit traditionellen Einwanderungsländern (Frankreich, USA) schärft den Blick für die spezifische Eigenart der deutschen Situation. Daß sich die offizielle Politik hierzulande weigert, die Realität des Einwanderungslandes Bundesrepublik Deutschland auch rechtlich nachzuvollziehen, darin liegt der eigentliche Skandal. Welche Gründe sind für die beharrliche Weigerung verantwortlich, das überholte deutsche Staatsangehörigkeitsrecht dem westlichen Standard anzupassen? Handelt es sich bei der aktuellen fremdenfeindlichen Konjunktur um ein genuin deutsches Problem oder erleben wir so etwas wie einen »europäischen Rassismus«? Vor welchen Problemen stehen die klassischen Einwanderungsländer? Sind unsere modernen Volkswirtschaften ohne ständigen Zuzug von Fremden überhaupt noch funktionsfähig? Auf diese und auf zahlreiche andere Fragen gibt der Band interessante und oft überraschende Antworten.

Fischer Taschenbuch Verlag

fi 2009 / 3